MICHAEL SCHOMERS

Die Fernsehreportage

MICHAEL SCHOMERS

Die Fernseh-
reportage

**Von der Idee zur Ausstrahlung.
Reportage, Dokumentation, Feature.**

**Ein Buch für Einsteiger im Film-
und TV-Business.**

F.A.Z.-INSTITUT
FÜR MANAGEMENT-, MARKT- UND MEDIENINFORMATIONEN GMBH

Die Deutsche Bibliothek - CIP-Einheitsaufnahme

Michael Schomers

Die Fernsehreportage

Von der Idee zur Ausstrahlung.
Reportage, Dokumentation, Feature.

Ein Buch für Einsteiger im Film- und TV-Business.

F.A.Z.-Institut für Management-,
Markt- und Medieninformationen,
Frankfurt am Main: 2001

ISBN 3-934191-63-0

Copyright	F.A.Z.-Institut für Management-, Markt- und Medieninformationen GmbH Mainzer Landstraße 195 60326 Frankfurt am Main
Umschlaggestaltung	xplicit Gesellschaft für visuelle Kommunikation, Frankfurt am Main
DTP-Layout	Dietmar Ostermann, F.A.Z.-Institut für Management-, Markt- und Medieninformationen GmbH
Druck	Druckhaus Beltz, Hemsbach

Printed in Germany

Inhaltsverzeichnis

Ein Wort auf den Weg

„Giftig, ätzend, explosiv!" – das war der Titel einer Reportage, die wir am 3. Februar 1987 im ZDF ausstrahlten.

Der Autor Michael Schomers hatte sich für einige Monate als Fahrer von Gefahrguttransporten verdingt und Tausende von Kilometern kreuz und quer durch Europa zurückgelegt. Mit einer versteckten Video- kamera hatte er dokumentiert, was er dabei erlebt hatte: vor allem man- gelhafte Kontrollen der Fahrzeuge und ihrer Ladungen, unzulängliche Ausbildung der Fahrer, ständiger Zeitdruck, Schummeleien bei den Lenkzeiten. Es sträubten sich einem die Haare angesichts der rollenden Zeitbomben auf unseren Straßen. Ein schwerer Unfall, sagte der Autor, sei nur eine Frage der Zeit.

Die Kritiken waren überwiegend positiv, und viele Zuschauer teilten uns ihre Empörung über diese Zustände mit. Die Einschaltquote war bemer- kenswert hoch: 21 Prozent. (Wir maßen damals noch in Einschaltquo- ten, nicht in Marktanteilen. Der Unterschied? Für alle, die sich in diesen Feinheiten noch nicht auskennen: Die Einschaltquote besagt, wieviel Prozent aller *angemeldeten* Geräte eine Sendung erreicht hat; der Markt- anteil beschreibt, wieviel Prozent der gerade *eingeschalteten* Geräte eine Sendung erreicht hat. Ergo waren 21 Prozent Einschaltquote ein Riesen- ding!) Und wir hatten es ein paar verantwortungslosen Verantwort- lichen richtig „gegeben". Die wehrten sich natürlich und beschwerten sich bei Intendant und Fernsehrat: alles schamlose Übertreibung, unty- pische Einzelfälle, ein paar schwarze Schafe hätten herhalten müssen, um eine ganze Branche zu verunglimpfen.

So weit alles normal.

Ein paar Monate später: die Katastrophe von Herborn. Ein Laster mit Ge- fahrgut rauschte ungebremst in das Städtchen und ließ die alten Fach- werkhäuser im Zentrum in Flammen aufgehen. Mit einem Mal wußten alle: Es lag etwas im argen! Vorschriften mußten geändert, Kontrollen verschärft werden. Sogar das einschlägige Gefahrguttransportgewerbe gab zu, daß es so nicht weitergehen dürfe. Das hatten wir ja gesagt! Sollten wir nun stolz darauf sein, daß wir Recht behalten hatten? Ich weiß es bis heute nicht. Ich weiß nur, daß die Reportage notwendig war, wir sie unbedingt machen mußten, da wir sonst ein schlechtes Gefühl gehabt hätten.

Reportagen zu machen hat manchmal etwas zu tun mit dem Durchbohren dicker Bretter. Auch mit Unerschrockenheit gegenüber Einschüchterungsversuchen. Auf jeden Fall hat es etwas zu tun mit dem Bestreben – vielleicht sogar der Sucht – herauszubekommen, was sich bisweilen hinter den 1'30" Minuten der Nachrichtensendung in Wahrheit verbirgt.

Nun wollen wir nicht so tun, als seien Reportagen immer kritisch-investigativ und Reporter ständig von Gerichtsverfahren bedroht. Das Fernsehprogramm wird von Jahr zu Jahr, um es positiv auszudrücken, zuschauerfreundlicher. Und die meisten Zuschauer wollen nicht ständig mit Problemen konfrontiert werden. Aber auch wenn wir mit unseren Reportagen „nur" Typisches aus dem Alltag oder Exotisches aus der weiten Welt darstellen wollen, müssen wir das mit Ernst und Wahrhaftigkeit tun, möglichst einfallsreich und mindestens handwerklich anständig. Dabei ist Begeisterung für diesen Beruf ebenso Voraussetzung wie Talent. (Ob man dies hat, stellt sich allerdings meistens erst heraus, wenn man es praktisch ausprobiert.) Außerordentlich hilfreich ist jedoch ein gewisses theoretisches Rüstzeug. Deshalb ist ein solches Buch eines langjährigen Praktikers verdienstvoll.

Man könnte freilich auch sagen: Probieren wir's halt mal, irgendwie wird es schon gehen! Die Ansicht der 30 oder mehr Kanäle allein in Deutschland beweist, daß vielfach so verfahren wird. Das hat damit zu tun, daß heute viel mehr Programm verbraucht wird, als sich mit Anstand herstellen ließe. Bis etwa Ende der siebziger, Anfang der achtziger Jahre gab es nur „das Erste" und „das Zweite" sowie ein paar (damals noch wenig beachtete) Dritte Programme. Heute müssen endlose Stunden jeden Tag rund um die Uhr gefüllt werden. Hat jemand im Ernst angenommen, sie ließen sich mit Qualität füllen? Woher sollten die Themen kommen, die Ideen, die Profis, die Macher? Nein, es hat sich die Lebensregel bewahrheitet: Wenn man eine Suppe verlängert, wird sie dünner und nicht dicker.

Das ist aber gleichzeitig eine Chance! Es ist dringend nötig, daß wir eine neue Generation von ernsthaften und wirklich guten Reportern heranbilden. Nicht jeder wird ein Peter von Zahn, ein Gerd Ruge oder ein Peter Scholl-Latour werden. Muß auch niemand, aber man kann sich ja einmal grob an ihnen orientieren. Mit der Sicherheit, grundsätzlich zu wissen „wie es geht", ist man jedoch gut gerüstet für die Konkurrenz.

Eines sollte man nicht verschweigen: Die große Reportage ist derzeit nicht unbedingt auf dem aufsteigenden Ast. Leider. Ich halte das für eine Fehlentwicklung. Die Reportage ist – neben der Nachricht und vielleicht noch dem (echten, also langen) Interview – „die" klassische Form des Journalismus. Meilenweit vor all den Magazinen, die derzeit verwechselbar die Bildschirme füllen. Aber es gibt eben auch im Journalismus ein Auf und Ab. Derzeit ist man offenbar der Ansicht, der normale Fernsehzuschauer dürfe um Gottes Willen nicht länger als höchstens 3'30" Minuten mit ein und demselben Thema konfrontiert werden, weil er sonst mit nervösem Finger zur Konkurrenz zappt. Welche grandiose Unterschätzung vieler Zuschauer! Wenn ich nicht überzeugt wäre, daß sich das eines Tages wieder ändern wird, würde ich keine Zeit darauf verschwenden, jungen Kolleg(innen)en etwas über das Thema Reportage näherzubringen.

Ich sehe die Sache keineswegs einseitig. Ich habe zu Anfang zehn Jahre Aktualität „gemacht": „Abendschau" und „Tagesschau", „drehscheibe" und „heute". Ein toller Job und eine harte, aber unvergleichlich gute Schule! Doch das Eigentliche kam für mich danach: die Reportage. Deswegen ist es für mich nicht verwunderlich, daß erstens nicht jeder ein geborener Reporter ist und daß zweitens die anderen Dinge auch engagiert und professionell gemacht werden müssen: das Aktuelle, die unzähligen Magazine. Sogar die Unterhaltung braucht nicht nur Organisatoren, sondern vernünftige Journalisten. Aber wie gesagt: Die Reportage ist ein großes Ziel.

Ich wünsche harte Arbeit und viel Glück!

Dieter Zimmer

1 Einleitung

Das erste freie Wochenende seit drei Monaten. Schlafen, ein kurzer Ausflug mit der Familie, Lesen, Musik hören, Ausruhen. Denn gerade habe ich ein großes Projekt beendet: den Eröffnungsfilm für einen ARTE-Themenabend. Ein Film, der unter sehr großem Zeitdruck zustande gekommen ist: Für 60 Minuten waren 25 Drehtage in sechs europäischen Ländern in insgesamt nur drei Monaten nötig. Eine ungeheure Anstrengung für alle Beteiligten!

Jetzt – wie immer – das schwarze Loch danach. Aber ich kenne das schon. Schnell stürzt man sich in das nächste Projekt, den nächsten Film. Doch noch bin ich mit den Nacharbeiten beschäftigt: Ordnen der Unterlagen, Briefwechsel, Recherchen und Weiteres – bei jedem größeren Film sammeln sich haufenweise Unterlagen, auch nach dem Aussortieren bleiben oft mehrere Aktenordner übrig.

Ich lasse das ganze Projekt Revue passieren, denke an die Dreharbeiten, die Recherchen und Vorbereitungen, die Zusammenarbeit mit dem Team bis zur endgültigen Fertigstellung des Films – an Dinge, die gut gelaufen sind und an das, womit ich nicht so zufrieden bin.

Mit diesem Buch möchte ich den Entstehungsprozeß von Dokumentationen und Reportagen darstellen, also die einzelnen Arbeitsschritte von der Idee bis zur Ausstrahlung des Films. Damit die Lektüre nicht zu trocken ist, erzähle ich immer wieder kleine Geschichten, die anschaulich machen sollen, mit welchen großen und kleinen Problemen man dabei konfrontiert werden kann.

Das Buch richtet sich an alle, die in den Medien eine berufliche Perspektive suchen, an Schüler und Studenten, Lehrer, Print- und Hörfunkjournalisten genauso wie an jeden interessierten Laien, also den normalen Fernsehzuschauer, der einfach nur mal „hinter die Kulissen" schauen möchte; kurz: an alle, die an Fernsehen interessiert sind.

Seit fast 20 Jahren arbeite ich als freier Fernsehautor und Produzent. Wie die meisten Kollegen in dieser Branche bin ich als Quereinsteiger zu diesem Beruf gekommen. Nach einer Lehre als Groß- und Außenhandelskaufmann studierte ich über den zweiten Bildungsweg Pädagogik und Psychologie und wurde Diplompädagoge.

Nach ein paar Jahren als Dozent in der Erwachsenenbildung, als Deutschlehrer für Spätaussiedler und in Arbeitslosenmaßnahmen bekam ich eine Stelle als Wissenschaftlicher Mitarbeiter am Institut für Mediendidaktik der Erziehungswissenschaftlichen Hochschule Rheinland-Pfalz in Koblenz. Zusammen mit anderen war ich dort für das Fernsehkolleg „Schulschwierigkeiten und Gesundheitserziehung" verantwortlich; es entstanden insgesamt sechs Bücher und 26 Fernsehsendungen. So hatte ich das erste Mal mit Fernsehen zu tun. Nachdem meine Stelle nach zwei Jahren ausgelaufen war, begann ich zunächst als freier Journalist für Printmedien und wurde schließlich Fernsehautor.

Ende der achtziger Jahre gründete ich dann mit zwei Kollegen die Fernsehproduktionsfirma „pick up" und 1991 dann meine eigene Produktion „Lighthouse Film & Medienproduktion" in Köln. Der Name „Lighthouse" bezieht sich auf das Wahrzeichen der kleinen Stadt Santa Cruz in Kalifornien: der Leuchtturm. Ich hatte dort vor ein paar Jahren länger mit meiner Familie gelebt und in dieser Zeit auch ein wenig Einblick in das amerikanische Fernsehen bekommen.

Mittlerweile ist die „Lighthouse Film & Medienproduktion" größer geworden. Gemeinsam mit meinem Bruder Martin, der auch als Kameramann und Cutter arbeitet, besitze ich einen digitalen Schnittplatz (edit*); und vor kurzem haben wir meinen ältesten Sohn Nils als Cutter eingestellt.

In den 20 Jahren, die ich mein Beruf ausübe, arbeitete ich in vielen Ländern dieser Welt (in Afrika, Amerika und Asien) und produzierte in dieser Zeit eine ganze Reihe von Filmen (siehe Kapitel 39 „Ausgewählte Produktionen"). Mein Interesse galt immer der politischen Dokumentation und Reportage. Ich bevorzuge Themen, die gesellschaftliche Hintergründe und Zusammenhänge aufzeigen, welche in der aktuellen Berichterstattung oft nicht deutlich werden (können).

Neben den üblichen Reportagen und Dokumentationen führte ich einige Undercover-Aktionen durch:

- Im Jahr 1986 arbeitete ich drei Monate als Fernfahrer von Gefahr-guttransporten und dokumentierte meine Arbeitsbedingungen mit einer versteckten Kamera. Es entstanden die ZDF-Reportage „Giftig, ätzend, explosiv!" und ein Buch. („Giftig, ätzend, explosiv: gefährliche Transporte auf unseren Straßen". Reinbek bei Hamburg, Rowohlt, 1988.) 1997 war ich erneut zwei Monate als Fernfahrer tätig, weil ich wissen wollte, ob sich die Arbeitsbedingungen – zehn Jahre nach dem Unglück von Herborn – verbessert hatten (ZDF-Reportage/ARTE).

- Mit verändertem Aussehen und unter falschem Namen wurde ich 1990 für sieben Monate Mitglied der rechtsextremen Partei „Die Re-publikaner" und dokumentierte den Alltag „hinter den Kulissen": Es entstanden der Film (Kanal 4 bei RTL Plus, 60 Min.) und ein Buch „Deutschland ganz rechts – Sieben Monate als Republikaner in BRD und DDR". (Köln, Kiepenheuer & Witsch, 1990.)

- Im Jahr 1998 lebte ich mit geänderter Identität zwei Monate als So-zialhilfeempfänger im Ruhrgebiet. Es entstanden wiederum Film (WDR, 45 Min.) und Buch „Alltag Armut – Mein Leben mit 539 DM So-zialhilfe, ein Experiment." (Köln, Kiepenheuer & Witsch, 1998.)

Unser Fernsehen hat sich in den vergangenen 20 Jahren sehr verändert, es ist schneller, hektischer und sensationsorientierter geworden. Es bleibt immer weniger Zeit (und Geld!) für intensivere Hintergrundre-cherchen, für vertiefende Dokumentationen. Entsprechende Sende-plätze werden immer weiter in die Nacht verschoben (und nicht selten später mit dem Hinweis auf die geringeren Zuschauerzahlen ganz ein-gestellt). Auf der anderen Seite gleiten auch vermeintlich seriöse Infor-mationssendungen wie der ARD-„Brennpunkt" immer mehr in seichte-re Gewässer. Bei 38 Sendungen im Jahr 2000 dominierten – so der Köl-ner Stadtanzeiger vom 8. Januar 2001 – „klar die Katastrophen, Unfälle und Verbrechen". Mit dieser Mischung wollen auch die öffentlich-recht-lichen Sender Quote machen. Zum Glück aber gibt es offenbar doch kri-tischere Stimmen. So bedauert der stellvertretende WDR-Chefredakteur Albrecht Reinhardt das „stillschweigende Übereinkommen", daß das große Naturereignis, die Katastrophe, der Krieg und der Unfall mehr Pri-orität hätten. Er wünscht sich mehr Hintergrundberichte und stellt auch die Form des „Brennpunkts" als verlängerte „Tagesschau" in Frage. Diese zusätzliche Viertelstunde könne eine Dokumentation oder Dis-kussion nicht ersetzen (Kölner Stadtanzeiger, 8.1.2001).

Statt Information gibt es immer mehr seichte Unterhaltung. Der WDR hat z. B. stolz bekanntgegeben, daß er vor dem Rosenmontag insgesamt 300 Stunden Karneval sendet. Alaaf!

Ich beschäftige mich in diesem Buch mit den journalistischen Produktionen, der Entstehung von Reportagen und Dokumentationen. Zu fast jedem einzelnen Kapitel könnte man ein eigenes Buch schreiben, soviel Wichtiges und Interessantes gibt es dazu zu sagen. Hier aber kann jedes Thema nur kurz angerissen werden; es soll dem Leser einen ersten Überblick bieten und Grundlagen der journalistischen Fernsehproduktion nahebringen. Das spannendste bei diesem Prozeß: der Film verändert sich immer wieder. Von der ersten Idee zum Exposé, von den Drehvorbereitungen, der Erstellung des Drehplans zum Schnitt; auf jeder Stufe erlebt man neue Überraschungen.

Den Anstoß für dieses Buch gab meine praktische Erfahrung als Ausbilder. Denn seit ein paar Jahren habe ich mit Menschen zu tun, die ihre Berufsperspektive in den Medien suchen. Gemeinsam mit der Berliner Fernsehproduktion „Telekult" und dem Kölner „Mibeg-Institut" führen wir, das heißt Lighthouse-Film, den Weiterbildungskurs „Film- und Medienmanagement" in Köln und Berlin durch. In Köln sind wir für die Fernsehinhalte und die fernsehpraktischen Teile (zum Beispiel die drei Lehrredaktionen) verantwortlich. In Köln und in Berlin führe ich regelmäßig jeweils zwei Kurstage durch: „Von der Idee zum Produkt" und „Investigativer Journalismus". Die Weiterbildung „Film- und Medienmanagement" wird in Köln und Berlin ca. alle neun Monate durchgeführt. (Anfragen an das Mibeg-Institut für berufliche Weiterbildung, Anschrift siehe Kapitel 37.) Die Inhalte dieses Unterrichts – der mir viel Spaß macht und mich an meine beruflichen Wurzeln als Diplompädagoge zurückführt – bilden neben meinen journalistischen Erfahrungen die Basis des vorliegenden Buches. Manch ein Kollege hat natürlich andere Erfahrungen gemacht und hat auch eine ganz andere Vorgehensweise. Sicherlich wird man außerdem die ein oder andere Verkürzung, vielleicht auch Fehler entdecken, und bestimmt habe ich auch da und dort etwas Wichtiges vergessen. Deswegen bin ich für entsprechende Hinweise, Ergänzungen und Kritik dankbar, vielleicht kann man sie in einer weiteren Auflage einarbeiten und nutzen.

Im wesentlichen bin ich für verschiedene ARD-Sender und das ZDF tätig. Kommerzielle Sender sind in der Regel nicht meine Auftraggeber. Denn nach ein paar schlechten Erfahrungen denke ich, daß ich dort nicht in der Art und Weise arbeiten kann, wie ich es gewohnt bin und gern möchte. Ein Beispiel: Im vergangenen Jahr rief eine Redakteurin von einem Fernsehmagazin eines kommerziellen Senders an. Sie hatte meine Reportage „Giftig, ätzend, explosiv!" – vom Alltag der Fernfahrer mit Gefahrguttransporten – gesehen und wollte Informationen von mir. In dem Telefonat stellte sich dann heraus, daß sie den Beitrag bereits vier Tage später senden wollte. Ich habe daraufhin meine Mitarbeit verweigert, da ich mir vorstellen konnte, wie oberflächlich Recherche und Beitrag sein mußten. Das Ergebnis war wie befürchtet, und inhaltliche Parallelen zwischen diesem und meinem Film waren zu erkennen; sie hatten bei mir „abgekupfert".

Der Kollege Roger Willemsen hat in einer seiner Sendungen einmal eine gute Zustandsbeschreibung der deutschen Fernsehlandschaft gegeben. Sinngemäß sagte er: „Wenn ich mir das Fernsehen anschaue, dann muß ich sagen, die Kultur erlebt dort einen Kahlschlag, der ist nur noch vergleichbar mit dem Abholzen des brasilianischen Regenwaldes."

Und er fordert eine Grundversorgung an Kultur – vor allem von den öffentlich-rechtlichen Rundfunkanstalten, die schließlich immer noch einen Bildungs- und Informationsauftrag haben, – auch wenn man das manchmal nicht mehr glauben kann.

Dieses Buch hat – wie meine Arbeit – auch mit journalistischer und gesellschaftlicher Verantwortung und Ethik zu tun, Themen, die meines Erachtens viel zu wenig diskutiert werden. Ich möchte durch die Darstellung des Entstehungsprozesses journalistischer Fernsehproduktionen und Teilen meiner Arbeit Mut machen zu vertiefenden Recherchen, zu Filmen, die mehr von den Hintergründen zeigen als es in den meist doch recht „schnell gestrickten" aktuellen Berichten stattfinden kann. Wenn ich mir das deutsche Fernsehprogramm ansehe (auch wenn ich weiß, in anderen Ländern ist das oft noch schlimmer, was aber kein Argument sein kann), wundere ich mich oft über die redaktionellen Entscheidungen: überall sieht man dasselbe. Anfang des Jahres zum Beispiel sind die ersten Frauen in die Bundeswehr gekommen, die auch in Kampftruppen eingesetzt werden sollen. Thema: Frauen in der Bundeswehr: In fast jedem Sender tauchte eine entsprechende Reportage auf. Der Unterschied zwischen den Sendungen bestand dann gewissermaßen nur in der Haarfarbe der gezeigten Soldatinnen. Ein weiteres Beispiel: Es hat einen Unfall mit einem Tankwagen gegeben. In den nächsten drei Wochen sehen wir in den unterschiedlichen Magazinen auf den verschiedenen Kanälen fast identische Beiträge: es wird von dem Unfall berichtet, dazu kommen Stellungnahmen vom Fahrer, vom Spediteur, von einem Experten, eventuell – je nach politischem Standort des Senders – tritt noch ein Vertreter der Gewerkschaft hinzu. Die „besseren" Magazine zeigen dann noch einen „anonym" auftretenden Fernfahrer, der über die schlimmen Praktiken in der Branche berichtet. Zwei Wochen später ist wieder Ruhe im Land und wir hören von den Problemen und Arbeitsbedingungen der Fernfahrer nichts mehr – bis zum nächsten Unfall. Zeit und Geld für tiefere Recherchen, für eine ausführlichere Hintergrunddokumentation gibt es aber oftmals nicht.

Um es mit einem Bild zu verdeutlichen: bekanntlich ist nur ca. $1/9$ eines Eisbergs über der Wasseroberfläche sichtbar. Die Journalisten springen in ihrer aktuellen Berichterstattung von der Spitze eines Eisberges zur nächsten und berichten über das, was über Wasser sichtbar ist. Und alle berichten über dasselbe – mit den identischen Bildern und oft sogar denselben Interviewpartnern. Bestenfalls taucht mal jemand – um bei diesem Bild zu bleiben – mit einem Schnorchel ein bis zwei Meter unter Wasser – das nennt man dann bereits „investigativ"! Aber wer hat schon die Möglichkeit beziehungsweise die Ausdauer oder den finanziellen Spielraum, sich mit den verborgenen $8/9$ zu beschäftigen und darüber zu berichten?

Mir ist beim Drehen einer Dokumentation/einer Reportage wichtig, zu beobachten, mich auf Situationen einzulassen, Zeit zu haben und eine Vertrauensgrundlage mit den Protagonisten zu schaffen. Das ist manchmal mühsam und erfordert viel Zeit und Energie, aber es lohnt sich!

Ein Grund für das langsame Verschwinden solcher Filme ist sicherlich auch, daß man mit schnell recherchierten, aktuellen Beiträgen erheblich mehr verdient als mit einer aufwendigen Reportage, denn das Honorar für den Autor und Regisseur bleibt das gleiche, unabhängig davon, ob er nun drei Wochen oder drei Monate an dem Film gearbeitet hat.

Aber es müssen nicht immer die spektakulären Großereignisse sein, anhand deren man dem Zuschauer gesellschaftliche Hintergründe vermitteln kann. Manchmal sind kleine, ruhige Geschichten viel eindrucksvoller.

„Es hat sich gezeigt, daß es gar nicht so einfach ist, zu akzeptieren, daß auch von Welt, Gesellschaft und Politik erzählen kann, wer Ereignisse von der Größe eines Wassertropfens ansieht" (Fritz Wolf, „Freitag", Nr. 4 v. 19.1.2001).

Als ich mit dem Buch begann, dachte ich, es wird „nur" ein Sachbuch. Heute weiß ich, es ist ein sehr persönliches Buch, denn ich erzähle von vielen Erfahrungen und Erlebnissen, auch von Frust und Problemen, und so mancher Kollege wird Situationen wiedererkennen, die wir gemeinsam erlebt haben. Ich hoffe, es werden neben den Problemen aber auch die Lust und Freude an diesem Beruf deutlich, die ich auch nach fast 20 Jahren noch immer habe.

Noch etwas: Bei der Verwendung der verschiedenen Berufsbezeichnungen meine ich selbstverständlich ebenfalls die weibliche Form; aus Gründen der Vereinfachung, nicht etwa aus Ignoranz, benutze ich hier nur die männliche Form.

2 Die Idee

Irgendwann ist sie plötzlich da, ergreift Besitz von unserem Denken, breitet sich vor unserem inneren Auge aus – manchmal so klar, daß man sich fragt, wieso man denn nicht früher darauf gekommen ist: die Idee. Man liest etwas, sieht oder hört etwas, beim Autofahren, Spazierengehen, in Gesprächen, wie auch immer. Man müßte doch, man sollte doch, das wäre doch eine schöne Geschichte, da müßte ich mal recherchieren. Aber oftmals kommen unmittelbar danach auch die ersten Zweifel: Bestimmt hatten schon viele diese Idee; ist doch eigentlich undenkbar, daß noch nie jemand darauf gekommen ist; das hat es bestimmt schon oft gegeben, wäre ja ein Wunder, wenn das nicht schon jemand gemacht hätte. Das beste ist dann, erst einmal eine Nacht darüber zu schlafen und sich am nächsten Tag in Ruhe noch einmal mit der Idee zu beschäftigen. Von den meisten Filmideen weiß ich nicht mehr, wie und wo ich auf sie gekommen bin. Aber an eine kann ich mich genau erinnern:

Spätherbst 1990, Freitags nachmittags auf der Autobahn durch das Bergische Land in der Nähe von Köln. Wie so oft am Wochenende ist mal wieder die Hölle los, im Radio werden insgesamt über 100 km Stau in Nordrhein-Westfalen angesagt. Auf der rechten Spur sind fast nur Lastwagen. Während wir im Schrittempo weiterfahren, bemerke ich auch eine Kolonne von Militärfahrzeugen der US-Armee. „Müssen die ausgerechnet am Wochenende hier entlangfahren?", denke ich.

Die Wagen der Kolonne sind in hellbeige („wüstengelb") gestrichen. Na klar, jetzt fällt mir ein, warum diese Kolonnen hier auf der Autobahn unterwegs sind. Die Vorbereitungen für den Golfkrieg laufen auf Hochtouren und selbstverständlich sind auch die in Deutschland stationierten amerikanischen Truppen beteiligt. Mir schießt plötzlich die Idee einer Reportage durch den Kopf, eine Reportage über die Vorbereitungen der US-Truppen in Deutschland und ihre Verlegung an den Golf. Das wäre doch interessant. Am nächsten Tag telefoniere ich mit dem Hauptquartier der US-Truppen in Frankfurt. Ja, prinzipiell wäre das durchaus möglich. Nein, ein solches Projekt sei ihres Wissens bisher nicht geplant. Aber dann schränkt der nette Mensch am Telefon ein. Es sei schon etwas schwierig, wenn ich die Truppen auch an den Golf begleiten wolle, denn da hätten die amerikanischen Medien den Vorrang. Außerdem müßten wir als Team ein Visum und eine Akkreditierung von Saudi-Arabien bekommen, und das sei auch nicht einfach. Während ich über die Chancen dieser Reportage nachdenke, habe ich plötzlich eine andere Idee: Was ist mit der deutschen Bundeswehr, ist die an den Vorbereitungen beteiligt, was geschieht da eigentlich? Nach ein paar Anrufen ist klar: die deutschen Minensucher stehen ab sofort sozusagen „Gewehr bei Fuß" in Kreta und bereiten sich auf einen möglichen Ernstfall vor. Als man mir dann beim Marineoberkommando bestätigt, daß in dem Verband auch Wehrpflichtige seien, ist mir klar, daß dies ein viel besseres Thema für das deutsche Fernsehen ist.

Das Endergebnis: Ende Dezember drehten wir einen 7-Minuten-Bericht für „Stern-TV" (einer meiner wenigen Ausflüge in das kommerzielle Fernsehen) und Ende Januar, das heißt unmittelbar nach Beginn des Golfkrieges, begleiteten wir die deutschen Minensucher bei einem großen Manöver und drehten die 30-Minuten-Reportage „Kriegsmarsch" für den WDR.

Professionelle Neugierde

Die wichtigste Quelle für eine Idee ist zunächst einmal die „professionelle Neugierde". Ich habe meine Kinder immer sehr darin unterstützt, neugierig zu sein. „Wer nicht neugierig ist, erfährt nichts!": dies war immer mein Motto. Und ich denke, das gilt vor allem für meinen Beruf, denn Neugierde ist die Voraussetzung für Ideen: Interesse, Fragen stellen, nachhaken, recherchieren ...

Also: alles lesen und durchblättern, was man in die Hände bekommt: Tageszeitung, Lokalausgaben, Anzeigenblätter, Prospekte, Geschäftsberichte. Ich beklage mich selten über Wartezeiten beim Arzt oder anderen Gelegenheiten, wenn es dort irgendwelche Zeitschriften gibt. Denn so habe ich die Gelegenheit, in Ruhe Zeitschriften zu lesen, zu deren Lektüre ich sonst keine Zeit habe. Denn auch in den Boulevardblättern können interessante Artikel stehen.

Auch das Fernsehen bietet eine Fülle von Anregungen, wenn auch mit Einschränkungen, denn ein für mich interessantes Thema ist dann bereits realisiert worden. Manchmal kann aber auch eine kleiner Bericht von vier oder fünf Minuten in einem Magazin Anstoß für eine weitere Recherche und schließlich einen größeren Film sein.

Heutzutage bietet das Internet vorzügliche Möglichkeiten der Recherche. Über eine der Suchmaschinen kann man anhand verschiedener Suchbegriffe „herumsurfen" und auch dort interessante, ungewöhnliche Geschichten und damit kreative Anstöße finden: Ich bevorzuge „Altavista" (www.altavista.de), hervorragend ist auch die Meta-Suchmaschine www.metager.de, die mehrere Suchmaschinen abfragt.

So habe ich einmal bei der Suche nach dem Stichwort „Bohrinsel" einen Artikel des Waschmaschinenherstellers „Miele" gefunden, der sehr anschaulich über die Anforderungen an die Waschmaschinen auf Bohrinseln berichtete: 24 Stunden am Tag laufen diese Maschinen und waschen ungeheure Mengen von Wäsche. Eine große Anforderung an die Qualität der Maschinen; außerdem hat sich „Miele" verpflichtet, gegebenenfalls innerhalb von 24 Stunden die Maschinen zu reparieren. Ein spannender Artikel, der mehr vom Alltag der Männer und Frauen auf Bohrinseln vermittelt als manch anderer Bericht. Er gestattete mir viele interessante Einblicke, die ich in einem Exposé verarbeiten konnte. So muß man auch einmal unkonventionelle Wege in der Recherche gehen; seine Phantasie laufen lassen. Im Oktober 2000 besuchten wir ein paar Tage die norwegische Bohrinsel „Gullfaks A" und drehten dort eine Reportage für das ZDF („Das schwarze Gold der Nordsee"). Und natürlich haben wir uns auch die Waschmaschinen zeigen lassen.

Ideen brauchen Zeit und Muße

Ab und zu setze ich mich ein paar Stunden mit Papier und Stift bewaffnet ins Café. Ich lese Zeitungen, denke über die augenblicklichen und kommenden Projekte nach, mache mir Gedanken und Notizen. Leider komme ich viel zu selten dazu, denn das „Tagesgeschäft" mit all seinen Terminen und „dringend" zu erledigenden Aufgaben läßt dazu zu wenig Zeit.

Die grundsätzliche Frage ist meiner Meinung nach: Was macht eine Idee aus? Wie entscheidet man, ob eine Geschichte etwas „taugt", ob sie genügend Spannung, Witz, Neuigkeitswert, Hintergrund und so weiter hat? Dazu gehört ein gewisses Gefühl für Geschichten. Man muß sich vorstellen können, wie daraus ein Film wird, muß in Gedanken die Bilder und die „Story" sehen. Aber die Geschichte alleine reicht nicht, man muß auch einen „Rahmen" dafür finden, das heißt einen Sendeplatz, auf dem man sich die Geschichte vorstellen könnte. Und das heißt vor allem: das Programm kennen, für das man eine Idee entwickeln will.

Also: Fernsehen, fernsehen, fernsehen – auch wenn's manchmal schwerfällt – und das Programm studieren. Hilfsmittel dafür sind Fernsehzeitschriften und Programmankündigungen der Sender. Wenn man Redakteure kennt, kann man auch eine Liste der Themen, die bereits gesendet wurden oder in Planung sind, bekommen. Das ist sehr hilfreich.

Was ist interessant?

Das hängt wesentlich vom jeweiligen Sendeformat ab: die regionale Reportage „Treffpunkt Reportage" des SWR ist naturgemäß an anderen Themen interessiert als die Redaktion von „Gesucht wird ...". „Länder, Menschen, Abenteuer" sucht andere Geschichten als „Lebenslinien". Jeder Sendeplatz, jedes Sendeformat hat eine ganz spezielle Art, ein Thema anzupacken. Für Dokumentation und Reportage sind, nach meiner Ansicht, meistens von Interesse:

• außergewöhnliche Ereignisse

• ungewöhnliche Beobachtungen und Perspektiven

• Menschen, die etwas Außergewöhnliches machen

• Einblicke, die gesellschaftliche Probleme erhellen

• Politik von unten, Betroffene kommen zu Wort

• Filme, die zeigen, wie Menschen leben.

Sehr wichtig ist die ständige Beobachtung des Programms. Welche Filme werden in welchen Sendereihen gezeigt, welche Themen und welche Art der Darstellung bevorzugen die Redakteure.

Sind Ideen urheberrechtlich geschützt?

Hier muß man eigentlich mit dem berühmten Radio-Eriwan-Witz beginnen: „Im Prinzip ja, aber ...", eigentlich doch gar nicht; also: ja *und* nein.

Natürlich gibt es immer einen Urheber, zum Beispiel den eines Exposés, einen, der eine Idee hatte, sie ausgearbeitet und einer Redaktion angeboten hat. Und sicherlich hat er oder sie in der Fußzeile des Exposés sein „©" (copyright) vermerkt. Nur: die einfache Idee ist eben *nicht* geschützt, die kann jeder haben, und auch das Ausarbeiten einer Idee zu einem Exposé ist nicht geschützt.

Etwas anderes ist es bei einem ausgearbeiteten Drehbuch, das – so die Rechtsprechung zu diesem Problem – eine „eigenständige kreative Leistung" darstellt. Das dies durchaus strittig sein kann, wird daran deutlich, daß es immer wieder auch juristische Auseinandersetzungen zu genau diesem Punkt gibt: Ist die Grundidee gestohlen oder nicht, ist sie so stark verändert, daß es eine „neue Idee" ist, in welchem Maße lehnt sie sich an andere Werke an und so weiter.

Bei Themenvorschlägen und Exposés ist es in gewisser Weise verständlich, daß sie nicht geschützt sein können. Stellen wir uns folgenden Fall vor: Nach einem Lkw-Unfall mit mehreren Toten treffen in der Woche danach bei einer Redaktion im WDR mehrere Exposés ein, die eine Dokumentation oder Reportage zum Thema „Arbeitsbedingungen der Lkw-Fahrer" vorschlagen. „Wie originell", denkt man, denn man kann sicher sein, daß zur gleichen Zeit bei mehreren Redaktionen gleiche und ähnliche Themenvorschläge auf den Tisch flattern. Und wer besitzt nun das Urheberrecht? Der erste Autor oder der originellste?

Zunächst einmal gilt also: „Ideen liegen auf der Straße" und sind somit nicht geschützt.

Wie oft schon ist es mir passiert, daß ich eine – wie ich fand – glänzende Idee hatte und (zum Glück) bei den ersten Recherchen feststellte, daß es einen solchen Film bereits gibt oder dieser gerade vorbereitet wird, weil eine Kollegin oder ein Kollege das Thema früher vorgeschlagen hat. Ich registriere so etwas immer mit einem weinenden und einem lachenden Auge. Es ist schon frustrierend, wenn einem jemand zuvorgekommen ist. Auf der anderen Seite ist das die Bestätigung, daß man mit seiner Idee, seinem Themenvorschlag richtig gelegen hat, daß es wohl geklappt hätte, wenn man früher gekommen wäre.

Alltag aber ist auch der „Themenklau". Gerade erst habe ich wieder so eine Geschichte gehört: Ein Freund und Kollege aus Köln hat vor etwa anderthalb Jahren „Spiegel-TV" einen Film über das Möbelhaus „Ikea" angeboten. Er bekam die Antwort, daß die Redaktion an dem Thema nicht interessiert sei. Einige Monate später aber mußte er feststellen, daß das offensichtlich gelogen war. „Spiegel-TV" war sehr wohl an dem Film interessiert, hatte aber jemand anderen mit der Realisierung beauftragt.

Persönlich erlebte ich Ähnliches zweimal beim WDR. Es ist schon einige Jahre her: Ein Kollege, Redakteur bei einer Zeitschrift, hatte ein Buch zum Thema „Silicon Valley" geschrieben. Es ging wesentlich um die Umweltzerstörungen und Belastungen durch die Computerindustrie. Der Titel verkaufte sich sehr gut, der Kollege schrieb zahlreiche Artikel zu diesem Thema und wurde sozusagen *der* Fachmann auf diesem Gebiet. Gemeinsam entwickelten wir ein Exposé für einen Film, schickten es aber nur unter meinem Namen an die Redaktion, da der Kollege – damals noch hauptberuflich Redakteur einer Pädagogikzeitschrift – im Hintergrund bleiben wollte. Der zuständige Redakteur im WDR lehnte unseren Vorschlag ab. Das Thema, antwortete er, sei für ihn nicht interessant. Zwei Monate später wurde jedoch mein Koautor (dessen Mit-Autorenschaft dem WDR ja unbekannt war) von einem freien Autor angerufen, der ihn als Fachmann um Kontakte im Silicon Valley bat. Der Kollege war vom WDR beauftragt worden, einen Film über das Thema zu machen; von demselben Redakteur, der meinen Themenvorschlag zuvor abgelehnt hatte.

Der zweite Fall wurde gar nicht erst geleugnet. Der Redakteur hatte mir mündlich sein großes Interesse an meinem Vorschlag signalisiert, aber, so vertröstete er mich, ich sollte noch etwas warten. Die Planung für das nächste halbe Jahr sei noch nicht beendet. Ungefähr zwei Monate später entdeckte ich in der Programmankündigung „mein Thema", von einem anderen Autor, noch dazu einem der festangestellten Redakteure, realisiert. Auf meine Vorhaltungen hin bekam ich vom Redaktionsleiter nur zu hören, das Exposé sei ihm wohl während seines Urlaubs „vom Schreibtisch geklaut" worden, und als er nach dem Urlaub wiedergekommen sei, hätte der Kollege bereits gedreht.

Ein eindeutiger „Themenklau". Aber wie will man das im Zweifelsfall nachweisen? Was kann man in solchen Fällen tun?

Leider passiert das, wie gesagt, immer wieder. Und oftmals sind die Fälle nicht so eindeutig. Die Grundregel heißt – vor allem wenn man die Redaktion noch nicht kennt – auf der Hut sein. Das bedeutet, Namen von Protagonisten nicht nennen, exklusive Zugänge zum Thema für sich behalten und die Idee nur allgemein ausführen.

Auf der anderen Seite kann es auch möglich sein, daß sich mit der Zeit auch das Interesse an Themen ändert. Ein Sujet, das heute abgelehnt wird, kann die Redaktion in einem Jahr plötzlich doch interessieren. Aber merkwürdig sind solche Fälle von „Ideenklau" doch, zumal sie in einigen Sendern und Redaktionen gehäuft vorkommen. Zum Glück spricht sich derartiges meist schnell in Kollegenkreisen herum. Manche Sender und Redaktionen sind bestens bekannt für einen solchen „Themenklau". Man muß sich als Autor davor schützen. Eine Lösung wäre, eben diesen Redaktionen überhaupt keine Themen mehr anzubieten. Aus Erfahrung wird man klug!

3 Auf der Suche nach Informationen – die „Basisermittlungen"

Ab ins Archiv

Wenn nach den ersten Überlegungen die Idee immer noch Bestand hat, geht die Arbeit erst richtig los. Das Thema muß recherchiert werden. Das heißt zunächst einmal, daß man sich Material zum Thema sucht: also ab ins Archiv. Ich gehe oftmals zuerst in das Pressearchiv und suche mir unter verschiedenen Stichworten Artikel der letzten Jahre heraus. Sehr hilfreich ist dabei das Internet, ebenso wie CD-ROMs mit Pressearchiven; zum Beispiel das TAZ-Archiv der letzten 13 Jahre, das oft einen schnellen, recht guten Überblick bringt. Zahlreiche Pressearchive sind leider kostenpflichtig, und das kann schnell ins Geld gehen. Voraussetzung ist immer, daß man das richtige Stichwort findet, denn wenn man mit allgemeinen Begriffen sucht, gibt es zu viele Funde, und man findet den Wald vor lauter Bäumen nicht. Ein sehr spezifischer Begriff schränkt hingegen die Ergebnisse zu sehr ein.

Internet und Datenbanken[1]

Mit den Stichworten in den Suchmaschinen des Internet ist es genauso. Vor einiger Zeit habe ich an einem Seminar der IG Medien zum Thema Datenbankrecherchen teilgenommen. Es war eine hochinteressante Erfahrung, denn der Kollege zeigte uns, wie schnell ein geübter Rechercheur – der weiß, was er wo suchen kann – hervorragende Ergebnisse bekommt. Meist handelt es sich um professionelle Datenbanken, die von Wirtschaftsauskunfteien, Universitäten oder Medienunternehmen betrieben werden. Auch hier sind die meisten dieser Archive kostenpflichtig, so daß sich solche Ausgaben für freie Autoren kaum lohnen.

---

1 Siehe auch: Matthias Brendel/Frank Brendel (2000): Richtig recherchieren. Wie Profis Informationen suchen und besorgen. Ein Handbuch für Journalisten, Rechercheure und Öffentlichkeitsarbeiter. Mit Internet-Guide. Frankfurt/M.: F.A.Z.-Institut. ISBN 3-927282-58-8.

Ich war erstaunt über die Rechercheergebnisse aus Quellen, von deren Existenz ich zum Teil keine Ahnung hatte.

Wie hilfreich diese Arbeit sein kann, zeigte sich für mich schon oftmals unmittelbar. Ein Beispiel: Ich befand mich kurz vor einer Drehreise nach Thailand; wir wollten die Flüchtlingslager der Karen an der Grenze zu Burma besuchen. Innerhalb von einer Stunde erarbeitete ich – unter Anleitung des Kollegen – eine fundierte Grundrecherche zu den aktuellen Problemen in dieser Region. Sehr erstaunt war ich, als ich dabei zum Beispiel erfuhr, daß in der Datenbank „BBC Monitoring" die Mitschriften fast aller politischen Radiosendungen in Südostasien zu finden sind.

Genauso wichtig für die Recherche ist natürlich der Weg in die Buchhandlung. Die Literaturverzeichnisse in den einschlägigen Büchern bieten meist eine Fülle von weiterführender Literatur, damit eine Orientierung über die führenden Experten im jeweiligen Fachgebiet.

Nach einem ersten Überblick zum Thema setze ich mich oft für ein oder zwei Stunden in ein Café, lese in den Artikeln und notiere mir alle Stichworte, die mir dazu einfallen. Dies sind inhaltliche Punkte, offene Fragen, Ideen und Gedanken zum Drehen. Wo müßten/könnten wir drehen? Wen muß ich kontaktieren? Wo muß noch weiter recherchiert werden? Wenn ich diese Notizen anschließend in den Computer übertrage, zusammenfasse und nochmals sortiere, habe ich meist eine erste Annäherung an das Thema erreicht.

Weitere Recherchen, Gespräche

Nun beginnt die intensive Phase der Recherchen, und ich arbeite meinen Arbeitsplan ab, besorge mir Unterlagen, telefoniere und rede mit allen möglichen Menschen, die mit dem Thema zu tun haben.

Vor allem treffe ich Menschen, die den Sachverhalt oder einen wichtigen Teil daraus gut kennen, also „Fachleute" sind. Das sind zum Beispiel Funktionäre von Interessenverbänden, ehrenamtliche Mitarbeiter, Betroffene, Fachjournalisten, Kritiker. Überall finden sich Leute, die sich mit dem Thema, das ich recherchieren will, lange beschäftigt haben, oft seit vielen Jahren damit zu tun haben und die Materie genau kennen. Mir helfen diese Gespräche nicht selten mehr als das Studium schriftlicher Unterlagen. Nach einem Gespräch von zwei, drei Stunden bekomme ich von meinem Gegenüber einen Überblick über das Thema, seine Einschätzung, auch Emotionen und Erlebnisse, Hintergründe und Tips, Unterlagen und weitere Kontakte. Wenn der Gesprächspartner auch noch als eventueller Protagonist oder Interviewpartner für den Film in Frage kommt, kann ich nach einem solchen Gespräch auch schon ein wenig einschätzen, wie dieser Protagonist im Film „herüberkommt".

Dabei muß *immer* bewußt sein, daß die Interessenlage des Gesprächspartners Grundlage für alle Einschätzungen und Hinweise ist. Es gilt: kritisch bleiben hat noch nie geschadet.

Lohnt es sich?

Eine merkwürdige Frage, aber sie steht in der Tat fast immer am Anfang einer Recherche. Da man für die Untersuchung eines Themas sehr viel Zeit benötigt, sollte man sehr bald feststellen, „ob es sich lohnt", das ganze näher unter die Lupe zu nehmen. Wie stehen die Chancen, daß daraus ein Film entsteht? Kurz gesagt: Läßt sich damit irgendwann einmal Geld verdienen?

Eine der ersten Fragen, die ich nicht selten direkt am Anfang der Recherchen im ersten Telefongespräch stelle, ist daher, ob es schon etwas über das Thema im Fernsehen gegeben hat. Oft kann diese Frage ein „Insider" schnell beantworten. Wer sich zum Beispiel mit „Kinderarbeit" beschäftigt, Mitarbeiter einer Hilfsorganisation ist, die in Ruanda arbeitet oder als Inspekteur der Internationalen Transportarbeiterföderation ITF mit dem Thema „Ausflaggung" beschäftigt ist; allgemeiner gesagt, wer sich beruflich oder ehrenamtlich mit einem ganz bestimmten, eingegrenzten Sujet auseinandersetzt, also „Fachmann" ist, weiß oft genau, ob, wann und in welcher Weise sein Bereich im deutschen Fernsehen behandelt wurde.

Genauso merkt man sehr schnell bei den Recherchen, ob schon eine Kollegin oder ein Kollege zur gleichen Zeit das gleiche Thema untersucht, denn man landet fast zwangsläufig bei denselben Gesprächsteilnehmern, Interessenverbänden und Betroffenen. Mir ist es schon mehrfach passiert, daß ich bei den ersten Telefongesprächen feststellen mußte, daß der Film, den ich im Kopf hatte, bereits gemacht worden ist oder gerade realisiert wird. Dann sollte man darüber nachdenken, ob es realistisch ist, sich weiter mit ihm zu beschäftigen. Außerdem sollte man auch wissen, von welchem Sender oder noch besser auf welchem Sendeplatz der Film ausgestrahlt wurde oder werden soll.

Wenn ich mich dann von meinem Thema verabschiede, mache ich das mit einem weinenden und einem lachenden Auge. Weinend, weil ich es schade finde, daß ich zu spät bin; lachend, weil ich merke, daß ich mit meinem Riecher für Themen richtig lag, daß die Idee gut war und daß es hätte funktionieren können. Also müssen neue Sujets gesucht werden. Auch für die Betroffenen, die Interviewpartner und die befragten Fachleute, kann eine solche Ablehnung schmerzlich sein. Denn man muß immer davon ausgehen, daß sie in ihrer Sache engagiert sind und sich oft sehr freuen, wenn ein Journalist anruft und sich für ihre Arbeit interessiert.

Unten folgt nun das Beispiel für ein „Brainstorming", eine erste Skizze des Films „Schneller, weiter, höher – Alptraum Verkehr", den wir für den Themenabend „Was uns auf den Nägeln brennt – Thema Mobilität" gedreht haben (ZDF/ARTE, 2000, Redakteur: Reinhart Lohmann, Autoren: Michael Schomers und Andréa Vermeer).

Ideensammlung für den Film „Schneller, weiter, höher – Alptraum Verkehr"

Wie das Chaos gemanagt wird und wann der Kollaps droht

DRAMATURGIE
- Chaos
- Management
- Folgen
- Ohnmacht

PKW
- Autoproduktion
- Staumeldungen
- Rundfunk
- Polizei
- Abschlepper

- Schrottplätze
- Krankenhaus, Rettungsdienst
- Urlaub, Freizeit
- Verkehrsleitsystem
- ADAC
- Tunnel
- Wir kaufen im Supermarkt auf der grünen Wiese – Braucht man Autos?
- Menschen ziehen in die Vorstädte oder aufs Land, arbeiten in der City: Pendler
- Auslagerung von Produktionsstätten (Arbeit)
- Verkehrsüberwachung, Hubschrauber
- Tote, Unfälle
- Mautgebühren/-stellen
- Freie Fahrt für freie Bürger
- Parkplätze (Stau besichtigen)
- Urlaub im Stau

LKW
- Autobahnbau
- Paketdienste (Online – Internetkauf)
- Neue Logistik, Just in time
- Gefahrgut
- Auslagerung von Produktionsstätten (Arbeit)
- Paris/Rungis: Lebensmittel
- Baustellen
- Lenkzeiten

FLUGZEUG
- Jumbos mit Gemüse, Obst und Blumen
- Touristik, Last-Minute-Reisen
- Geschäfte rund um den Globus – Konferenz am Flughafen
- Privatflugzeuge (Freizeitflüge, Sylt) – Hubschrauber: neue Status-symbole
- Neue Großflughäfen, die eine noch stärkere Verkehrskonzentration bewirken
- Deregulierung und Sicherheit
- Flugersatzverkehre

- Riesen-Jumbos sind geplant
- Gepäcksystem im Flughafen – Stau dort

BUS
- Tourismus
- Run auf die profitablen Strecken
- Schüler müssen immer weiter fahren

BAHN
- Verspätungen
- Verwalter der Verspätungen
- Wie wird der Fahrplan gemacht?
- Lkw ./. Bahn
- Auslastung der Rheinstrecke bei Gütertransport
- „Gestrandete" an den Bahnhöfen
- „Neue Bahnhöfe" (Köln)

POLITIK
- Was plant ein Verkehrsplaner?
- Autobahnbau
- Benzinverbrauch
- Ein neues Gewerbegebiet wird geplant und die Kommune freut sich wegen der Gewerbesteuer. Das führt zu viel mehr Verkehr. Ein paar Kilometer weiter ist eine andere Kommune von dem zusätzlichen Verkehr betroffen, eine neue Umgehungsstraße muß gebaut werden. So wird sehr viel Geld ausgegeben. Wer plant so etwas?

INNERSTÄDTISCHER VERKEHR
- Pkw
- Bahn, Bus
- Lkw – Verteiler, Verteilerzentren
- Taxi
- Konzentration

IDEEN/GESCHICHTEN/FRAGEN/PROBLEME
- „Über den Wolken"
- Lärm und Gift
- Zahl der Autos in Afrika, Asien etc.

- Am Schluß „alles wird schlimmer …"?
- Arbeit
- Globalisierung
- Eifel und Fahrzeiten der Pendler
- Bild am Schluß: „Ohnmacht" ?
- Wieso verliert die Bahn gegen den Lkw?
- Nordseekrabben – woher kommen unsere Produkte?
- Produktionsverlagerungen (Tschechien etc./Osten)
- Anfang (und Ende?) mit Fußgänger – oder: Abfolge: Fußgänger, Pferdekutsche, Fahrrad, Bahn, Auto, Lkw, Flugzeug?
- Pkw als Büro, Terminkalender eines Managers
- Wieviel Prozent der Menschheit nehmen aktiv am Verkehr teil, haben selbst zum Beispiel ein Auto?
- Zersiedelung, auch durch Autobahnen, Straßen und Kreuzungen
- Stadtplaner, Verkehrsplaner im Büro
- Neue Entwicklungen nach der Wende?
- Automobilwerbung „Freiheit"
- Bürosiedlungen (Eschborn) und Pendlerstau
- 65 Stunden steht jeder Autofahrer jährlich im Stau
- „Ich stehe nicht im Stau, ich bin der Stau!"

BILDER/DREH
1. *Paris/Rungis: Lebensmittel*
2. *Paris: Stau und Raserei*
3. Urlauber an der Côte d'Azur
4. Lkws an den Grenzen *zum* Osten – Warteschlangen
5. Automobilproduktion
6. Schichtwechsel bei einem Autowerk – alles strömt in die Autos
7. *Verkehrsleitsysteme*
8. *Fluglotsen*
9. *Verspätungsplaner bei der Bahn*
10. *Bahnhof*
11. *Flughafen, Ferienzeit*
12. Rundfunk: Staumeldung
13. *Polizei unterwegs*
14. *Polizeikontrolle – Gefahrgut aber auch alles andere*
15. Autohof
16. *Unfälle*

17. Rastplatz zur Ferienzeit
18. Wartezeiten an den Engpässen
19. *Engpaß: Alpen*
20. Just-in-time-Produktion
21. *Paketdienste*
22. *Rettungswagen*
23. *Abschleppwagen*
24. Schrottplätze in der Nähe von Autobahnen
25. Hubschrauber-Verkehrsüberwachung
26. Schichtwechsel Automobilwerk (Pendler)
27. *Flughafen: Gemüsebomber*
28. Baustellen
29. ICE
30. Sonderzug Köln – Hamburg
31. *auf den Gängen: Reisezüge*
32. Privatflugzeuge
33. *Fluglotsen*
34. Bau eines Airbus/Planung Riesen-Jumbo
35. Asylbewerber/Migranten
36. *Flughafen in Urlaubszeiten*
37. *Touristenbomber*
38. Busreisen/Touristik
39. Verkehrsplaner im Büro
40. Verkehrsüberwachung mit Kameras und Hubschrauber
41. *Güterverteilzentren*
42. *Paketdienste und Verteiler*
43. Wartezeiten an den Ostgrenzen
44. *Produktionsverlagerungen nach Tschechien, Polen etc.*
45. Automobilwerbung „Freiheit" – eventuell Agentur, die Verkehr und Mobilität bewirbt
46. Fußgänger, Fahrrad
47. Fahrradstau (Planung in Münster)
48. Expo: Mobilität

4 Themen müssen verkauft werden – das Exposé für die Redaktion

Jede Autorin und jeder Autor hat seine eigene, ganz besondere Art, ein Exposé zu schreiben. Es gibt kurze und lange, ausführliche, bis ins Detail ausgeführte Exposés, denn eine vorgeschriebene Form oder ein Rezept, wie es sein sollte, gibt es nicht. Was angemessen ist, hängt auch immer von den verschiedensten Bedingungen ab, vom Sujet, der Redaktion, dem Sender, dem Sendeplatz und so weiter.

Grundsätzlich kann man sagen, daß das Exposé der Redaktion ein Thema möglichst so darstellen und nahebringen sollte, daß daraus ein Auftrag wird.

Zunächst einmal muß das Exposé verdeutlichen, warum der Stoff überhaupt so wichtig ist, daß man einen Film daraus machen sollte. Ist es ein neues Thema, gibt es einen aktuellen Aufhänger, etwas ganz Besonderes. Oder man konzentriert sich auf einen neuen, originellen Zugang. Auch ein interessanter Protagonist kann den Redakteur überzeugen.

Das Exposé muß also die Redakteurin, den Redakteur „anmachen"; er oder sie muß nach dem Lesen den Film so interessant oder wichtig und/oder spannend finden, daß er oder sie ihn gerne realisieren will.

In den Redaktionen aller Fernsehanstalten kommen jeden Tag sehr viele neue Exposés auf den Tisch. Keiner kann und wird sie alle lesen. Das bedeutet, daß schon der Titel und die ersten Zeilen oft darüber entscheiden, ob der Redakteur weiterliest und sich näher mit dem Thema beschäftigt oder nicht. Daher ist es von Vorteil, den Sendeplatz, für den man ein Thema vorschlägt, zu kennen und das Sujet so zu präsentieren, daß der Film dort hineinpassen würde. Weiter muß das Exposé deutlich machen, was der besondere „Zugang" dieses Filmes ist. Wie stelle ich mir die filmische Umsetzung vor? Da liest man beispielsweise eine kleine Notiz in einer Lokalzeitung, daß demnächst ein Treffen von Motorradfahrern in einem kleinen Eifelstädtchen geplant ist. Interessant, denkt man, und man beginnt zu recherchieren. Das besondere: es sind Harley-

Davidson-Fahrer. Wir nehmen an, es stellt sich jetzt auch noch heraus, daß es das erste Mal ist, daß sich die deutschen Harley-Davidson-Fahrer überhaupt treffen. Damit ist das Thema schnell benannt und auch durch den aktuellen Aufhänger begründet. Nun geht es im zweiten Schritt um die filmische Umsetzung, die ganz unterschiedlich sein kann. Soll es eine Reportage über den Ablauf des Treffens werden? Eine andere Möglichkeit wäre es, sich vorher zwei Motorradfahrer zu suchen und sie ein Stück in ihrem Alltag und dann zu dem Treffen zu begleiten und so den Film mit den beiden Protagonisten zu erzählen. Gibt es einen herausragenden Protagonisten, vielleicht eine Managerin in hoher Position in einem großen Konzern? Oder sogar eine Staatssekretärin? Dies wäre ein interessanter Anknüpfungspunkt. Man könnte auch den Veranstalter als Hauptperson nehmen und den Schwerpunkt auf Motivation, Organisation, Vorbereitung und Ablauf der Veranstaltung legen. Dreimal geht man von einem Thema aus; durch die verschiedene filmische Umsetzung können aber völlig unterschiedliche Filme daraus entstehen.

Oft suchen die Redaktionen eine herausragende Geschichte, einen Ansatzpunkt, der dann auch eine Veranstaltung, die es bereits häufig gegeben hat, zu etwas Besonderem machen kann. Thema und filmische Umsetzung sollten also genau auf den speziellen Sendeplatz zugeschnitten sein.

Wenn man keinen spezifischen Zugang, keine spannende Umsetzung, keinen interessanten Aufhänger findet, bleibt das Thema manchmal eben in der Schublade. Jeder hat wohl so eine Schublade mit unerledigten Ideen. Manchmal muß man dann leider erleben, daß jemand anderes „das eigene Thema" realisiert, weil man es selbst nie ausgearbeitet und vorgeschlagen hat.

Sehr wichtig ist es auch, im Exposé nichts zu versprechen, was man nicht halten kann! Das Problem dabei ist, daß damit die Zugänge im Prinzip bereits im Vorfeld geklärt sein müssen.

Vorab muß ich also wissen – um bei dem obigen Beispiel zu bleiben – ob ich zwei Motorradfahrer finde, die ich begleiten kann, beziehungsweise ob die von mir ausgewählten Protagonisten auch „mitmachen". Erst einmal muß ich klären, ob das, was ich im Exposé vorschlage, das heißt als Film verspreche, überhaupt möglich ist.

Das beginnt mit banalen Wahrheiten: In einem Exposé eine Reportage über einen deutschen Flugzeugträger vorzuschlagen, wäre genauso unsinnig (weil es keinen deutschen Flugzeugträger gibt) wie der Vorschlag, einen deutschen Astronauten bei seiner Ausbildung im NASA-Camp zu begleiten (und man muß dann feststellen, daß prinzipiell keine Drehgenehmigungen gegeben werden).Vorher muß also die Realisierungsmöglichkeit geklärt sein, oder ich muß darauf vertrauen, daß ich schon jemanden finden werde (bei den Motorradfahrern zum Beispiel kann man wohl davon ausgehen, daß man jemanden finden wird, auch ohne die Protagonisten bereits vorher zu kennen). Das führt manchmal zu Schwierigkeiten, denn durch die erste Kontaktaufnahme mit dem Hinweis, man sei am Thema interessiert und wolle daraus einen Film machen, weckt man in den Protagonisten bereits Hoffnungen und muß dann vielleicht doch absagen, weil keiner den Film haben möchte.

Zusammengefaßt: Man muß

- das Thema kennen,
- den vorgesehenen Sendeplatz in Erfahrung gebracht haben,
- die besondere Idee, den besonderen Zugang finden.

Nun ist es nicht nur so, daß ich den Redaktionen Themen anbiete. Ich bekomme auch Exposés von Autoren, die mit einem Themenvorschlag zu mir kommen. Zunächst überfliege ich das Exposé und versuche das Sujet zu erfassen. Ist es aus meiner Sicht interessant? Meistens lese ich es dann mehrfach und denke intensiver darüber nach: Warum ist das Thema interessant? Gibt es einen (aktuellen) Aufhänger? Manchmal bekomme ich Themen, die viel zu allgemein und unklar formuliert sind. Ungefähr nach dem Motto: „Wir wollen einen Film über Lanzarote machen!" – Warum? Warum gerade du und gerade Lanzarote? Wo ist der besondere Zugang? Was zeichnet den Autor aus, daß gerade er einen Film über das Thema machen kann? Hat er eigene (exklusive) Zugänge, spezielle Ideen? Wie viele Filme gibt es bereits über Lanzarote, warum jetzt noch ein neuer? Manchmal ist das Thema vielleicht gut, es ergibt sich aber keine „Geschichte", die als roter Faden, als Dramaturgie überzeugt. Und ein Film ist eben nicht nur eine Ansammlung von interessanten Bildmöglichkeiten und eine Reihe von Statements.

Also nochmals: Das Exposé muß dem Redakteur deutlich machen, wie der Film aussehen wird; er muß ihn vor seinem inneren Auge gewissermaßen bereits sehen können: die Bilder, die Atmosphäre fühlen. Und das heißt, er muß das Außergewöhnliche gerade dieses Filmes spüren: gerade dieser Film, ganz besonders dieser Autor, dieser Produzent ...

Ist die Aufmachung wichtig? Wieder einmal heißt die Antwort: ja und nein. Eine außergewöhnliche, interessante Darstellung, mit Bildern anschaulich aufgemacht, kann sicherlich helfen, die Aufmerksamkeit des Redakteurs zu wecken. Aber die spannendste Aufmachung hilft nicht, wenn der Stoff nicht interessant genug ist. Auf der anderen Seite gilt: wenn es spannend ist, reicht auch eine halbe Schreibmaschinenseite aus. Auch bleibt es dabei: es gibt keine Regel, kein Rezept. Ich selbst gehe auch völlig unterschiedlich vor, abhängig von Thema und Sendeplatz. Oft schreibe ich nur anderthalb bis zwei Seiten, manchmal aber erstelle ich ausgearbeitete Exposés von zehn Seiten. Aber auch dies ist leider keine Garantie, daß man das Thema verkaufen kann.

Ein Exposé sollte möglichst differenziert dem Redakteur eine Ahnung davon vermitteln, wie der Film aussehen wird. Im folgenden Beispiel eines Exposés habe ich einerseits versucht darzustellen, welche Themen im Film vorkommen werden: Gleichzeitig zeigt es dem Redakteur auch, welche Form der Film haben soll, nämlich eine Reihe von Geschichten, die miteinander verzahnt sind.

Exposé:
„Schneller, weiter, höher – Alptraum Verkehr"

Mobilität – eines der Zauberworte unserer modernen Gesellschaft, das vor allem grenzenlose Freiheit verspricht. Das Symbol dieser Freiheit ist vor allem das Auto, immer noch eines der wichtigsten Statussymbole, Autofahren immer noch eine der beliebtesten Freizeittätigkeiten (55 Prozent des Pkw-Verkehrs wird durch den Freizeitverkehr verursacht). Aber zum Autofahren gehört immer mehr der Stau. Vor allem die Urlaubszeit ist Stauzeit. Und das nicht nur auf der Straße. Trotzdem ist das Wort „Fahrvergnügen" (VW-Werbung) mittlerweile in den amerikanischen Wortschatz eingegangen. Im Film soll auch die ideologische Überhöhung, der „Götze Auto" thematisiert werden. Die ständig steigenden Konsumbedürfnisse lassen die Warenströme, die Tag für Tag auf den Straßen transportiert werden müssen, weiter wachsen. Dabei sind die Grenzen der Mobilität längst erreicht, das Chaos auf den Straßen tagtäglich sichtbar. Im Schienenverkehr setzen die Verantwortlichen auf die Perspektive immer schnellerer Züge, während der Regional- und Nahverkehr immer weiter reduziert wird. Und auch im Luftverkehr ist die Freiheit längst nicht mehr grenzenlos. Immer mehr Passagierflüge, Frachtverkehr und auch Privatflieger verursachen Chaos am Himmel. Überall führt der zunehmende Verkehr zu Umweltbelastungen; Lärm und Schmutz reduzieren die Lebensqualität von Millionen von Menschen. Längst ist aus dem singulären Ereignis, der Störung, das Normale geworden. Wie wird das Chaos gemanagt, was erwarten die Beteiligten für die Zukunft? Die Gründe für das starke Anwachsen des Verkehrs in allen Bereichen liegen im wesentlichen im gestiegenen Lebensstandard und damit in den gewachsenen Bedürfnissen unserer Gesellschaft.

Der Film soll dieses Chaos in den Bereichen Straße, Schiene und Luft darstellen und deutlich machen, wie es gemanagt wird. Dabei soll auch aufgezeigt werden, daß die verschiedenen Verkehrsträger längst miteinander verzahnt sind. Der Film soll diese verschiedenen Verkehrsträger nicht nacheinander (in Blöcken) abhandeln, sondern anhand von kleinen Geschichten ihre Verzahnung deutlich machen. Es sollen die verschiedenen Facetten und Kehrseiten der Waren- und Menschenströme erkennbar werden, die sich auf Straße, Schiene und in der Luft bewegen. Wir wollen wissen, was da eigentlich zu welchem Zweck überall transportiert wird.

Die Botschaft des Films: der Zusammenbruch des Verkehrs ist absehbar, wenn nicht grundlegende Veränderungen eingeleitet werden, welche aber vor allem mit unserem Lebensstandard und unseren Bedürfnissen zu tun haben. Sind wir denn bereit, diese zu ändern?

Der Film soll keine sachliche Dokumentation werden, sondern versuchen, neben der Darstellung von Fakten durch lebendige (auch lustige oder skurrile) Geschichten von Menschen, das Thema emotional zu erfassen. Dazu gehören auch Aufnahmen mit Zeitraffer und der Einsatz von Musik (eventuell als Trenner – zum „Nachdenken").

STRUKTUR

Geschichten	Drehort
1. Polizei verfolgt Raser auf dem Périphérique (Action)	Paris
Mit einem großen Aufgebot jagt die Pariser Polizei die Raser, die sich nachts auf dem Umgehungsring von Paris untereinander und mit der Polizei Wettrennen liefern.	
2. Rungisfahrer in den Hallen (Großmarkt)	Paris – Köln
Hunderte von Lkw aus allen europäischen Ländern fahren Nacht für Nacht die Pariser Großmarkthallen an, um von dort aus Gemüse und Lebensmittel zu verteilen. Wir begleiten einen Vertreter von „Rungis-Express", der den deutschen Markt mit frischen Lebensmitteln beliefert (Kunde: ein französisches Restaurant in Köln).	

3. Paketbomber

Frankfurt ist das Zentrum des europäischen Fracht-
umschlags. Hier landen jede Nacht unzählige Flugzeuge und bringen Blumen, Gemüse und Waren aller
Art. (Woher kommen die roten Rosen, die abends in
den Restaurants der Innenstadt verkauft werden?)

Die Paketdienste haben in den letzen Jahren besonders
von dem gewaltigen Internet-Boom und den weltwei-
ten Online-Bestellungen profitiert, ihr Umsatz hat sich
in den letzten zwei Jahren vervierfacht. Wir zeigen die
Abwicklung im neuen Logistikzentrum bei UPS, einem der größten Paketdienste: Organisation und Perspektiven der Paketdienste, Belastungen der Bevölke-
rung, eventuell Auswirkungen eines Nachtflugverbo-
tes, wir filmen ein startendes Flugzeug.

4. Fluglärm

Köln

In der Umgebung des Kölner Flughafens hat sich eine
Bürgerinitiative gegen Fluglärm gebildet. Ein Vertreter (filmischer Übergang: das startende UPS-Flugzeug
aus Bild 3) erzählt von Belästigungen und Belastungen.

5. Güterverteilzentrum (GVZ)

Kassel/Erfurt
(später: Köln)

In der Nähe von Kassel und Erfurt (ungefähre geogra-
phische Mitte Deutschlands): Dort werden durch
große Speditionen ganze Warengruppen an die Kauf-
häuser verteilt. Hochbetrieb ist vor allem bei Son-
deraktionen, wie zum Beispiel dem Sommerschluß-
verkauf. Dann müssen große Warenmengen am gleichen Tag überall in Deutschland in allen Kaufhäusern
(zum Beispiel in Köln) angeliefert werden (Ausliefe-
rung später).

6. Paris: morgendlicher Stau auf dem Périphérique — Paris

In Paris geht nichts mehr, der totale tägliche Stau ist selbstverständlich. Was macht die Polizei, kann sie überhaupt etwas machen oder hat sie längst resigniert?

7. Fahre lieber mit der Bahn? — Düsseldorf

Vorbereitungen auf die Urlaubszeit: Wir lassen uns von den Verantwortlichen durch den neuen Bahnhof am Flughafen Düsseldorf führen und zeigen, wie sie mit den Menschenmassen umgehen, welche Probleme entstehen und welche Vorkehrungen getroffen werden.

8. Ein ganz normales Wochenende/ein ganz normaler Tag — Köln

Wir begleiten die Polizei in Köln: Wochenendstau, Unfälle, Rettungswagen, Verkehrsüberwachung durch ADAC, Polizei, WDR: Staumeldungen, Hubschrauber zur Verkehrsüberwachung, viele Kilometer Stau auf dem Kölner Ring, Unfälle.

9. Chaos am Himmel — Flug: Frankfurt/Amsterdam?

Abflugchaos am Flughafen Frankfurt: Wieviele Maschinen starten hier täglich, Perspektiven und Grenzen, wie werden so viele Menschen abgefertigt, Hintergrundbericht, zum Beispiel Gepäcklogistik,

Arbeit der Fluglotsen – kann das Chaos noch bewältigt werden? Perspektiven. Wir begleiten einen Flug auf einer der verkehrsreichsten Routen (Frankfurt – Amsterdam) (verzahnt mit den Fluglotsen, die genau diesen Flug leiten). Mitten hinein ins Chaos am europäischen Himmel.

10. Perspektive Inselflughafen?

Amsterdam

Daneben der Flughafen Schipol, der aus allen Nähten platzt. Jetzt gibt es die Idee, einen Inselflughafen zu bauen. Verkehrschaos in den Niederlanden (kleines Land mit sehr hoher Bevölkerungsdichte), zum Beispiel die Strecke Amsterdam-Utrecht: amerikanische Verhältnisse auf den Autobahnen.

11. Verspätungen bei der Bahn

Frankfurt
Köln –
Hamburg

Menschenmassen in den Zügen, wie funktioniert der Bahnverkehr, Perspektive: schneller, schneller? Mitfahrt in einem ICE (Köln-Hamburg) und einem Regionalzug (Gegenüberstellung der privilegierten 1. Klasse und dem Massentransport in den Reisezügen).

Wie wird das Chaos geplant? Frankfurt: Hier werden die Fahrpläne und vor allem die Verspätungen verwaltet: nicht mit dem Computer sondern „zu Fuß", das heißt mit kleinen Pappschildern und Kugelschreiber.

12. Götze Auto

Nürburgring

Jedes Wochenende fahren Tausende Menschen zum Nürburgring, nehmen Schwierigkeiten und Stau in kauf, um dort die eigentliche „Freiheit" zu erleben: die Fahrt mit dem eigenen Pkw auf dem Nürburgring. Viele aber wollen gar nicht selbst fahren, Tausende stehen an den berüchtigten Kurven und warten darauf, daß ein Wagen verunglückt. Welche Motivation steckt dahinter, wie ist das mit dem „Traum von Freiheit"? In der „Erlebniswelt Mobilität" werden die Kinder bereits von klein an auf den Fetisch Auto programmiert; hier können sie in einem Formel-1-Rennauto sitzen und sich bei Videogames Rennen liefern (eventuell können wir auch ein Oldtimer-Rennen auf dem Nürburgring drehen).

13. Pendler

Eifel, Frankfurt

Die Aufteilung von Schlaf- und Arbeitsstätten bewirkt Pendlerströme zu den Arbeitsorten und abends wieder zurück. Natürlich im Stau, weil Tausende pendeln müssen. Auf dem Land gibt es immer weniger Arbeit: als Beispiel Pendler aus der Eifel, die jeden Tag drei Stunden Fahrtzeit in kauf nehmen. Infrastruktur auf dem Land: hier braucht man das Auto zum Einkaufen, wer kein Auto hat, hat Probleme; Abbau von ÖPNV, Infrastrukur am Beispiel eines kleinen Städtchens in der Eifel.

14. Tourismus: Charterflug

Düsseldorf – Mallorca – Düsseldorf

Düsseldorfer Flughafen, Urlaubszeit, Hochbetrieb für Hunderte von Charterflugzeugen, die hier tagtäglich abfliegen. Wir zeigen die Organisation im Hintergrund. Wie werden Tausende von Urlaubern abgefertigt, Streß für die Mitarbeiter. Wir filmen eine Crew während ihrer Schicht auf einem Flug, einmal Mallorca und zurück.

15. Urlaubszeit – Stauzeit

Südfrankreich Lyon, Vienne, Spanische Grenze

Jedes Jahr wieder: zu Beginn der Urlaubszeit bricht der Verkehr völlig zusammen. Millionen von Lkws, Bussen und Pkws treffen besonders auf den Strecken in den Süden zusammen. Chaos auch auf den Raststätten, an denen gestreßte Urlauber sich mit ihren Familien auf die Weiterfahrt in Hitze und Stau vorbereiten.

16. Kapitäne der Landstraße

Frankreich

Gegen die Trucker-Ideologie steht die harte Realität, die Arbeitsbedingungen unter denen die Lkw-Fahrer unter ständigem Termindruck durch Europa hetzen.

Wir begleiten einen Lkw-Fahrer – einen Deutschen, der ständig nach Spanien und zurück fährt – ein Stück auf seiner Fahrt durch Frankreich (Übergang von Bild 15), und er erzählt von seinem Alltag.

17. Truckertreffen   Bielefeld

Der Traum von der Freiheit auf der Landstraße, auf Hochglanz polierte Lkws, Cowboys und junge Frauen im Bikini, Truckermusik; das ist die Traumkulisse, in die sich die „Trucker" hineinwünschen. Auf den Truckertreffen blüht diese Ideologie, die natürlich auch kommerziell genutzt wird und ebenfalls eine Menge Verkehr verursacht. Die Enthusiasten stecken Tausende von Mark in ihren Truck, überall wird geputzt und poliert, um jeweils seinen „Truck" vorführen zu können.

18. Rollende Fabriken   Frankfurt/ Oder, Dresden, Tschechien

Beobachtungen an der Grenze zu Polen, Lkws auf der Landstraße nach Tschechien. Durch die Öffnung des Ostens werden viele Produktionen in die Billiglohnländer, zum Beispiel Tschechien, Polen etc. verlagert. Gewaltige Warenströme überqueren die Grenzen in beide Richtungen. Wir begleiten Polizei und Zoll bei Lkw-Kontrollen. Thema: Sicherheit der Lkws, Arbeitsbedingungen der Trucker, Schmuggel und Wirtschaftsverbrechen.

19. Der „Eiserne Rhein"   Amsterdam – Roermond, Ruhrgebiet

Schon lange geplant, jetzt soll er verwirklicht werden, der „Eiserne Rhein", das heißt die Gütertransportstrecke von Amsterdam über Roermond ins Ruhrgebiet. Wir fragen nach dem Sinn des 60 Millionen DM teuren Projekts, beleuchten die Perspektive der Verzahnung von Schiene und Lkw und lassen uns von Spediteuren sagen, was sie davon halten und warum nicht mehr auf die Schiene verlagert wird.

20. Güter aufs Wasser? Amsterdam

Containerhafen Amsterdam, Umschlag aufs Schiff: Welche Güter und warum nicht mehr davon?

21. Landstraßen – Todesstraßen Rostock, Dresden

Gerade auf den Landstraßen im Osten Deutschlands passieren immer wieder tödliche Unfälle durch Raserei und Leichtsinn.

22. Über den Wolken ... Köln

ist die Freiheit auch nicht mehr grenzenlos. Im Linienverkehr viele Verspätungen, Alternative: ein eigenes Flugzeug? Immer mehr Privatflieger und Firmenjets – und auch die leiden unter dem Stau. Also: auch keine Perspektive (eventuell Interview mit einem Prominenten, zum Beispiel Ralf Schumacher, der mit seinem Privatflugzeug selbst fliegt).

23. Autostadt Wolfsburg Wolfsburg

Wolfsburg, eine Stadt für die Automobilproduktion, lebt vom Autoboom – und leidet? Stau bei Schichtwechsel, gestiegener Verkehr durch Just-in-time-System, ständige aktuelle Anlieferung der Zulieferer des VW-Werks.

Autofaszination

Gerade wurde hier die „Autostadt" eröffnet, ein großes Gelände, auf dem sich die VW-Auslieferung (ein gläserner Turm) befindet und ein Park, der die Perspektiven der Automobilindustrie zeigt.

---

24. Totalblockade am Brenner

Unter dem Motto: „Lebensrecht vor Transitunrecht" blockierten am 23./24. Juni 2000 mehrere Bürgerinitiativen für 28 Stunden die Brenner-Autobahn, um auf den zunehmenden Verkehr und die Belastungen für die Menschen hinzuweisen.

Brenner

---

25. Warenströme

Beispiel für eine absurde Sache, die nur deshalb funktioniert, weil Transport zu wenig kostet: Filme für die Übernacht-Entwicklung werden aus ganz Europa gesammelt, nachts entwickelt und dann wieder im Morgengrauen durch Kleinlaster ausgeliefert. Braucht man das eigentlich? Kunden werden befragt. (These: Braucht man eigentlich nicht, nutzt man aber, weil es so bequem ist und angeboten wird.) Wie funktioniert das mit den Kosten?

Münsterland (Filme werden eingesammelt in Frankreich, Niederlande, Deutschland)

---

26. Stadtchaos

In der Großstadt: Der Lieferwagen von Rungis bringt seine Lieferung in ein Kölner Restaurant. Feierabendverkehr, Stau auf den Straßen und Stau bei der Ein- und Ausfahrt in den Parkhäusern. Was sagt der Stadtplaner über Kapazitäten, Probleme und Perspektiven?

Abends: Das Leben tobt und bringt jede Menge Verkehr mit sich. Die Lokale sind voll, in dem Restaurant wird Essen serviert (die von Rungis aus Paris gelieferten Lebensmittel), der Rosenverkäufer verkauft genau dort seine Rosen (von denen wir wissen, daß sie per Flugzeug aus Ecuador oder mit dem Lkw aus den Nieder-

Köln

landen kommen). Junge Menschen kommen aus den Vorstädten und den Nachbarorten, um sich in der großen Stadt zu vergnügen. Autos werden als Statussymbol „vorgeführt", Machos am Steuer, Staus auf allen Straßen, es gibt keine Parkplätze (warum nutzen diese Menschen nicht den ÖPNV?). Wir begleiten eine Nacht lang Politessen und Abschleppwagen.

Ende: ein Crescendo aus Stadtlärm, Hupen, harter Technomusik, Parkplatzsuchenden, Autos im Stau, dazu Polizei und Abschleppwagen: Chaos in der City.

Schlußbild: Zeitraffer: Verkehr in der Stadt (Stadtautobahn)

Bemerkungen:

Die einzelnen Bilder sollen „Geschichten mit konkreten Menschen" sein, das heißt, wir lernen zum Beispiel eine französische (deutsche, niederländische, belgische) Familie auf ihrem Weg in den Spanienurlaub kennen. Wir treffen sie auf dem Parkplatz in Südfrankreich und können dann versuchen, sie beim Grenzübertritt wieder zu treffen. Oder: „Rollende Fabriken" (Bild 18) – wir begleiten den Lkw-Fahrer Fritz, der gerade in Tschechien seine Ladung abgeholt hat, bis zur Grenze nach Deutschland. Dort steht er im Stau und braucht acht Stunden, um die Grenze zu überqueren. Auch eine Geschichte, die man in zwei oder drei Teile aufsplitten könnte.

5 Auftragsvergabe oder Absage – das Angebot an die Redaktion

Welche Themen kann man wem anbieten?

Eines der größten Geheimnisse auf Erden sind die oft nicht nachvollziehbaren Entscheidungen der Redaktionen, meinen jedenfalls die freien Autoren und Produzenten. Denn es gibt keine Regel, kein Rezept, welche Themen auf Interesse stoßen und keine Gesetzmäßigkeit, aus welchem Grund andere abgelehnt werden.

In den meisten Fällen sind die Begründungen recht lapidar: „alles schon verplant, kein Sendeplatz mehr frei im nächsten halben Jahr", „kein Geld" oder ähnlich lauten die Antworten. Übrigens ist es durchaus nicht der Regelfall, daß man überhaupt eine Antwort auf einen Themenvorschlag bekommt. Nun kann ich zwar gut verstehen, daß das bei der Fülle der Vorschläge sehr schwierig ist, aber ich denke, es ist eine Frage der Höflichkeit, zumindest auf einem Vordruck mit einer kurzen Begründung zu antworten. Dort wären Bemerkungen ausreichend wie: „Thema paßt nicht in unser Format", „ähnliches Thema hatten wir bereits", „ähnliches Thema bereits in Arbeit" oder „Thema interessiert uns nicht". Wenn die Redaktion einem solchen kurzen Schreiben dann noch eine Liste der Themen der letzten zwölf Monate beifügen würde, könnte sie so auch damit rechnen, im Laufe der Zeit schließlich „passendere" Vorschläge zu bekommen. Überhaupt nicht auf einen Vorschlag zu reagieren, ist nicht nur eine grobe Unhöflichkeit, sondern für den Autor äußerst unbefriedigend. Man fühlt sich nicht richtig ernst genommen und weiß vor allem überhaupt nicht, *warum* die Redaktion das Thema nicht haben will. Wenn ich den Redakteur persönlich kenne und schon für ihn gearbeitet habe, erwarte ich aber auf jeden Fall eine individuelle Absage mit Begründung.

Eine andere, nicht besonders qualifizierte Argumentation für eine Ablehnung hört man leider auch immer wieder. Sie richtet sich nicht an das vorgeschlagene Thema, sondern gilt dem gesamten Themenkomplex. Zum Beispiel: „Schiffe haben wir schon gehabt", „Dritte Welt hatten wir auch schon". Dabei interessiert überhaupt nicht, ob, um beim Beispiel zu bleiben, der gesendete Film eine Kanufahrt auf der Weser zeigt und das vorliegende Exposé dagegen ein Containerschiff im Pazifik thematisiert. Feststeht, es soll keine Schiffe mehr in absehbarer Zeit geben, auch wenn das Thema noch so interessant ist.

In den letzten Jahren ist die Jagd nach der berühmten Einschaltquote nach und nach auch zum Hauptkriterium für die Beurteilung der Qualität eines Themenvorschlags geworden. Offenbar meinen manche Entscheidungsträger in den Sendern (und je höher sie in der Hierarchie angesiedelt sind, desto gläubiger sind sie scheinbar), je mehr Unterhaltung im Programm ist, desto höher ist die Quote.

Dieser „Paradigmenwechsel" läßt zunehmend den Informations- und Bildungsauftrag der öffentlich-rechtlichen Rundfunkanstalten vergessen. Als der WDR in der letzten Programmreform mit „Nah dran" einen neuen Reportageplatz einrichtete, freuten sich viele freie Autoren. Doch die Freude wurde sofort wieder getrübt, denn der Sendeplatz war erstens Samstag abends und sollte zweitens, wie es direkt dazu hieß, „in das Umfeld der Unterhaltung" eingeordnet werden. Daher kamen nur solche Themen in Betracht, die „irgendwie unterhaltend" sind, womit alle politischen Themen sofort ausgeschlossen waren. Der Sendeplatz ist übrigens inzwischen wieder eingestellt worden.

Vor kurzem sagte mir ein Redakteur: „Ab und zu leiste ich mir den Luxus und mache ein soziales Thema, ansonsten muß ich natürlich sehr darauf achten, daß es Themen sind, die Quote bringen!" Auch die persönlichen Eigenarten des Redakteurs spielen leider oft eine große Rolle bei der Auswahl der Themen. Wenn man zum Beispiel weiß, daß er ein Kunstliebhaber ist oder eine Vorliebe für beziehungsweise eine Abneigung gegen Musik, Segeln, Verdi-Opern, Pferde etc. hat, die im Themenspektrum der von ihm verantworteten Sendung eine Rolle spielt, hat man von vornherein bessere Chancen, wenn man ein entsprechendes Thema vorschlägt.

Und dann gibt es auch noch die Redakteure, die die spannendsten Themen gern selbst umsetzen, sich die besten und dicksten Rosinen herauspicken. Die Krönung: ab und zu gibt es „Kollegen", die sich bei ihren eigenen Produktionen luxuriöse Arbeitsbedingungen und eine unglaubliche Anzahl von Drehtagen genehmigen, weil sie das Privileg haben, sich selbst zu kontrollieren!

Ich habe zum Beispiel erlebt, wie ein Redakteur sich selbst auf eine ausgedehnte Recherchereise schickte: Alaska, Kalifornien und Hawaii; vier Wochen zur Vorbereitung seiner Dreharbeiten. Vielleicht ist er sogar Economy-Class geflogen, auf jeden Fall hat er jeden Tag seine Tagesspesen berechnet, und die gesamte Reise war „Arbeitszeit" für ihn. Wir haben uns in Kalifornien getroffen, weil er Kontakte und Informationen haben wollte. Da er wußte, daß ich dort seit einiger Zeit lebte, hätte er sich wirklich nicht persönlich bemühen müssen. Es wäre einfacher, effektiver und billiger gewesen, mir einen Rechercheauftrag zu geben.

Und dann gibt es da noch diejenigen, die die wenigen Auftragsproduktionen der Redaktion nur an Produzenten vergeben, mit denen sie sehr gut befreundet sind (manchmal sind die freien Produzenten sogar die Ehepartner, die – „ganz zufällig" – regelmäßig Aufträge bekommen).

Einen Auftrag für eine größere Auslandsproduktion zu bekommen, ist naturgemäß erheblich schwieriger, als eine Produktion innerhalb Deutschlands oder in den benachbarten Ländern zu übernehmen. Zum einen ist sie wesentlich teurer, und auf den Auslands-Sendeplätzen werden sehr häufig Übernahmen anderer ARD-Sender oder aus dem Ausland ausgestrahlt. Außerdem tritt man oft in direkte Konkurrenz zu den Korrespondenten. Diese sind zwar in der Regel völlig ausgelastet mit der aktuellen politischen Berichterstattung aus ihrem Gebiet, aber man versteht gut, daß sie gerne ab und zu auch einmal etwas anderes und ein für sie interessantes Thema umsetzen wollen.

Manchmal kann ich allerdings überhaupt nicht nachvollziehen, warum sich keine Redaktion für einen Vorschlag interessiert. Vor zwei Jahren wurde zum Beispiel ein internationaler Sternmarsch gegen Kinderarbeit durchgeführt, eine große Veranstaltung, die von verschiedenen Hilfsorganisationen in aller Welt unterstützt wurde. Ich hatte im Vorfeld einen Deutschen kennengelernt, der fünf bis sechs Monate im Jahr in Indien und Pakistan arbeitet und dort im Auftrag mehrerer Hilfsorganisationen aus Deutschland Kinder aus den Teppichfabriken befreit, verschiedene Projekte organisiert und unterstützt, die den Kindern – und ihren Eltern – neue Perspektiven geben. Lange Zeit konnte „Nikolaus Kinderfreund" – so nannte ich ihn in einem Exposé – seine Identität nicht offenlegen. Dann aber war es soweit, er war einverstanden, daß ich ihn in Indien mit der Kamera begleite und seine Arbeit vor Ort dokumentiere. „Ein politisch wichtiges Thema, ein halbes Jahr bevor dieses

Thema durch den Sternmarsch aktuell ist, und auch eine spannende Geschichte, die so noch nie jemand gedreht hatte", dachte ich, schrieb ein Exposé und schickte es an verschiedene Redaktionen. Bis heute ist es mir ein Rätsel weshalb niemand dieses Thema interessierte. Wenn man sich ansieht, welche seichten Themen statt dessen realisiert werden, halte ich dies für ein Armutszeugnis der öffentlich-rechtlichen Sender.

„Auch Redakteure müssen beschäftigt werden", erklärte mir vor einiger Zeit ein Redakteur und ergänzte, „ich wüßte schon ein oder zwei Kollegen aus der Redaktion, die lieber keine Filme machen sollten. Dafür würde ich lieber ein paar Auftragsproduktionen mehr herausgeben. Aber die Kollegen sind fest angestellt, unkündbar, und das heißt, sie müssen ein oder zwei Beiträge im Jahr machen, unabhängig davon, was dabei herauskommt."

Nun muß aber Schluß sein mit dem Schimpfen über Vetternwirtschaft, Dummheit, Arroganz, Korruption und so weiter. Das kommt in allen gesellschaftlichen Bereichen vor, also auch in den Rundfunkanstalten. Gefördert wird dies dadurch, daß die öffentlich-rechtlichen Rundfunkanstalten, wie manche witzelnd sagen, die größten Behörden sind, die sich einen eigenen Fernsehsender leisten. Das heißt, sie sind sehr bürokratische Gebilde.

Der Autor recherchiert ein Thema, schreibt das Exposé und dann? Wer bietet das Thema den Redaktionen an?

Schon wieder einmal bekommen wir die gleiche Antwort: entweder so oder so. Es gibt Autoren, die ihre Themenvorschläge selbst an die Redaktionen schicken, andere geben sie einem freien Produzenten. Wenn der Autor Absender des Themenvorschlags ist, läßt er die Produktionsweise offen, das heißt, das Thema kann als *Haus-* oder *Auftragsproduktion* realisiert werden. Übrigens aufgepaßt: die Terminologie ist bei manchen Sendern unterschiedlich. Beim ZDF werden die Auftragsproduktionen mit einem Festpreis „Ankauf" genannt!

Auftragsproduktion/Haus- oder Eigenproduktion/Ankauf

Ein wesentlicher, wichtiger Punkt für die Auftragsvergabe ist die Unterscheidung zwischen Hausproduktion, Auftragsproduktion und Ankauf:

Hausproduktion oder Eigenproduktion

Der freie Autor erhält den Auftrag zur Realisierung eines Films und bekommt dafür sein Honorar für Buch und Regie. Die gesamte Produktion wird von einem Sender organisiert, der auch Kameramann, Ton, Equipment und Schnittplatz und so weiter bereitstellt.

Auftragsproduktion

Der freie Produzent bekommt den Auftrag zur Ablieferung des fertigen Films für eine vereinbarte Vertragssumme. Die gesamte Produktion und Organisation liegt dann in seiner Verantwortung. Er organisiert alles und bezahlt sämtliche Honorare und die gesamte Technik. (Dazu im folgenden mehr.)

Ankauf

Ein bereits fertiger Film wird angekauft. Da der Ankaufspreis erheblich unter den Preisen für Auftragsproduktionen liegt, handelt es sich hier oftmals um Zweitverwertungen, das heißt den Ankauf von Filmen, die für einen anderen Auftraggeber (andere Sender, aus dem Ausland, eine andere Institution) entstanden sind.

Es kommt nur äußerst selten vor, daß ein Film gedreht wird, ohne daß ein Auftrag vorliegt, weil es einfach sehr teuer ist. Einer der seltenen Fälle war mein Film „Deutschland ganz rechts". Für sieben Monate hatte ich mich unter falschem Namen und mit verändertem Aussehen bei den Republikanern eingeschlichen, um hinter die Kulissen dieser rechtsextremen und undemokratischen Partei zu schauen. Grundlage war der Auftrag des Verlags Kiepenheuer & Witsch, über meine Erfahrungen ein Buch zu schreiben. Die faire Vereinbarung war, daß ich für die Zeit meiner Undercover-Aktion einen monatlichen Vorschuß bekommen würde, der nicht zurückgezahlt werden mußte, auch wenn aus dem ganzen Projekt nichts geworden wäre. Es hätte passieren können, daß ich nach zwei oder drei Monaten aufgeflogen wäre. Dann wäre nicht genügend Material zusammengekommen und ein Buch unmöglich gewesen. Nur dank dieser Regelung war das Projekt überhaupt erst umsetzbar. Natürlich wollte ich als „Filmer" auch den Film dazu drehen. Ich sprach ein paar Redaktionen an, diese hatten aber kein Interesse, zum Teil mit der Begründung: „Wir können doch als Öffentlich-Rechtliche nicht den Auftrag geben, eine zugelassene Partei zu bespitzeln". Eine Argumentation, die ich nur teilweise nachvollziehen kann. Ehrlicher wäre wohl gewesen, der Kollege hätte gesagt: „Ich will das Thema nicht." Der Film konnte nur gemacht werden, weil alle Kolleginnen und Kollegen, die daran mitgearbeitet hatten, zunächst auf jegliches Honorar verzichteten. Da der Film aber später doch verkauft werden konnte, haben schließlich glücklicherweise alle ihr Honorar doch noch bekommen.

Aus gutem Grund habe ich bis auf die erwähnte Ausnahme immer nur Filme als *Auftragsproduktionen* realisiert. Denn dies hat viele Vorteile, die mit der Arbeits- und Lebensqualität zu tun haben. Wenn das nicht möglich war, habe ich lieber darauf verzichtet, einen Film zu machen. Der unschätzbare Vorteil: ich kann die Bedingungen, die gesamte Organisation und alle Abläufe selbst bestimmen. Vor allem kann ich selbst entscheiden, mit welchen Kollegen ich zusammenarbeiten will, wer Kameramann ist, wer für den Ton zuständig ist oder den Film schneidet. Das sind in der Regel Kollegen, mit denen ich schon viele Jahre zusammenarbeite, mit denen ich schon bei den verschiedensten Projekten Erfahrungen gesammelt habe; und das hat wesentlichen Einfluß auch auf die Arbeitsatmosphäre.

Hausproduktion, das kann bedeuten, daß man das Kamerateam zugewiesen bekommt, das gerade Dienst hat. Und das kann eben auch mal schiefgehen. So berichtete ein Kollege von einem Projekt, bei dem es um türkische Schülerinnen und deren Schwierigkeiten mit dem deutschen Sportunterricht ging: Der Kameramann machte offensichtlich absolut lustlos seine Arbeit, weil er gegen das Thema war und sogar immer wieder ausländerfeindliche Kommentare abgab. Das Ergebnis seiner Arbeit war entsprechend.

Angestellte Kameraleute und Tontechniker neigen zudem oftmals dazu, pünktlich nach acht Stunden Feierabend zu machen, und das kommt dem Projekt dann in der Regel nicht zugute. Die freien Produktionen arbeiten im Durchschnitt länger, und wenn es nötig ist, kann hier ein Drehtag in Ausnahmefällen zwölf oder mehr Stunden dauern. Damit spreche ich mich nicht für die stärkere Ausbeutung der Kollegen aus – über einen Ausgleich bei längerem Einsatz muß man meiner Meinung nach reden – nur geht es in unserem Geschäft eben nicht zu wie in einer Behörde, weshalb man keinen regelmäßigen Achtstundentag garantieren kann. Die freien Kollegen sind nach meiner Erfahrung auch oft stärker motiviert, denn das eben erwähnte Problem gilt auch umgekehrt. Wer nach Dienstplan heute mit diesem und morgen mit jenem Autor arbeitet (arbeiten muß) und oft kaum mitbekommt, was gedreht wird, verliert schnell das Engagement, die Lust an der Sache. Und das führt dann zu einer – wie ich sie nennen möchte – „Dienstleistungsmentalität". Bei freien Produktionen hat meiner Erfahrung nach Teamarbeit einen höheren Stellenwert.

In vielen Redaktionen werden überhaupt keine oder nur sehr wenige Auftragsproduktionen gemacht. Das hat einen einfachen, aber für uns Produzenten (und ich denke auch für die Gebührenzahler) fatalen Grund: Die Redaktion verfügt über einen jährlichen Etat, den sie für die Realisierung der Filme ausgeben kann, womit also die Autorenhonorare, die Kosten für Ankäufe und Auftragsproduktionen bezahlt werden.

Nehmen wir also an, eine Auftragsproduktion kostet 80.000 DM, dann gehen diese aus dem Etat heraus. Setzt die Redaktion das gleiche Thema als Hausproduktion um, kostet sie das nur 15.000 DM, also nur das Autorenhonorar, denn das muß „extra" bezahlt werden. Die Arbeit der Kameraleute und Tontechniker, die Produktionsleitung, der Verwaltungsaufwand, das Kameraequipment, Cutter und Schnittplatz, alles das kostet nichts, denn es ist sowieso vorhanden. Eine „Milchmädchenrechnung", sicherlich, aber dies ist der Grund, weshalb es dann für die Redaktion vermeintlich billiger ist, eine Hausproduktion zu machen. Obwohl eigentlich jeder weiß, daß das Gegenteil der Fall ist, denn die Auftragsproduktionen müssen im Regelfall viel arbeitsintensiver – und das heißt mit weniger Produktionskosten – drehen.

Ich habe schon mehrfach die grotesken Auswüchse dieser Regelung erlebt. Wir arbeiteten ein paar Tage in Hamburg und trafen dort eine Kollegin, die in der gleichen Zeit für eine Hausproduktion des WDR tätig war. Wir saßen abends in der Hotelbar zusammen, und – wie das in der Regel so ist – redeten über die Arbeit. Wir hatten uns in einem Mittelklassehotel in der Nähe des Bahnhofs einquartiert, während die WDR-Kollegen ein paar hundert Meter weiter in einem Hotel der Luxuskategorie logierten. Das erste, was uns auffiel, war der ungeheure bürokratische Aufwand: ihre Disposition hatte tatsächlich 25 Durchschläge, damit jeder, der in irgendeiner Weise an der Produktion beteiligt war, auch genau wußte, was wer wann und wo zu tun hat. Dann erzählte die Kollegin, was ihr bei der Drehvorbereitung passiert war. Auf die Frage des Produktionsleiters, ob sie Licht brauche, hatte sie geantwortet, daß das bei ihrem 4-Tage-Dreh nur eventuell für einen halben Tag in Frage käme. Aber wenn das Wetter schlecht wäre und sie vor Ort Licht brauche, könne sie das jederzeit schnell bei einem Equipment-Verleih vor Ort bekommen. Das aber war nicht möglich, denn das hätte man ja extra (aus dem Etat!) bezahlen müssen. Und so wurde für die gesamten vier Tage ein Lichtwagen mit zwei Beleuchtern mitgeschickt. Unglaublich, aber der Logik entsprechend: „die kosten ja nichts." Zwei Arbeitskräfte inklusive Reisetage, dazu der Kleinbus, Fahrtkosten, Spesen, Übernachtung und so weiter: Man kann sich ausrechnen, was das tatsächlich gekostet hat. Dagegen hätte das Licht bei einem Verleih in Hamburg für einen halben Tag höchstens 100 oder 200 DM gekostet.

Als freie Produktion hat man in der Regel keine Wahl, man muß mit erheblich weniger Aufwand drehen.

Und wenn man als Auftragsproduzent wieder einen Auftrag bekommen möchte, tut man gut daran, trotzdem bessere Qualität abzuliefern. Leider führt diese Struktur in den meisten Fällen zu einer erheblich größeren Selbstausbeutung aller Beteiligten; aber es ist eben auch ein Stück nicht entfremdeter Arbeit, und alle Beteiligten sind sehr daran interessiert, daß das gemeinsame Produkt, der Film, gut wird.

In der letzten Zeit sind einige Sender dazu übergegangen, genauer zu kalkulieren, das heißt die Produktionen werden „hausintern" „verrechnet". Das bedeutet zunächst, daß jede Ausgabe (auch die von einer anderen Abteilung im Sender) verbucht (mit dem sogenannten „Hausdollar") und „bezahlt" werden muß. Aber ich wage es zu bezweifeln, ob das etwas an der Effektivität ändern wird. Beim ZDF habe ich vor kurzem erlebt, daß ich für das Kopieren des Sendebandes, das ich gerade abgeliefert hatte, tatsächlich 174 DM bezahlen sollte (ohne Bandmaterial!).

Wenn ein freier Produzent ein Thema anbietet, ist die Form offensichtlich: es soll eine Auftragsproduktion sein. Der Autor kann in diesem Fall der Redaktion bekannt oder unbekannt sein, auf jeden Fall ist bei einer Auftragsproduktion der Produzent der Vertragspartner. Er unterschreibt den Vertrag und ist dem Sender gegenüber für die journalistische und produktionstechnische Qualität verantwortlich.

Wer der Autor ist und wie der Produzent sein Vertragsverhältnis mit dem Autor regelt, wie die Produktion organisiert ist, mit welchen Menschen zusammengearbeitet wird, alles dies liegt in der alleinigen Verantwortung des Produzenten. Ausnahmen gibt es, wenn ein wesentlicher Teil der Umsetzung die Mitarbeit eines bestimmten Autors/Moderators/Kameramanns und so weiter ist. Das wird dann aber in der Regel auch vertraglich festgelegt, zumindest mit dem Verweis auf das zugrundeliegende Exposé.

Zur unterschiedlichen Arbeit und Verantwortung von Autor und Produzent muß noch angemerkt werden: Der Autor ist für das Thema oder das Buch und im Regelfall als Realisator auch für die filmische Umsetzung verantwortlich. Bei den journalistischen Produktionen gibt es selten eine personelle Trennung zwischen Autor und Regisseur. Im Normalfall ist also der Autor derjenige, der von der ersten bis zur letzten Minute bei der Entstehung des Films dabei ist und für alles die Verantwortung trägt. Für alles? Und was macht dann der Produzent? Er ist für den Vertrag, die finanzielle Realisierung und letztlich mit seiner Unterschrift für den Sender der einzige Verantwortliche. Er besitzt die Rechte an dem Film, muß die Vorfinanzierung oder eine Bürgschaft geben, damit eine Ratenzahlung (siehe Seite 81) erteilt wird. Vor allem aber garantiert der Produzent dem Sender die Qualität des Produkts. Was das in der Realität bedeuten kann, zeigt sich natürlich erst im Konfliktfall. Vor einiger Zeit hatte eine befreundete Produzentin von einem jungen Autor einen Themenvorschlag bekommen. Der Autor kannte sich in dem Bereich bestens aus und hatte ein flottes, hervorragend recherchiertes Exposé geschrieben, das sie erfolgreich anbieten konnte. Der Film wurde also produziert. Als die Produzentin sich während der Dreharbeiten das gedrehte Material ansah und mit dem Autor über das Konzept und den weiteren Dreh sprach, erkannte sie plötzlich, daß er wohl hoffnungslos überfordert war und so kein Film entstehen würde, der den qualitativen Anforderungen des Auftraggebers entspräche. Die einzige Möglichkeit war, „die Notbremse zu ziehen". Das bereits gedrehte Material kann man nicht nachträglich verbessern, aber man kann weiteren Schaden verhindern. Das heißt, sie stoppte die Dreharbeiten und gab dem Autor eine erfahrene Kollegin an die Seite, die die Regie übernahm. Nun ist natürlich niemand begeistert, wenn man ihm so das Heft aus der Hand nimmt, und natürlich ist es zu Spannungen und Streit gekommen. Trotzdem konnte zum Schluß ein einigermaßen zufriedenstellender Film abgeliefert werden. Wichtig ist, sich daran zu erinnern, daß der Produzent das unternehmerische – und das heißt vor allem das finanzielle Risiko – trägt. Und das bedeutet auch, daß er im Konfliktfall die Entscheidungen trifft (siehe Kapitel 12 „Wer macht was? – Aufgabenverteilung im Team").

„Von Drinne und Drusse" –
Redakteure und freie Autoren/Produzenten

Ein Riß geht durch die Fernsehlandschaft... zwischen „drinne" und „drusse" – wie man in Köln sagt, hochdeutsch also: zwischen drinnen und draußen. Damit meine ich den Unterschied zwischen den festangestellten Redakteuren und den freien Autoren/Produzenten. „Wir sitzen alle im gleichen Boot" – hört man immer wieder, aber ist das wirklich so?

Ein Wort zu diesem Thema, zur Auftragsvergabe und Programmplanung: Warum haben freie Autoren und Produzenten keinen Einfluß auf das Programm? Wir bekommen kaum Informationen über geplante Programme oder Programmänderungen, Entwicklungen und so weiter. Über die Hälfte des Programms wird von freien Programmitarbeitern geliefert, aber an der Programmplanung sind wir so gut wie überhaupt nicht beteiligt. Das wäre sicherlich nicht einfach, und man müßte darauf achten, daß zum Beispiel eine gemeinsame Sitzung nicht wegen der latenten Konkurrenz zwischen den Freien völlig ergebnislos bleibt. Trotzdem denke ich, wäre es eine gute Sache, die zu besserer Kooperation führen könnte und sicherlich auch der Qualität des Programms zugute käme.

6   Wie teuer ist der Film – die Kalkulation

Für den Redakteur einer Auftragsproduktion ist die Arbeit an dem Film mit der Auftragsvergabe zunächst einmal erledigt. Er muß jetzt nur noch ein Formular für die „Stoffzulassung" ausfüllen. Mit diesem Verfahren wird gewährleistet, daß die Chefredaktion weiß, welche Filme im Haus produziert werden, damit Doppelungen verhindert werden können. Oftmals wird der Redakteur dann erst wieder zur Rohschnittabnahme mit dem Projekt beschäftigt, denn alle weiteren Vorbereitungen, Dreh und Schnitt sind Sache des Produzenten. Ich telefoniere allerdings zwischendurch immer wieder mit dem jeweiligen Redakteur und informiere ihn über Drehbeginn, weitere Recherchen und alle Besonderheiten. Vor allem teile ich ihm nach dem Drehen – wenn man schon ein wenig mehr weiß, wie der Film aussehen wird – mit, welche Geschichten man drehen konnte und so weiter. Aber soweit sind wir jetzt noch nicht. Denn erst kommt der nächste Schritt, der einem freien Produzenten immer Spaß macht: er muß die Kalkulation erstellen.

Grundlage für die Kalkulation ist das Exposé. Um so genauer es ist, desto exakter kann die Kalkulation werden; denn auf dieser Basis ist die Anzahl der Drehtage und durch die filmische Umsetzung der entsprechende Aufwand bestimmbar. Grundlage sind also zunächst die Drehtage. Den entsprechenden Aufwand muß auch die Redaktion vertreten.

Wenn ich ein Exposé schreibe, das im Rahmen einer 45-Minuten-Reportage einen 15-Minuten-Teil vorsieht, der in Hongkong spielt, ist klar, daß der entsprechende Aufwand sich in der Kalkulation, das heißt im Etat, widerspiegeln wird, genauso wie aufwendige Luftaufnahmen mit dem Hubschrauber, der Einsatz von Kränen, Unterwasserkameras und so weiter.

15 Minuten Hongkong: das bedeutet mit An- und Abreise, Recherchen und verschiedenen Drehorten vor Ort wahrscheinlich mindestens acht bis zehn Drehtage.

Normalerweise berechnen wir überschlägig für eine Reportage von 30 Minuten sechs bis zehn Drehtage, im Ausland entsprechend mehr. Immer wieder werde ich gefragt: „Wie teuer ist ein Film?" Das entspricht der Frage: „Wie teuer ist ein Auto?".

Antwort: Ich kann ein Auto für 10.000 DM kaufen und auch eines für 500.000 DM. Genauso ist es auch beim Film: der Aufwand/die Anforderung bestimmt die Kosten. Eine „ganz normale Reportage" von 30 Minuten kostet ca. 50.000 DM; ich habe aber auch einmal über ein Projekt verhandelt, bei dem es sich um einen Etat von 1 Million DM handelte. Für einen 10-Minuten-Film! (Leider bekam ich den Auftrag nicht, sondern eine große Werbeagentur, die bereits für die erste Präsentation ihrer Idee sehr viel Geld ausgegeben hatte.)

Nun können wir die einzelnen Posten der Kalkulation durchgehen. Dazu muß ich noch anmerken, daß ich hier nur ungefähre Zahlen angeben kann. Denn erstens sind die Summen je nach Sender sehr unterschiedlich und zum anderen verändern sie sich ständig. Hier sind also nur Anhaltspunkte aufzeigbar.

Die nachfolgende Muster-Kalkulation ist nicht mit einem der Kalkulationsprogramme erstellt, die man im Handel bekommen kann. SESAM oder MagicMovie sind hervorragende Programme, die aber für eine Spielfilmkalkulation gedacht sind. Sie sind für die Bedürfnisse im Rahmen der Produktion von Reportagen und Dokumentationen einfach zu aufwendig und kompliziert. Ich erstelle meine Kalkulationen mit einem von mir selbst nach der Vorlage eines Kollegen entwickelten und immer weiter ausgearbeiteten Programm in Excel und bin damit seit vielen Jahren sehr zufrieden.

MUSTERKALKULATION

Kalkulation:	Von der Idee zum Produkt
Format:	Beta SP
Länge:	30 Minuten
Redaktion:	
Produktion:	Lighthouse Film & Medienproduktion Köln
Buch:	Michael Schomers
Regie:	Michael Schomers
Kamera:	Martin Schomers
Ton:	Nils Schomers
Aufnahmeleitung:	N.N.
Schnitt:	N.N.
Produktionsleitung:	N.N.
Fachberatung:	
Drehbeginn:	
Drehorte:	Münster, Dortmund, Ostwestfalen
Drehtage:	5 Tage
Drehtage Studio:	0 Tage
Reisetage:	3 Tage
Schnitt:	6 Tage
Sprachaufnahmen:	2 Stunden
Mischung:	0,5 Tage

Summe Drehtage: 5

Summe Schnittage: 6,5

I. Vorkosten

	Recherchen	– DM

II. Gagen

Buch	Pro Film-Minute:	250,00 DM	7.500,00 DM
Regie	Pro Film-Minute:	250,00 DM	7.500,00 DM
Kameramann	5,0 Tage à:	550,00 DM	2.750,00 DM
EB/Tontechniker	5,0 Tage à:	370,00 DM	1.850,00 DM
Aufnahmeleitung	0,0 Tage à	300,00 DM	– DM
Cutter	6,5 Tage à:	450,00 DM	2.925,00 DM
Sprecher			300,00 DM
			– DM
			22.825,00 DM

III. Zusatzkosten Gagen

1. Berufsgenossenschaft:		1,0604 % aller Gagen	82,98 DM
2. Sozialversicherung:	17 Tage à	49,00 DM	808,50 DM
3. Urlaubsabgeltung	0,08 %		62,60 DM
4. Künstlersozialversicherung: 3 % /Autor/Regie/Sprecher)			459,00 DM
			1.413,08 DM

IV. Ausstattung/Technik: — DM

1. Aufnahmeequipment:	5 Tage à:	950,00 DM	4.750,00 DM
2. Beleuchtung:			
2.1 Akku-Licht:	0 Tage à	80,00 DM	– DM
2.2 Großes Licht:	0 Tage à	200,00 DM	– DM
3. Schnitt:			
3.1 2-Maschinen-Schnitt:	6,5 Tage à	950,00 DM	6.175,00 DM
3.2 3-Maschinen-Schnitt:	0 Tage à	1.750,00 DM	– DM
3.3 Sprecherkabine:	2 Std.à	150,00 DM	300,00 DM
4. Bandmaterial:			– DM
4.1 Drehmaterial:	10 à	30,00 DM	300,00 DM
4.2 Schnittkassetten:	0 à	98,00 DM	– DM
5. Überspielungskosten:			– DM
6. Sonstiges:			– DM

11.525,00 DM

V. Sonstige Kosten: — DM

1. Reise- und Transportkosten:			– DM
2. Sonstige Personentransporte:	2000 km à	0,64 DM	1.280,00 DM
3. Versicherungen:			300,00 DM
4. Pauschale für Dienstleistungen:			200,00 DM
5. Handgeld, Requisiten, Strom, Drehgehmigungen:		pauschal	300,00 DM
6. Spesen und Übernachtungen:			
Mehrtägige Spesen	46 DM	3 Pers/3 Tage	414,00 DM
Mehrtägig An-/Abreise	20 DM	3 Pers/2 Tage	120,00 DM
Tagesspesen bis 12 Std.	10 DM	0 Pers/0Tage	– DM
Übernachtung:	90 DM	3 Pers/4 Nächte	1.080,00 DM

3.694,00 DM

Vorsteuerabzug	./. 9,8%	der Reisekosten	271,85 DM

3.422,15 DM

VI. Archivkosten: — DM

Nettoherstellungskosten:		39.185,22 DM
Handlungskosten:	13,50%	5.290,01 DM
Zwischensumme:		44.475,23 DM
Produzentenanteil:	7,50%	3.335,64 DM
Zwischensumme:		47.810,87 DM
Mehrwertsteuer:	7%	3.346,76 DM
Gesamtsumme:		**51.157,63 DM**

Minutenpreis:	
Netto	1.59370 DM
incl. MwSt.	1.705,25 DM

Zu den einzelnen Punkten der Kalkulation:

Vorkosten

Dazu gehören vor allem der Erwerb von Rechten, die die Voraussetzung für die Realisierung des Films sind. Aber es ist immer wieder ein Problem, daß Recherchen in der Regel nicht bezahlt werden. Das gilt bis auf Sonderfälle auch für sehr aufwendige investigative Recherchen. Dies hat negative Folgen für ihre Qualität, weil man sich aufgrund der fehlenden Bezahlung langwierige, komplizierte und kostenintensive Recherchen oft nicht erlauben kann. Ganz anders übrigens bei den Printmedien. Dort fliegen gelegentlich monatelang mehrere Rechercheure durch die ganze Welt, um ein wichtiges Thema zu recherchieren, ohne daß vorher bereits sicher ist, daß wirklich etwas dabei herauskommt.
Im Rahmen eines Interviews für einen Film der Reihe „Apropos" der „Bundeszentrale für Politische Bildung" zum Thema „Investigativer Journalismus" äußerte sich mir gegenüber die Redaktionsleiterin der Programmgruppe Inland im WDR, Elke Hockerts-Werner, zu diesem Sujet folgermaßen: „Investigativer Journalismus spielt für mich als Redakteurin auf jeden Fall eine große Rolle, aber ich habe den Eindruck, insgesamt hat sich da doch etwas verändert. Es mag daran liegen, daß durch die Konkurrenz, durch den Blick auf die Quote, einfach eine andere Haltung da ist, und daß es auch für Autoren sehr viel einfacher ist, für ein 5–6-Minuten-Stück, wo man nun mal nicht so viel recherchieren muß, viel Geld zu bekommen, im Gegensatz dazu (steht), was wir mit 45 Minuten investigativen Filmen in der Reihe „Gesucht wird" zum Beispiel über die Jahre gemacht haben. Das kann man oft gar nicht bezahlen, was da an Recherche drin steckt, weil es sich oft über ein Jahr hinzieht, und das muß ja aus dem normalen Etat bezahlt werden."

Frage: „Diese Themen erfordern sehr viel Aufwand und sehr viel Geld. Was ist, wenn Sie nach einem halben Jahr feststellen, daß man daraus nichts machen kann?"

Elke Hockerts-Werner: „Ich habe mir das in den letzten Jahren erkämpft. Früher hieß es „Tausend Mark für Recherche" und dann kommt noch das Honorar für den Autor, da war nichts mit investigativen Themen. Ich habe das in zwei speziellen Fällen gemacht, ich habe mir zum Beispiel an Barschel die Zähne ausgebissen, ich habe in die Recherche so viel Geld gesteckt, wie in sonst kein Feature und wir haben letztlich nur einen „Monitor"-Beitrag gemacht, aber kein längeres Stück. Und jetzt habe ich noch in ein anderes Thema so viel Geld gesteckt wie in einen Film. Ich trenne es ab von den eigentlichen Filmen und meine, das müssen wir uns auch erlauben können. Nur ist ja dann der Etat so gering, daß ich das von den anderen Filmen absparen muß. Und ich komme da ganz schnell an die Grenzen: wenn ich für zwei Themen zwischen 30.000 bis 50.000 DM investiere oder sogar mehr, und es wird nichts, dann fehlt das Geld. Ich finde das aber unbedingt notwendig, denn sonst kommen viele Autoren und Produzenten gar nicht mehr zu mir, weil die das ja nicht vorfinanzieren können. Doch sie müssen wissen, daß sie eine Sicherheit haben, und daß es bezahlt wird und das halte ich für wichtig."

Drehtage

Grundlage für die Bestimmung der Drehtage ist, wie erwähnt, das Exposé. Aber hier spielt auch die Erfahrung des Produzenten eine wichtige Rolle. Zu den Drehtagen kommen eventuelle Reisetage hinzu, die oft mit 50 Prozent angesetzt werden müssen.

Schnittage

Durchschnittlich gehen wir davon aus, daß man ungefähr fünf bis sechs Minuten am Tag schneiden kann. Das heißt für eine 30-Minuten-Reportage brauchen wir ca. sechs Schnittage. Dazu kommt die Zeit für Sprachaufnahme, Mischung und Endfertigung, die man ungefähr mit einem halben bis einem Tag ansetzen kann.

Honorare

Normalerweise betragen die Honorare für Buch und Regie jeweils ca. 200–250 DM für die Sendeminute, bei einem 30-Minuten-Film also insgesamt ungefähr 6.000 bis 7.500 DM. Wenn der Autor gleichzeitig auch Regisseur oder „Realisator" ist, sind das ca. 12.000 bis 15.000 DM. Das ist nicht besonders viel, wenn man den damit verbundenen Aufwand berücksichtigt. Für eine 30-Minuten-Reportage benötige ich (inklusive Recherchen, Vorbereitung, Dreharbeiten, Schnitt und Endfertigung) ca. zwei bis drei Monate, manchmal auch weit mehr. Mehr Geld läßt sich mit kleineren Beiträgen verdienen, weil man eben in der gleichen Zeit mehr umsetzen kann.

Die Honorare werden von den verschiedenen Sendern sehr unterschiedlich bemessen. Es gibt zwar zwischen den Sendern und der IG Medien zum Beispiel Tarifverträge, die bestimmte Honorare festlegen. Sie gelten aber nicht für die freien Produktionen, und – selbst wenn sie gelten würden – sie können nicht kalkuliert werden, weil die Sender diese nicht bezahlen.

Für die journalistische Produktion – eine 30-Minuten-Reportage – hier also ungefähre Anhaltspunkte (bei Spielfilm und Industriefilm wird teilweise erheblich mehr gezahlt):

- *Kameramann* zwischen 500 und 650 DM

- *Tontechniker* ca. 350 DM

- *Assistenz* – kann nur kalkuliert werden, wenn ein erhöhter Aufwand einen Assistenten nötig macht und muß begründet werden.

- *Cutter* zwischen 400 und 600 DM

- *Sprecher* – je nach Länge des Kommentars – bei einer 30-Minuten-Reportage zwischen 300 DM und 900 DM

- *Aufnahmeleiter,* auch wenn sie häufig dringend gebraucht werden und die Qualität der Arbeit erheblich verbessern würden, können sie in der Regel nicht mitberechnet werden (wie gesagt: begründete Ausnahmen ...)

- Sonstige Honorare können – nach Absprache mit der Redaktion – zum Beispiel für Fachberater, Übersetzer oder ähnliche notwendig sein.

Zusatzkosten Gagen

Dies sind die klassischen Lohnnebenkosten, das heißt die Kosten für Sozialversicherung, Berufsgenossenschaft und die Künstlersozialkasse (KSK) für Autor und Regisseur. Die KSK tritt sozusagen als fiktiver „Arbeitgeber" für die freischaffenden Künstler ein, zu denen auch Autoren und Regisseure gerechnet werden. Sie zahlt von den Beiträgen Zuschüsse und zum Beispiel den „Arbeitgeberanteil" zur Krankenkasse.

In den letzten Jahren ist viel diskutiert worden über die sogenannten „Scheinselbständigen", vor allem auch in der Medienbranche. Wer selbständig ist muß keine Sozialversicherung bezahlen, das heißt vor allem keine Arbeitslosenversicherung, keine gesetzlichen Rentenbeiträge. Er muß selbst für seine Absicherung Sorge tragen. Entscheidend bei der Frage, ob jemand selbständig arbeiten kann oder nicht, ist der „Abgrenzungskatalog für die im Bereich Theater, Orchester, Rundfunk- und Fernsehanbieter, Film- und Fernsehproduktionen künstlerisch und publizistisch tätigen Personen" der AOK. Während Autoren und Regisseure eindeutig freiberuflich Selbständige sein können, ist dies vor allem für Kameraleute, Tontechniker und Cutter ausdrücklich ausgeschlossen. Sie sind immer Arbeitnehmer und das heißt sozialversicherungspflichtig. (Mittlerweile sind aber immer mehr Kameraleute von der KSK aufgenommen worden, und es hat den Anschein, daß dies anerkannt wird.) Nun hat es darüber viel Streit gegeben, denn einzusehen ist die strikte Regelung nicht. Sie verursacht viel Bürokratie; so muß der Produzent bei der Beschäftigung eines Kameramanns die Lohnsteuerkarte von ihm verlangen und Sozialversicherungsbeiträge an die AOK abführen – ein großer Aufwand bei einer Beschäftigungsdauer von einem oder einigen wenigen Tagen. Auf der anderen Seite halte ich es für vernünftig, wenn durch diese Regelung die soziale Absicherung gewissermaßen erzwungen wird. Ich habe Kollegen erlebt, die als freie Tontechniker ihr Honorar sorglos ausgaben und sich überhaupt nicht um ihre Rentenversicherung gekümmert haben.

Equipment

Man geht davon aus, daß zu dem kalkulierten Equipment normales, sogenanntes „kleines Licht" gehört. Zusätzlich kalkuliert werden können auch hier besondere Aufwände, zum Beispiel die notwendige Ausleuchtung eines großen Raumes, aufwendige Tontechnik aber auch der Einsatz von Kränen, Schienen und Dollys (das sind kleine Wagen auf denen die Kamera montiert wird), Unterwasseraufnahmen und so weiter.

Schnittplatz

Auch hierbei gibt es erhebliche Preisunterschiede, die sehr mit dem jeweiligen Angebot vor Ort zusammenhängen. In den letzten Jahren haben sich die digitalen Schnittsysteme (vor allem AVID, edit* von discreet logic) durchgesetzt, der „Preisverfall" ist immens:

Kostete zum Beispiel der AVID – das bekannteste System – vor fünf Jahren (inklusive der Peripherie wie Recorder, Mischpult, Lautsprecher, Monitore und so weiter) noch weit über 300.000 DM, kann man heute ein solches Schnittsystem (inklusive Peripherie) für 50.000 bis 80.000 DM bekommen. Das hat dazu geführt, daß sich viele Firmen solche Systeme angeschafft haben, wodurch es einen starken Preisverfall gegeben hat. Als Richtwert für die Kalkulation kann man mit ca. 800 DM am Tag rechnen, es gibt aber bereits Angebote für 500–600 DM.

Dazu kommen Bandmaterial und eventuelle Überspielungen aus einem anderen Format, Sprachaufnahme und Sprecherkabine (ca. 150 DM/Stunde) nicht zu vergessen.

Sonstige Kosten

Damit sind in erster Linie Reisekosten und Versicherungen gemeint.

Reisekosten/Spesen

Eigentlich eine einfache Sache: für jeden Beteiligten wird ein bestimmter Tagessatz kalkuliert. Etwas komplizierter ist das Verfahren in den letzten Jahren durch veränderte Vorschriften der Finanzämter geworden.

Die Tagessätze sind exakt festgelegt, die aktuelle Liste wird jährlich von den Finanzbehörden veröffentlicht:

Auszüge aus der Liste: „Tagegelder für Verpflegungsmehraufwendungen und Übernachtungsgelder"

Land	Pauschalbeträge für Verpflegungsmehraufwand bei einer Abwesenheitsdauer je Kalendertag von			Pauschalbetrag für Übernachtung
	Mind. 24 Std.	Weniger als 24, aber mind.14 Std.	Weniger als 14, mind. 8 Std.	
Ägypten	60	40	20	160
Afghanistan	78	52	26	140
Australien	78	52	26	150
Bahrain	102	68	34	180
Belgien	78	52	26	150

China	90	60	30	180
Dänemark	90	60	30	110
Ecuador	48	32	16	140
Frankreich	78	52	26	100
Frankreich (Paris)	96	64	32	160
Israel	96	64	32	240
Jemen	72	48	24	180
Kongo	156	104	52	240
Kuba	78	48	24	170
Luxemburg	78	52	26	140
Malawi	60	40	20	180
Mexiko	66	44	22	100
Mongolei	60	40	20	140
Namibia	48	32	16	90
Norwegen	108	72	36	220
Polen	54	36	18	120
Ruanda	54	36	18	120
Samoa	54	36	18	110
Schweiz	84	56	28	160
Spanien	60	40	20	150
USA	96	64	32	220
Vietnam	42	28	14	90

Stand: 1.1.2001

Die aktuelle Liste der Tagessätze für die verschiedenen Länder bekommt man von Steuerberatern (Kapitel 15 „Reisen und Spesen").

In den Spesensätzen, im Kilometergeld und so weiter ist die Mehrwertsteuer enthalten, so daß 9,8 Prozent von den Reisekosten wieder abgezogen werden müssen, denn die Mehrwertsteuer kommt anschließend wieder dazu.

Versicherungen

Es gibt für Film- und Fernsehproduktionen verschiedene Versicherungen, auf die ich hier kurz eingehen will[2]:

---

2 Nähere Informationen bekommt man bei Versicherungsagenturen, zum Beispiel bei Herrn Jochen Wilhelm bei AHC, Sachsenring 37-39, 50677 Köln, Telefon: 0221/3360448, dem ich hier nochmals herzlich für seine Hilfe bei diesem Kapitel danken möchte (ich hoffe, ich habe alles richtig verstanden und weitergegeben).

Film-Negativversicherung

Für eine Fernsehproduktion ist meines Erachtens die Negativversicherung die wichtigste Versicherung, denn sie versichert das gedrehte Material. Damit ist die Produktion des Films sichergestellt. Die Versicherung tritt ein, wenn in dem gedrehten Material Schäden aufgetreten sind und neu- oder nachgedreht werden muß. Allerdings sind die Versicherungsbedingungen immer noch auf das Drehen mit Film abgestellt (daher auch der Name): Sie sehen zum Beispiel vor, daß das „belichtete Material" nach Rückgabe vom Kopierwerk kontrolliert werden muß. Nun kontrollieren wir beim Dreh auf Video natürlich abends das Material, oftmals aber nur stichprobenweise. Denn beim Videodreh hat man in der Regel erheblich mehr Material, so daß ein vollständiges Sichten nach Drehschluß gar nicht möglich ist. Trotzdem gibt es immer wieder mit den Versicherungen Diskussionen über diesen Punkt. Die Negativversicherungen werden häufig von den Sendern als Beistellung übernommen, denn sie haben oft Pauschalverträge mit den Versicherungen abgeschlossen und können damit solche kleinen Produktionen kostenfrei einschließen.

Haftpflichtversicherung

Im Regelfall besitzen die Produktionsfirmen eine Betriebshaftpflicht, die für von freien oder festangestellten Mitarbeitern angerichteten fremden Personen- oder Sachschäden aufkommt. Die Einschränkung „fremden" ist sehr wichtig, denn die Versicherung tritt nicht ein für Schäden an Personen oder Sachen in der Produktion, in welcher die den Schaden verursachende Person arbeitet.

Der Schaden, den zum Beispiel bei uns einmal ein Praktikant anrichtete, als er eine Kamera fallen ließ, war nicht versichert, weil es unsere eigene Kamera war. Zwar wurde die Reparatur von der Elektronikversicherung übernommen, ungedeckt aber blieben der Eigenanteil von 500 DM und die Miete für die Ersatzkamera – zum Glück handelte es sich in diesem Fall nur um eine kleine digitale Kamera. Bei einem ähnlichen Schaden an der großen Kamera aber kann so etwas leicht mehrere tausend Mark kosten.

Bei Abschluß eines Versicherungsvertrages ist es wichtig, darauf zu achten, daß auch Arbeiten auf fremden Grundstücken und die Tätigkeit von Subunternehmern, das heißt auch freien Mitarbeitern, mitversichert sind. Außerdem müssen „Berufs- und Tätigkeitsschäden" eingeschlossen sein, die Schäden betreffend, welche während der direkten Berufsausübung entstehen.

Elektronikversicherung

Das Equipment für einen Film ist sehr teuer. Die gesamte Ausrüstung, mit der wir tagtäglich arbeiten, kostet ungefähr 100.000 DM. Der digitale Schnittplatz mit Computer, Mischpulten, Monitoren, Lautsprechern und so weiter kostet noch mehr. Deshalb ist eine Geräteversicherung (oder Elektronikversicherung) besonders wichtig. Denn die Behebung eines Schadens ist oftmals ziemlich kostenaufwendig. Auf der anderen Seite kenne ich einen Kollegen, der seit zwanzig Jahren seine Geräte nicht versichert und jedem vorrechnen kann, wieviel er bisher dabei gespart hat; selbst wenn jetzt doch irgendwann ein größerer Schaden eintreten sollte. Die Geräte müssen einzeln (mit Kaufnachweis und Gerätenummer) bei der Versicherung angemeldet werden. Der mobile Einsatz von Geräten muß ebenfalls extra angemeldet beziehungsweise vereinbart werden.

Sonstige Versicherungen

Im Prinzip kann man selbstverständlich alles versichern – es ist nur eine Frage des Preises. Hängt zum Beispiel der Film wesentlich von einem Protagonisten ab, so kann man die Produktion eventuell gegen den Ausfall dieser Hauptperson versichern. Man muß sich nur vorstellen, daß die Hauptperson – oder der Star bei einem Spielfilm – erkrankt, sich ein Bein bricht, durch Krankheit oder Tod ausfällt und man die Produktion nicht realisieren kann. Dann ist man froh, wenn die bis dahin entstandenen Produktionskosten durch eine solche Versicherung gedeckt sind. So wurde für mich eine *Personenversicherung* bei der Reportage „Giftig, ätzend, explosiv" abgeschlossen, in deren Mittelpunkt schließlich meine eigene Tätigkeit als Fernfahrer bei Gefahrguttransporten stand.

Eine seltenere Versicherungsvariante ist die *Handkassenversicherung*, über die man bei Dreharbeiten in Krisengebieten nachdenken sollte. Die Versicherung deckt den Diebstahl und Raub von Bargeld. Bei meinem ersten Dreh in Ruanda habe ich eine solche Versicherung einmal abgeschlossen, sie kostete 250 DM. Im Nachhinein weiß ich, daß das wohl ziemlich übertrieben war, denn die Gefahr, einem Raubüberfall zum

Opfer zu fallen, war wohl erheblich geringer als nachts im Frankfurter Bahnhofsviertel.

Hier eine kurze Darstellung der Versicherungen, für die man (bei einer 30-Minuten-Reportage) pauschal einen Kostenanteil von 300 bis 800 DM ansetzen kann.

Art der Versicherung	Versichert
Elektronikversicherung	Elektronische Geräte gegen: Bedienungsfehler, Fahrlässigkeit, Überspannung, Kurzschluß, Brand, Blitzschlag, Wasser, Feuchtigkeit, Sabotage, Vandalismus, höhere Gewalt und so weiter
Film-Negativversicherung	Negative oder Videobänder bei Transport, Herstellung und Lagerung
Film-Mehrkostenversicherung	Mehrkosten nach Ausfall von Aufnahmetechnik, Produktionsort, Requisiten u.ä.
Film-Requisitenversicherung	Alle eigenen oder geliehenen Requisiten
Film-Ausfallversicherung	Krankheit, Tod oder Unfall einer versicherten Person, die zur Durchführung der Produktion unerläßlich ist.
Haftpflichtversicherung	Schadensersatzansprüche Dritter im Zusammenhang mit Produktionen

Aber, wie bereits angesprochen, versichert werden kann im Prinzip alles, es kommt eben nur auf den Preis an. Hinzu kommen bei den „Sonstigen Kosten" einige auf den ersten Blick merkwürdig anmutende Posten, bei denen man zunächst nicht weiß, was sich dahinter versteckt. Dies ist die

„Pauschale für Dienstleistungen" und „Pauschale für Handgeld, Requisiten, Strom, Drehgenehmigungen"

Eigentlich zwei Posten für alles und nichts. Immer wieder gibt es Ausgaben, die bei der Kalkulation nicht berücksichtigt werden können, die man im einzelnen nicht immer vorher berechnen kann. Das fängt bei den Aufwandsentschädigungen für die Drehgenehmigung – für die Nutzung von Räumen und Strom – an. Nicht selten braucht man auch verschiedene Requisiten, eine Straßenkarte, eine Taschenlampe, Funkgeräte, Folie oder Klebeband, ein Spielzeug für das Kind des Interviewpartners bis hin zu den 100 DM für die Kaffeekasse oder Bewirtung, oder für Reisekosten der Interviewpartner. Diese Posten sind im wesentlichen ein Polster für unvorhergesehene, nicht in anderen Rubriken erfaßte und daher nicht kalkulierte Kosten. Wieviel man kalkulieren kann, hängt vom Einzelfall ab und vom Verständnis und der Kulanz des Produktionsleiters, mit dem man über die Kalkulation verhandelt.

Archiv

Die Frage nach der Verwendung von Archivmaterial ist ebenfalls ziemlich schwierig, weil es dann schwer kalkulierbar ist, wenn man nicht vorher genau recherchiert hat. Normalerweise wird zum Beispiel aktuelles Nachrichtenmaterial, das man in einer Reportage braucht, als Beistellung des Senders gewertet (zum Beispiel „Zwei Minuten Nachrichtenmaterial"). Wenn man das Material irgendwo anders kaufen muß, kann es unglaublich teuer werden. So kostet beispielsweise das Material der Deutschen Wochenschau ungefähr 2.000 DM für die angefangene Minute. Dafür bekommt man nur sehr eingeschränkte Rechte überlassen, das heißt zum Beispiel die deutschsprachigen Fernsehrechte mit bis zu drei Wiederholungen.

Noch schwieriger ist die Handhabung mit ausländischem Archivmaterial, bei dem die Preise (zum Beispiel in Rußland) sehr schwanken. Verhandelt werden muß dann auch über die Frage, welche Rechte man für sein Geld bekommt. Zu dieser Frage erlebte ich einmal einen Streit bei Verhandlungen über eine Koproduktion. Unser Koproduzent hatte eine hohe Summe für den Ankauf von Archivmaterial in der damaligen UdSSR kalkuliert, wollte dann aber die Rechte für sich allein behalten. Er hatte wahrscheinlich gehofft, anschließend mit der Weiterverwertung des Materials ein Zusatzgeschäft zu machen, an dem er uns (als Koproduzenten) nicht beteiligen wollte: ein unseriöser Vorschlag.

Nettoherstellungskosten

Dies sind die Kosten ohne die pauschalen Aufschläge, also die Kosten an denen in der Regel die Produktionen nichts verdienen, sondern die so weitergegeben werden. Selbstverständlich ist das reine Theorie. Einmal habe ich als Produzent, wenn ich lange Jahre mit einem Kameraverleiher, einem Schnittplatz und so weiter zusammenarbeite, andere, das heißt bessere, Preise, so daß ich indirekt daran auch verdiene. Aber dies sind Einnahmen, denen auf der anderen Seite generell auch das Risiko gegenübersteht, daß ich plötzlich aus irgendwelchen Gründen mehr bezahlen muß, weil zum Beispiel ein Drehtag ausgefallen ist oder wiederholt werden muß.

Handlungskosten

Aus mir unbekannten Gründen werden die Handlungskosten manchmal auch „Handlungsunkosten" genannt, wobei die Abkürzung „HU" durchaus verbreitet ist. Aber es sind keine *Un*-kosten sondern *Kosten*, nämlich die allgemeinen Kosten des Produzenten für Büro, Verwaltung, Telefon etc., die pauschal erfaßt werden. Die Höhe richtet sich nach den Netto-Herstellungskosten – sie betragen:

bis	50.000 DM	13,5 Prozent
bis	100.000 DM	11,0 Prozent
bis	300.000 DM	8,5 Prozent
über	300.000 DM	6,0 Prozent

Produzentengewinn

Jetzt endlich kann auch der Gewinn des Produzenten offiziell berücksichtigt werden: es ist zwar nicht viel, aber immerhin. Berechnet man den kalkulierbaren Gewinn von 7,5 Prozent, so bedeutet das, daß eine Produktionsfirma bei einem Umsatz von 1 Million DM die Summe von 75.000 DM im Jahr verdient – das ist noch nicht einmal das Gehalt eines Geschäftsführers mit entsprechendem Umsatz. Aber da ja, wie angeführt, auch in den anderen Posten der Kalkulation der eine oder andere Gewinnanteil liegt, kommt man ganz gut zurecht. Auf jeden Fall möchte ich nicht klagen, denn ich habe einen Beruf, der mir sehr viel Spaß macht und mit dem ich auch genügend Geld verdiene.

Was kostet der Film?

Nun endlich wissen wir, wieviel unser Film kostet. Die Mehrwertsteuer (für ein journalistisches Produkt sind nur 7 Prozent Mehrwertsteuer fällig) muß noch addiert werden, dann haben wir die Endsumme. Sehr verwirrend ist oft, daß zum Beispiel das ZDF und die ARD-Sender unterschiedliche Maßstäbe für die Produktionssumme haben. Veranschlagt ein ZDF-Redakteur 50.000 DM für einen Film, dann meint er 50.000 DM *zuzüglich* Mehrwertsteuer, sagt dies jemand von einem ARD-Sender, so meint er (leider) *inklusive* Mehrwertsteuer.

Ein Trick

Einen kleinen Trick, den sicherlich die meisten Kollegen ebenfalls anwenden, möchte ich hier noch erläutern. Zum einen ist es sehr angenehm, daß wir heutzutage – im Zeitalter des Computers – eine Kalkulation nicht mehr „zu Fuß" erstellen, das heißt wirklich selbst rechnen müssen. Das macht zum Beispiel mein schönes Excel-Programm. Neben der Möglichkeit, schnell – und hoffentlich richtig – zu rechnen und auch kompliziertere Aktionen mit „wenn" und „dann" zu erfassen, gibt es eine Besonderheit, die man gerade bei der Erstellung von Kalkulationen nutzen kann: man teilt die Seite. Und zwar so, daß man am unteren Bildrand immer die Endsumme vor Augen hat. Das ist sehr wichtig, weil ich oft eine Vorgabe habe, eine Summe, die ich nicht überschreiten möchte oder darf. Entweder ist diese vom Redakteur oder Produktionsleiter vorgegeben, oder ich habe selbst eine bestimmte Summe veranschlagt. Da ich weiß, daß ich noch über diese erste Kalkulation verhandeln muß, ist es günstig, einen gewissen Spielraum zu haben. Nehmen wir also an, unsere Vorgabe ist 50.000 DM, dann versuche ich eine Kalkulation von 54.000 oder 55.000 DM zu erstellen, damit ich zum Schluß doch bei 50.000 DM liege, die ich realistisch betrachtet für den Film brauche.

Beistellungen

Wichtig ist bei der Kalkulation noch die Frage der Beistellungen des Senders, die auch bei den Verhandlungen mit dem Produktionsleiter zu berücksichtigen ist. Beistellungen sind die Kosten beziehungsweise Tätigkeiten, die der Sender selbst übernimmt und die daher nicht in die Kalkulation einfließen. Dies sind vor allem:

- Archivmaterial
- Insertierung, das heißt Titel und Abspann
- Negativversicherung
- Eventuelle zusätzliche Versicherungen
- Sprachaufnahme und Tonmischung.

Im Prinzip ist hier natürlich alles frei verhandelbar. Genauso können als Beistellungen der Schnitt und der Cutter, Equipment, Studiobenutzung, sogar Autorenhonorare und ähnliches übernommen werden.

Der berühmte „Minutenpreis"

Die Gesamtsumme bei unserer Muster-Kalkulation für eine 30-Minuten-Reportage beträgt also *51.157, 63 DM*. Das entspricht einem Minutenpreis von 1.593 DM netto, das heißt 1.705 DM inklusive Mehrwertsteuer.

Das ist ein durchschnittlicher Preis, eher im unteren Bereich angesiedelt. Wie erwähnt kann sich das je nach Aufwand erheblich verteuern, ein niedrigerer Etat ist jedoch nur schwer vorstellbar. Es gibt aber Sender, die mit erheblich geringeren Summen kalkulieren. So geht der ORB – nach Aussagen eines Redakteurs – von einem Minutenpreis von 1.200 DM aus, für eine Auslandsreportage. Für eine Produktion im Inland werden sogar nur 800 DM bezahlt; das entspricht ungefähr dem Ankaufpreis bei anderen Sendern. Bei einer 30-Minuten-Reportage handelt es sich also um eine Produktionssumme von 24.000 DM! Wie soll man mit dieser Produktionssumme einen solchen Film drehen können?

Nun wird immer damit argumentiert, man habe eben nicht mehr Geld und müsse sich deshalb „nach der Decke strecken". Aber betrachten wir die Sache mit den Minutenpreisen einmal genauer. Als erstes stellt man fest, daß das Argument des fehlenden Geldes fast ausschließlich – oder zumindest besonders laut – in den „Problembereichen" ertönt, den Bereichen, die interessanterweise den Kern des Programmauftrags der öffentlich-rechtlichen Rundfunkanstalten beschreiben: in den sogenannten „Informationsbereichen".

Wenn es sich um Sport, Shows, die Gage für einen bekannten Star oder für einen prominenten Moderator handelt, ist davon nichts zu hören. Dann werden ohne zu zögern wirklich astronomische Summen ausgegeben; zum Beispiel wird ein Moderator zu 46 Millionen DM für zwei Jahre eingekauft. Das ist „nur" die Gage für die Moderation. Gleichzeitig darf er seine eigene Sendung auch selbst produzieren und verdient dabei noch mehr. Das ist offensichtlich der neue Trend – „Outsourcing" – und mittlerweile sehr beliebt, weil sich damit problemlos viel Geld verdienen läßt. Da wird – ein anderes Beispiel – eine Redakteurin eines öffentlich-rechtlichen Senders beurlaubt, um das, was sie normalerweise in ihrem Job getan hätte, nun als freie Unternehmerin machen zu können. Sie bekommt den Sendeplatz für eine wöchentliche Fernsehshow, die der Sender an ihre eigene freie Produktion „nach draußen" gibt; im Klartext: die Moderatorin macht schnell eine eigene Firma auf, um sich selbst zu produzieren. Damit verdient sie völlig ohne jegliches Risiko das Mehrfache im Vergleich zur vorherigen Position, weil sie einen Vertrag über zunächst ein Jahr, das heißt 50 Sendungen, mit einer garantierten Produktionssumme hat. Alles läuft völlig ohne Risiko, da ihr der Sender zugesichert hatte, daß sie jederzeit in ihr „Beamtenverhältnis" zurück-kommen könne, wenn der Ausflug in die freie Wirtschaft fehlschlagen sollte. Mit „freiem Unternehmertum" hat das absolut nichts mehr zu tun, hier geht es nur noch darum, möglichst viel zu verdienen. Gewissermaßen eine „Lizenz zum Gelddrucken" oder „freies Unternehmertum" mit der Sicherheit des Beamten. Der Sender selbst hätte das erheblich billiger produzieren können, aber wen interessiert das?

Der Unterschied der Minutenpreise zwischen Dokumentationen und Reportagen und den anderen Bereichen ist grotesk. Rechnet man dann noch die Wiederholungen und Programmverkäufe dazu, wird es gänzlich merkwürdig; ich kann die Sparmaßnahmen bei den informierenden Sendungen nicht mehr nachvollziehen. Vor ein paar Jahren machte ich eine schöne Reportage: „Traumziel Yukon und Alaska". Der Redakteur, ein sympathischer Kollege, hatte mir von Anfang an gesagt, daß er für diese Reportage nur 50.000 DM zur Verfügung hätte. 50.000 DM für mindestens vier Wochen Dreharbeiten in Alaska, bei großen Entfernungen und ungeheurem Aufwand: unmöglich!

Aber der Film war ein alter Traum von mir. Seit ich als Jugendlicher die Bücher von Jack London verschlungen hatte, wollte ich einmal im Leben dorthin. Und jetzt gab es diese Chance. Also ging ich auf den Vorschlag ein. Die beiden Kollegen Tom Kaiser (Kamera) und Christoph Nolte (Ton) mußte ich vorwarnen, daß ich nicht die geplanten 29 Drehtage, sondern nur die Hälfte, das heißt 15 Drehtage bezahlen könne. Zu meiner Freude erklärten sich die beiden trotzdem bereit, bei diesem Projekt mitzumachen. Der Film war aber mit dieser Produktionssumme nicht annähernd zu realisieren.

Also tat ich das, was wir heute aufgrund der geringeren Mittel für unsere Filme immer häufiger machen müssen: „Pakete packen". Wir drehten daher nicht nur die 30-Minuten-Reportage für die Reihe „Traumziel", sondern auch noch einen 15-Minuten-Film zur Reihe „Rückblende" („100 Jahre Goldrausch"); und zu guter Letzt verkauften wir nach unserer Rückkehr noch ein paar kleine Geschichten an das ARD- „Morgenmagazin".

Die Dreharbeiten machten sehr viel Spaß, und es sind auch schöne Filme dabei herausgekommen. Und doch bleibt ein bitterer Nachgeschmack. Noch stärker wurde aber das Gefühl, ausgebeutet worden zu sein, als ich im Laufe der Zeit sah, daß der Film für die Reihe „Traumziel" immer wieder in allen dritten Programmen gezeigt wurde.

Nun kommen wir zurück zum Thema Minutenpreis. Mittlerweile ist der Film vierzehn Mal wiederholt worden! Würde man die Produktionskosten auf die Sendeminuten umrechnen, entspräche das einem Minutenpreis von ungefähr 120 DM! Und leider gibt es für die Wiederholungen keinen einzigen Pfennig Honorar, denn als Auftragsproduktion hat der Sender alle Rechte gekauft, worin das Recht für beliebig viele Wiederholungen ebenfalls enthalten ist. Auf der anderen Seite weiß ich, daß es niemals so viele Wiederholungen gegeben hätte, wenn jedesmal ein paar tausend Mark als Wiederholungshonorar fällig gewesen wären. 120 DM für die Sendeminute – so können ARD-Sender ihr Programm gestalten; auf Kosten der Autoren und Produzenten. Wenn man sich jetzt noch einmal vor Augen hält, daß eine Musikshow, Sportsendung oder ähnliches das hundertfache (!) dieses Betrags kostet ...

Manchmal wird argumentiert, man müsse bei den „normalen Sendungen" sparen, denn man habe ja auch erheblich teurere Sendungen zu bezahlen. Und die müsse man behalten, um „mithalten zu können", also gute Quoten zu bekommen (auf dieses Thema kommen wir später noch mehrmals zurück).

In der letzten Zeit wird häufig über das Thema „Hochglanzdokumentationen" geredet. Das sind, so die Statements der Programmverantwortlichen, ganz besondere, qualitativ hochwertige und damit sehr teure Produktionen. Solche spektakulären Dokumentationen will man jetzt mehr „ins Programm heben". Haben die Programmverantwortlichen jetzt ihre Liebe – oder gar Verantwortung – für Dokumentationen und Reportagen – den häufig fast vergessenen Programmauftrag „Bildung und Information" – wiederentdeckt? Nein, dahinter stecken wieder die Gedanken an Quote und Zweitverwertung. Denn solche „Hochglanzdokumentationen" lassen sich gut weiterverkaufen an ausländische Sender. Besonders, wenn sie nicht eine einzelne Dokumentation sondern eine „Reihe" bilden. Dann darf eine 45-Minuten-Dokumentation auch gerne über 200.000 DM kosten, denn sie ist (nicht selten bereits vor dem ersten Drehtag) bereits gewinnbringend verkauft. Aber bei den unspektakulären deutschen oder regionalen Themen werden die Preise solange weiter gedrückt, bis man wirklich qualitativ nichts Vernünftiges mehr erwarten kann. Denn für 40.000 DM läßt sich keine gute 30-Minuten-Reportage produzieren.

Für mehr gute Dokumentationen

ARD-Chefredakteur Hartmann von der Tann kämpft für mehr „Hochglanz-Infotainment" und Dokumentationen im ersten Programm. „Ich sehe die Chance, mit dokumentarischen Mitteln in den unterhaltenden Bereich vorzudringen", erklärte der 55jährige der dpa. Die Menschen interessierten wahre Geschichten, und Dokumentationen seien der wahrhaftigste Weg, sie zu erzählen. „Wir hatten gerade einen großen Erfolg mit dem letzten Flug der Tupolew, über diesen schrecklichen Flugzeug-Absturz vor der afrikanischen Küste", sagte von der Tann. „Ähnlich werden wir bald über organisierte rumänische Kinderbanden berichten."

Grundsätzlich seien für das Geld, das sich die meisten Häuser ein normales Feature kosten lassen, gute Dokumentationen nicht zu realisieren, sagte der Chefredakteur weiter. Aber es empfehle sich, mehr Geld in diesen Bereich zu investieren. Denn unter dem Strich koste er noch immer weniger als Fernsehfilme und bringe mindestens ebenso viele Zuschauer. (dpa)

Bonner Generalanzeiger, 06. August 1998

Über solche Äußerungen kann man eigentlich nur lachen. Wer bekommt denn 5.000 DM je Minute für eine Dokumentation? Und wenn, wie viele Dokumentationen und Reportagen sind das prozentual? Wie hoch ist der Durchschnittspreis? Und vor allem: wo ist die untere Grenze?

7   Der Produktionsvertrag und die Rechte

Der große Augenblick ist gekommen: Kalkulationsverhandlung mit dem zuständigen Produktionsleiter. Ob man sich dazu persönlich in den Sender begibt oder am Telefon verhandelt, hängt von den Gegebenheiten, der Entfernung, der Kompliziertheit etc. der jeweiligen Produktion ab.

Auf jeden Fall sollte man vorher dem Produktionsleiter auch das Exposé zusenden, damit dieser überhaupt weiß, worüber man redet. Diese Information bekommt er nämlich oftmals von der Redaktion nicht. Gemeinsam bespricht man nun jeden einzelnen Posten der Kalkulation und verhandelt über die eingesetzten Summen, die dem Produktionsleiter natürlich oftmals viel zu hoch sind: „Was, für den Kameramann wollen Sie 550 DM am Tag? Bei uns bekommen die nur 422 DM." „Aber das muß ich in Köln meinem Kameramann zahlen." „Also, ich kann höchstens 450 DM anerkennen, der Rest ist Ihre Sache." „Na gut, 450 DM." „Und das Equipment! Hier, ich kann Ihnen Preislisten zeigen. Das bekommen Sie für 600 DM!"

Und so geht es um jeden einzelnen Posten, um jede Mark wird hart gerungen. Problematisch sind dabei vor allem die Honorare. Zwar hat die IG Medien mit den Sendern Tarifverträge abgeschlossen, diese gelten aber nicht für die freien Produktionen und können auch nicht kalkuliert werden. Auf der anderen Seite aber gehen viele Produktionsleiter von den Honorarsätzen aus, die die Sender zum Beispiel mit freien Kameraleuten vereinbart haben. Das sind jedoch Summen, denen ein Rahmenvertrag zugrunde liegt. Das heißt, diese Kameraleute gehen dann davon aus, daß sie hundert oder mehr Tage im Jahr bei diesem Sender beschäftigt sind. Es sind Summen, für die heute zu Recht kein freier Kollege mehr arbeitet.

Offenbar besteht auch kein allzu großes Interesse daran, zu einer einheitlichen Honorargrundlage zu kommen; weder die IG Medien noch die Produzentenverbände äußern sich zu diesem Thema.

Das Problem: je mehr wir als freie Produzenten bei solchen Verhandlungen auf niedrige Preise eingehen, desto mehr machen wir uns die eigenen Preise kaputt. Aber „es stehen wirklich so viele vor der Tür", die (unter entsprechend größerer Selbstausbeutung) Filme für erheblich niedrigere Preise anbieten. Vor einiger Zeit rief mich ein guter Kollege an und sagte mir direkt: „Ich weiß, ich mache Dir jetzt sozusagen ein unsittliches Angebot. Ich war auch dagegen, aber die Kollegen meinten, ich solle Dich doch mal anrufen." Es ging um eine 15-Minuten-Reportage, für deren Produktion man mir 10.000 DM anbot. Eine wirkliche Unverschämtheit, denn selbst wenn man einmal davon ausginge, daß man nur einen Drehtag und zwei Schnittage dafür bräuchte (was schon kaum möglich ist), würde sie ungefähr das Doppelte kosten. Aber so wird leider heute vielfach Programm gemacht: billig, billig – egal, was dabei herauskommt.

Bei diesen Kalkulationsverhandlungen wird oft auch eine Show gemacht, weil jeder vorher ungefähr weiß, mit welcher Produktionssumme man aufhören wird. Ich habe einmal einen heute pensionierten Produktionsleiter im ZDF erlebt, der bei den Vertragsverhandlungen immer mit lautem Stöhnen aus dem Zimmer ging, wenn die Handlungskosten und der Produzentengewinn angesprochen wurden. Dann hat sein Assistent an diesem Punkt weitergemacht, an dem es gar nichts mehr zu verhandeln gab, weil die Prozentsätze zum Glück festliegen. Aber den Spaß ließ er sich nicht nehmen.

Achtung: das Kleingedruckte!

Wie überall im Leben ist es auch hier wichtig, sich genau mit dem Kleingedruckten, das heißt auch mit den Rahmenbedingungen der Produktion zu beschäftigen. Früher, als Computer noch nicht so verbreitet waren, waren die kleingedruckten Passagen leichter auszumachen: Es gab den Standardvertrag, und die spezifischen Änderungen und neuen Vereinbarungen zu der jeweiligen Produktion waren eingefügt, was man an der anderen Schrift deutlich erkennen konnte. Heute muß man den Vertrag jedesmal in allen Punkten genau lesen, denn solche Änderungen bemerkt man nicht mehr am Äußeren.

Was muß vereinbart und verhandelt werden?

Welche Rechte bekommt der Sender, welche behält der Produzent?

Grundsätzlich gilt: wenn der Sender im Rahmen einer Auftragsproduktion die gesamte Produktion bezahlt, bekommt er auch alle Rechte, das heißt zeitlich und räumlich unbegrenzt, weltweit und für alle denkbaren Verwertungsmöglichkeiten. Alle Einschränkungen, das heißt das Zurückbehalten von bestimmten Rechten, kosten Geld. Nun kann man im Rahmen der Kalkulationsverhandlungen ganz gut darüber reden, denn eine weitere Reduzierung der Produktionssumme (zum Beispiel weil „mehr nicht möglich ist") ist dann dadurch auszugleichen, daß man beispielsweise die nichtgewerblichen Rechte (das heißt für die nichtkommerzielle Nutzung, zum Beispiel für die politische Bildung) zurückbehält. Andere Möglichkeiten sind:

- Rechte für Neue Medien (Internet, Verwertung auf CD-ROM und so weiter)
- Auslandsrechte
- Videorechte.

Auch hier gilt das Prinzip: alles ist verhandelbar.

Auch die Beistellungen (siehe Seite 74 f.) sollten jetzt genau besprochen werden. Schließlich wird die Summe dann nochmals auf eine glatte Zahl abgerundet (immer zuungunsten des Produzenten!) und man hat – freudig und zufrieden oder etwas mißmutig – seine Produktionssumme vor Augen. Zum Schluß muß man die Zahlungsmodalitäten klären. Üblich ist eine Ratenzahlung, das heißt zum Beispiel: 50 Prozent der Vertragssumme sind fällig bei Vertragsunterzeichnung oder bei Drehbeginn, der Rest bei Ablieferung des fertigen Films. Oder es wird vereinbart:

33 Prozent bei Vertragsabschluß
33 Prozent bei Rohschnittabnahme
33 Prozent bei Ablieferung.

Oft kommt es aber auch vor, daß das ganze Verfahren so lange gedauert hat, daß sich eine Teilzahlung nicht mehr lohnen würde. Ich habe es auch schon mehrfach erlebt, daß sich das bürokratische Verfahren sogar so lange hingezogen hatte, daß die Sendung bei der Vertragsverhandlung bereits ausgestrahlt war.

Aber bei allen diesen Teilzahlungen kommt man um eines leider nicht herum: die Bankbürgschaft. Der Sender bekommt von der Bank eine Bürgschaft, daß sie gegebenenfalls die bereits gezahlte Summe an ihn zurückzahlt, wenn der Film aus irgendwelchen Gründen nicht zustande kommt. So trägt der Sender – ähnlich einer Behörde – kein Risiko. Wenn also irgend etwas passiert, das die Realisierung des Films unmöglich macht, trage ich als Unternehmer das alleinige Risiko.

Wenn ich die erste Rate haben will, muß ich daher als erstes mit meiner Bank einen sogenannten „Avalkredit" vereinbaren, damit diese Summe, für die die Bank jederzeit garantiert, gedeckt ist. Die Kosten hierfür kann ich nicht kalkulieren. Dies sei eben meine „Freiheit" als Produzent, sagte mir doch etwas hämisch vor einiger Zeit ein Produktionsleiter eines Senders.

Sicherlich ist es verständlich, wenn die Sender sich davor schützen wollen, daß ein unfähiger Produzent die erste Rate bekommt, nie einen Film zustande bringt und der Sender auf der bereits ausgezahlten ersten Rate sitzenbleibt. Aber muß das auch für Produzenten gelten, die bereits seit vielen Jahren erfolgreich mit dem Sender zusammenarbeiten? Es wäre ja auch eine Regelung denkbar, daß nach einer Anzahl von Jahren und realisierter Produktionen die Bürgschaft nur für 50 Prozent erbracht werden müßte oder sogar ganz darauf verzichtet werden könnte. Auch die Entwicklung einer solche Regelung wäre eine wichtige Aufgabe für den Produzentenverband VFFV (genaue Anschrift in Kapitel 37 „Einige wichtige Adressen").

Das Problem der freien Produzenten ist nämlich, je mehr Produktionen man umsetzt, das heißt um so besser mein Auftragsbestand ist, desto höher muß der Avalkreditrahmen sein. Das führt manchmal zu Problemen mit der Bank, die nicht verstehen kann, daß eine Bürgschaft bei einer Fernsehproduktion etwas anderes ist als beispielsweise bei einem Handelsunternehmen, das Ware einkauft. Während diese Ware erst noch verkauft werden muß, liegt hier ein abgeschlossener Produktionsvertrag vor, das heißt der Film ist bereits verkauft.

Es kommt sicherlich ab und zu vor, daß ein Film nicht realisiert wird, aber wirklich sehr selten. Im Durchschnitt liegt der Prozentsatz „geplatzter" Bürgschaften bei ca. einem Prozent. Sicherlich auch für einen Sender ein kalkulierbares Risiko.

Jetzt kennen wir also unsere Produktionssumme, unseren Festpreis. Alles andere danach ist mein Risiko als Produzent. Das betrifft vor allem die Anzahl der Drehtage.

Ein Beispiel: Hamburg, Mittwochmorgen, sieben Uhr. Letzter Drehtag für eine Reportage über die Seeschiffahrt. Heute brauchen wir noch Bilder von Containerschiffen, die die Elbe heraufkommen und den Hamburger Hafen anlaufen. Aber wir haben kein Glück. Seit zwei Stunden stehen wir an der Elbe und es ist so neblig, daß wir die andere Seite des Ufers nicht sehen können. Jetzt fängt es auch noch zu regnen an, und es wird von Minute zu Minute dunkler. Ein Anruf beim Wetteramt gibt uns die Bestätigung: es wird heute auch nichts mehr. Auch wenn es ungünstig ist, wir müssen die Dreharbeiten abbrechen und nächste Woche noch einmal hierher kommen. Wir setzen uns in das Restaurant am Ufer, trinken einen Kaffee und fahren zurück nach Köln. Dies war mein Risiko, denn die Auftragsproduktion hat einen Festpreis. Ob ich mit den kalkulierten Drehtagen oder den anderen Kalkulationsposten auskomme, oder nicht, ist meine Sache. Und das schließt das Risiko ein, daß ich beispielsweise wetterbedingt einen Tag verliere. Auf der anderen Seite ist es auch meine Sache, wenn ich durch geschickte Disposition weniger Tage brauche. Hierbei spielen Erfahrung, Berufswissen und Glück sicherlich eine wichtige Rolle. Bei manchen Filmen weiß man vorher, daß der zur Verfügung stehende Etat sehr knapp bemessen ist und es durchaus vorkommen kann, daß nur sehr wenig Gewinn übrigbleibt. Dafür gibt es wiederum Produktionen bei denen man mehr sparen kann, und so gleicht sich das Ganze am Ende wieder aus.

Neuerdings aber versucht der SWR anscheinend, eine neue Regelung einzuführen. So findet sich im Standard-Produktionsvertrag dieses Senders folgender Paragraph:

§ 11.2

„Der SWR ist jederzeit berechtigt, die tatsächlichen Herstellungskosten der Produktion zu überprüfen. Der Vertragspartner wird dem SWR auf Verlangen über alle mit der Produktion zusammenhängenden Vorgänge und Verträge und Verpflichtungen Auskunft erteilen und Rechnung legen ... für den Fall der Unterschreitung der Kostenkalkulation aus Anlaß der konkreten Produktion um mehr als 10 Prozent kann das ... festgelegte Entgelt entsprechend durch den SWR gekürzt werden." (SWR-Vertrag zur Produktion „Tante Emma auf Rädern".)

Eine unfaire, einseitige Verlagerung des Risikos, denn es fehlt meiner Meinung nach die entsprechende Regelung auf der anderen Seite, nach der der Produktionsetat auch um zehn Prozent erhöht werden kann, wenn die Kosten um mehr als zehn Prozent überschritten werden.[3] Daß ein Sender eine solche Regelung diktiert, macht seine Machtposition deutlich. Aber solange die freien Produzenten nicht gemeinsam gegen solche Regelungen vorgehen und sich mehr als Konkurrenten verstehen, kann der Sender leicht jeden gegen jeden ausspielen. Dies ist meines Erachtens keine faire Vorgehensweise. Entweder man einigt sich auf einen Festpreis, der dann auch gilt, oder man vereinbart eventuelle Änderungen bei Unterschreitung, dann aber bitte auch bei einer Überschreitung der Kosten.

---

3 In einem Gutachten, das Teilnehmer des Kurses „Medienrecht" beim „Mibeg-Institut" Köln für mich zu diesem Thema erstellt haben, wird festgestellt: *„§ 9 SWR-Vertrag spricht von einer Gesamtvergütung für die Leistung des Vertragspartners (Lighthouse-Film Köln). Mit der Klausel in § 11 des Vertrages wird eine Minderung dieser Vergütung bezweckt für den Fall der Unterschreitung der Kostenkalkulation. Dadurch wird der vereinbarte Festpreis wieder ausgehöhlt.* (Und zwar einseitig zugunsten des Senders! Michael Schomers) *Dies spricht für eine Unwirksamkeit der Klausel... Da die Parteien sich aber letztlich auf eine Gesamtvergütung geeinigt haben, erscheint es gerechtfertigt, daß sie auch daran festhalten." (Claudia Engler)*

8   Drehplan/Drehbuch/Treatment

Beim Spielfilm beginnt jetzt die Arbeit am Drehbuch, in dem genau festgelegt wird, wie der Film aussehen soll. Nun hat man zwar der Redaktion schon ein Exposé gegeben, durch das auch bereits gewisse Festlegungen für die filmische Umsetzung getroffen sind. Aber jetzt müssen die allgemeinen Zusagen (im Prinzip ist es möglich, dieses oder jenes zu drehen) konkretisiert werden. Die weitere Recherche ist nötig.

Im Exposé steht zum Beispiel: „Wir wollen Hilfsorganisationen in Ruanda besuchen, um dort vor Ort zu sehen, wie diese arbeiten." Oder: „Wir werden verschiedene Busreisen und Billigangebote dokumentieren", oder: „Roter Faden des Films ist die Reise eines Tankers; wir werden den Alltag an Bord dokumentieren". Nun also muß das, was man im Exposé versprochen hat, realisiert werden.

„Wir wollen im Auftrag des XY-Senders einen Film machen über ..." – es geht um Stellungnahmen und die konkrete Organisation. Dazu gehören vor allem auch die Zugänge zum Drehen: also, wo dürfen wir mit der Kamera erscheinen und was darf gedreht werden? Man muß erklären, was man vorhat, wie der Film oder der Filmteil aussehen soll, wie viel Zeit man voraussichtlich brauchen wird und vieles mehr.

Dazu gehören auch die ersten Vorgespräche mit den involvierten Personen und Organisationen für Interviews. Hier ist Vorsicht geboten: Man sollte nicht zuviel vorher besprechen, damit nicht „die Luft raus" ist. Spätestens jetzt wird der Unterschied zwischen investigativen Recherchen und „normalen" Projekten sehr bedeutend. Bei einem Projekt, in dem ich irgendwo „Mißstände aufdecke", werde ich diese Absicht nicht im Vorgespräch offenlegen, sondern mich mit allgemeinen Hinweisen/Aussagen begnügen.

Bei den Recherchen zu meinem Film „Gesucht wird ... Russisch Roulette auf See" (ARD, 1993) wurde mir bald bewußt, daß im Mittelpunkt eines

Films über Sicherheit auf den Öltankern das Thema „Ausflaggung" stehen muß. Ausflaggung bedeutet, daß die Schiffe unter der Fahne eines Billiglohnlandes fahren. Und das hat für den Reeder die Folge, daß er Seeleute zu deren Heimatlöhnen anheuern darf und die deutschen Arbeitsgesetze und Sicherheitsstandards nicht mehr gelten. Der „rote Faden" des Films sollte die Fahrt mit einem Öltanker sein. Nach einiger Recherchearbeit wurde deutlich, daß es am besten wäre, wenn wir auf einem Tanker der Reederei Büttner in Bremen mitfahren könnten, und zwar aus mehreren Gründen:

1. Die Reederei Büttner ist eine der wenigen deutschen Reedereien, die noch Öltanker besitzen.

2. Sie hatte vor wenigen Jahren in das sogenannte „Zweitregister" ausgeflaggt; das heißt die Schiffe fahren zwar noch unter deutscher Flagge, es gelten aber nicht mehr die deutschen Standards. So beschäftigt sie ausländische Besatzungsmitglieder zu deren Heimatlöhnen.

3. Büttner war sehr stolz auf seine hochmodernen Schiffe mit der sogenannten „Doppelhülle", die nach jedem Schiffsunglück als das „Nonplusultra" der Sicherheit gepriesen wird.

Ich führte also Gespräche mit der Reederei und bekam die Zusage, daß wir mitfahren dürften. In den Vorgesprächen hatte ich nur erzählt, daß wir eine Reportage über die Sicherheit auf den Öltankern machen wollten und uns das Thema „Doppelhüllentanker" sehr interessieren würde. Durch Presseveröffentlichungen sei ich auf die Reederei aufmerksam geworden und wir würden gerne auf einem ihrer Tanker mitfahren. Der Reeder reagierte sehr erfreut auf meine Anfrage, weil er darin eine Chance für seine Reederei sah. Daß ich ebenfalls sehr am Thema „Ausflaggung" interessiert war, hatte ich natürlich nicht erwähnt. Das hat er erst bei der Ausstrahlung des Films gemerkt. (Mehr dazu im Kapitel 19 „Interviews oder: ‚Der Lottogewinner'".)

Die Frage, die in diesem Stadium der Vorbereitung immer häufiger auftaucht, ist: „Was passiert denn da und dort, was kann man sehen, was machen sie ganz konkret?"

Man kann oft vorher nicht wissen, was an dem Tag, an dem man drehen will, passieren wird; aber vieles kann man doch absprechen. Wir wollten zum Beispiel für den Film „Hilfe ohne Ende?" ein Hilfsprojekt der „Deutschen Welthungerhilfe" im Osten Ruandas besuchen und zeigen, was die deutschen Helfer dort machen. In Gesprächen mit dem Pressesprecher und einem Mitarbeiter, der gerade aus Ruanda kam, hatte ich schon einige Informationen über das Projekt gesammelt. Aber die konkreten Absprachen mußten wir mit dem Verantwortlichen vor Ort treffen. Also gingen etliche Faxe hin und her, die im wesentlichen die Terminabsprache betrafen: „Ja, wir werden am Dienstag, den ... kommen und zwei Tage bleiben." Das war alles.

Nun wußte ich zwar, daß die Welthungerhilfe ein Projekt macht, kannte die Kosten und hatte erfahren, daß dort Lebensmittel, Saatgut und Handwerkszeug an Gemeinden in einem Bezirk im Osten des Landes verteilt werden. Außerdem war klar, daß wir an den festgelegten zwei Tagen diesen Bezirk und das Welthungerhilfe-Projekt besuchen werden; mehr aber noch nicht. In diesem Fall ist es auch besser, die konkreten Absprachen mit dem Verantwortlichen erst vor Ort, dann aber möglichst frühzeitig, zu treffen. An einem der ersten Abende nach unserer Ankunft in Kigali saßen wir mit dem Verantwortlichen zusammen, und er erzählte uns, was in dem Bezirk vor sich ging, daß sie Saatgut und Hacken verteilten. Ich stellte genauere Fragen: Wann und wie passiert das, wieviel Menschen leben dort, wie sieht das konkret aus? Dabei stellte sich heraus, daß der ursprünglich geplante Termin für unseren Besuch äußerst ungünstig war, weil aus irgendeinem Grund an diesen beiden Tagen keine Verteilungen stattfinden würden. Also wäre auch für uns nichts zu sehen gewesen. So mußten wir den Termin verschieben, wodurch die gesamte Planung geändert wurde. Nebenbei erfuhr ich im Gespräch, daß die Hacken, die sie verteilt hatten, nicht – wie sonst üblich – irgendwo von einer Fabrik gekauft worden waren, sondern von einer Schmiedekooperative hergestellt wurden, die damit auch Arbeit bekommen hatte. „Prima, können wir zu der Schmiedekooperative hinfahren und das filmen?" Ja, das ginge, auch wieder mit einigem organisatorischen Aufwand und Terminverschiebungen. Doch die Chance auf schöne Bilder und eine interessante Geschichte, an der wir das Thema „angepaßte Hilfe" sehr gut deutlich machen könnten, war groß.

Aber es ist nicht immer so, daß man eine ungefähre Ahnung davon hat, was passieren wird und man sich entsprechend vorbereiten kann. Zum Beispiel bei Kontrollen der Polizei auf der Autobahn oder der Tätigkeit der Lotsen auf dem Nord-Ostseekanal kann so etwas der Fall sein. Man weiß nicht, welche Schiffe kommen und ob man auf den Schiffen drehen darf. Das kann einem auch keiner vorher sagen. Da hilft nur Glück.

Aber es ist bei jedem Dreh so: Man hat immer einmal Pech, irgend etwas klappt nicht; eine Geschichte, von der man schönes erwartet hatte, stellt sich als langweilig heraus. Dann „lacht plötzlich wieder das Reporterglück" und man findet eine interessante Geschichte mit wunderschönen Bildern, einem hervorragenden O-Ton und ist hocherfreut.

Als wir im Herbst 2000 die norwegische Bohrinsel „Gullfaks A" besuchten, konnten wir auch mit dem Aufzug 140 Meter tief bis kurz über den Meeresboden herunterfahren. Und da gab es eine Überraschung; man zeigte uns die teuerste Toilette der Welt, denn, so der Sicherheitsoffizier Jan-Erik: „Alles was hier hineinkommt, muß erst 140 Meter hochgepumpt werden, bevor es entsorgt werden kann". Eine nette kleine Geschichte für unsere Reportage, auf die man vorher auch durch intensive Vorbereitung kaum aufmerksam geworden wäre. Für diejenigen, die auf so einer Bohrinsel arbeiten, sind das Kleinigkeiten in ihrem Alltag, deren Besonderheit sie gar nicht mehr bemerken.

Konkrete Absprachen der Dreharbeiten, gerade bei Auslandsprojekten, brauchen oft viel Zeit und immer wieder neue Gespräche, bis alles so gut wie möglich vorbereitet ist. Mit diesen Drehvorbereitungen entstehen auch nach und nach Drehplan und Disposition.

Drehplan

In der Regel gibt es bei Dokumentationen und Reportagen kein Drehbuch. Ausnahmen bestätigen die Regel, denn manchmal dient ein solches Drehbuch dazu, dem Redakteur zu vermitteln, wie der Film aussehen „könnte", wenn das Material in der angestrebten Form gedreht werden kann. Manche Kollegen arbeiten anders und schreiben ein richtiges Drehbuch.

Politische Morde

(Prod. Nr. 730 39 79)

Drehbuch (2. Fassung)

Nachtflug in den Tod

Endgültige Kameramotive und Kamerabewegungen bleiben den Bedingungen vor Ort überlassen.	*Statements geben nur den Tenor der Recherchen wieder; Änderungen im Drehprozeß sind die Regel.*
(Schnell aufblenden)	*(Schnell aufblenden)*
DOK AIRPORT LEOPOLDVILLE 17.9.1961	AUSSEN/TAG

Anfänglich Farbe. Nach ca. 15 sec. Schwarz-Weiß.
Das originale 8mm-Bild wieder auf 8mm-Format stauchen und beidseitig mit Perforationslöchern versehen, so daß links und rechts schwarze Balken erscheinen. Leichte Slow Motion.

1. Total. Fahrt über eine Staubstraße in Flughafennähe.	*Kein Original-Ton, sondern starkes Laufgeräusch eines 8mm-Projektors mit schwankenden Frequenzen.*
2. Total. Tower des Flughafens Léopoldville. Untertiteln:	

Léopoldville Airport

Mit Einstellungsende ausblenden.

2. Total bis Halbtotal. Dag Hammarskjöld kommt zur Gangway und begrüßt einen technischen Mitarbeiter.	*8-mm-Projektor bleibt.*
3. Total. Flugpersonal betankt die DC 6.	*Weiterhin kein Original-Ton, sondern starkes Laufgeräusch eines 8mm-Projektors mit schwankenden Frequenzen.*
4. Total bis Halbtotal. Dag Hammarskjöld besteigt die Gangway.	

Abbildung 1: Beispiel aus einem fiktiven „Drehbuch" für einen Dokumentarfilm: Ein Auszug aus dem Drehbuch (3. Fassung) eines Films von Hans-Rüdiger Minow: Dag Hammarskjöld aus der Reihe: „Politische Morde" (WDR/ARD, 2000)

2. Groß.
Bildfüllend das Radargerät mit einem umlaufenden Peilstreifen.

3. Total.
Versetzfahrt mit Vordergrundbewegung und Blick auf das jetzt leere Rollfeld.

4. Halbtotal bis Sehr Groß.
Eine Hand greift nach einem Mikro und führt es in Sprechhöhe. Man sieht die Mundbewegungen, aber nicht die Physiognomie.

Statement Botschafter Sture Linnér
(Schwedischer Ex-Diplomat in
Léopoldville) Over-Voice, off:

„Die Maschine startete an diesem 17.
September um 17 Uhr 55 Ortszeit,
kurz vor Einbruch der Dunkelheit. Sie
war der UN von einer schwedischen
Fluggesellschaft zur Verfügung
gestellt worden, praktisch neuwertig.
An Bord befanden sich 16 Personen,
eine sehr erfahrene schwedische
Crew und 10 Passagiere - neben Dag
Hammarskjöld seine Sekretarin, ein
politischer Berater sowie mehrere
Leibwachen... Soweit ich mich
erinnern kann, sah Hammarskjöld an
diesem Tag nicht überarbeiteter aus
als sonst, aber die Lage in Belgisch -
Kongo war sehr kritisch und ich
glaube...

Musikalische Akzente stärker.

Motorengeräusche bleiben.

(Sequenzzeit: 00`40``)

(Gesamtzeit: 02`10``)

BILD 3 SD **VIBRIEREND** IN COCKPIT & LONGUE AUSSEN/TAG

1. Total bis Groß. Fahrt.
Zentralposition hinter den Piloten der DC 6. Jemand reicht einen Zettel in Richtung Passagierbereich, der von einer Frauenhand entgegengenommen wird. Mit der Bewegung dieser nicht erkennbaren Person das Cockpit verlassen, durch einen Trennvorhang fahren und den Passagierbereich erreichen. Die Rückwärtsfahrt durch den Mittelgang langsam fortsetzen. Sich kreuzende Bewegungen weniger Passagiere, von denen man nur ihre Beine sieht, dahinter Sitze der DC 6, teils besetzt, teils leer. Die Frau nimmt schnell Platz und schnallt sich an. Die Rückfahrt wird fortgesetzt. Die Kamera blickt in die nächst hintere Reihe, in der ein Mann zu sitzen scheint. Erneute Vordergrundbewegung. Jemand verdeckt die Linse.

Fortsetzung Botschafter Sture Linnér
(Schwedischer Ex-Diplomat in
Léopoldville) Over-Voice, off:

„...seine Kräfte waren enorm
angespannt..."

Fortsetzung der Lotsenanweisungen
über Bordfunk. Starkes
Motorengeräusch, gegen das sich die
Stimmen nur schwer durchsetzen..

5. Groß.
Ransprung. Weitere Vordergrundbewegung, die jetzt das Bild freigibt. Man sieht die Hände des Mannes, der in einer Kladde schreibt.

Für einen Augenblick nur das Motorengeräusch der offenbar anrollenden Maschine, unmittelbar nach der Pause

Eine brüchige männliche Stimme leise und langsam lesend, off:

7. Sehr Groß.
Erneuter Ransprung, so daß ein Ausschnitt der bildfüllenden Schriftzüge zu erkennen ist, während die in der Unschärfe befindliche Hand darüber hinwegeilt. Tagebucheintragung Hammarskjöld vom 6.7.1961.

„Müde und einsam. Müde bis der Verstand schmerzt. Taub die Finger bebend die Knie... Jetzt gilt es, jetzt darfst du nicht versagen..."

(Sequenzzeit: 01´15´´)

(Gesamtzeit: 03´25´´)

BILD 4 SD   AIRPORT/DC BEI START   AUSSEN/TAG

1. Groß bis Halbtotal.
Ein verhangenes Fenster der DC 6, das mit der Maschine aus dem Bild rollt.

Heftiger Musikeinsatz.

2. Total.
Stark untersichtig. Kamera liegt auf der Piste und blickt auf den dunklen Flugzeugkörper, der über ihr langsam zum Start rollt.

Während das übrige Bild s-w bleibt, schnell farbig einblenden:
Nachtflug in den Tod

Farbigen Titel mit Bildwechsel schnell ausblenden.

(Sequenzzeit: 00´30´´)

(Gesamtzeit: 03´55´´)

DOK   AIRPORT LEOPOLDVILLE 17.9.1961   AUSSEN/TAG

1. Total.
Dok-Realfilm s-w : Start der Maschine mit Dag Hammarskjöld.

Musik hängt über. Original Flughafen-Atmo setzt sich durch.

Sicherlich kann man darüber diskutieren, ob eine solch starke Inszenierung denn überhaupt noch dokumentarisch ist. Aber unabhängig
davon braucht man beim dokumentarischen Arbeiten eine Grundlage,
Drehplan oder Treatment, in dem das Thema filmisch, bildlich umge-
setzt wird, in welchem eine erste Fassung des Films auf dem Papier entsteht. Man sucht nach Geschichten und Bildern, die das ausdrücken, was
man dem Zuschauer vermitteln will. Dies ist die erste Stufe: im Kopf des
Autors entstehen die Bilder, entsteht der Film.

In meiner ersten Ideensammlung zum Film „Schneller, weiter, höher –
Alptraum Verkehr" (siehe Seite 30ff., Kapitel 3: „Auf der Suche nach Informationen – die ‚Basisermittlungen'") hatte ich in der ersten Aufstel-
lung neben vielen Stichworten unter dem Punkt „Bilder/Dreh" 48 möglicherweise interessante Punkte aufgeführt. Das war viel zu viel, und ich
mußte das Thema noch erheblich eingrenzen; aber es gab mir eine erste Orientierung und Vorstellung, wie der Film aussehen könnte.

9 Jetzt in die vollen – Drehvorbereitung und Disposition

Bei den konkreten Drehvorbereitungen gibt es einen sehr großen Unterschied zwischen Inlands- und Auslandsproduktionen. Eine Produktion im Ausland ist naturgemäß weitaus aufwendiger und komplizierter von Deutschland aus zu organisieren. Besonders dann, wenn man noch nie in dem Land oder der Region war.

Nachfolgend werde ich die Drehvorbereitungen anhand eines Auslandsprojekts darstellen. Manche Punkte sind bei einem kleineren Dreh in Deutschland überflüssig, manches kann aber vielleicht doch generell bei den Vorbereitungen helfen. Mit „Ausland" meine ich hier die Dreharbeiten auf einem anderen Kontinent, zum Beispiel Afrika oder Asien. Dreharbeiten im europäischen Ausland (jedenfalls in Westeuropa) gehören zum Alltag und sind in der Regel genauso einfach wie in Deutschland.

Der wesentliche Unterschied auf einem anderen Kontinent: Man dreht „an einem Stück", das heißt man ist für einen bestimmten Zeitraum im Land (zwei, drei oder vier Wochen). Alles was nicht während dieser Zeit passiert, findet sich auch im Film nicht wieder. Im Prinzip ist daher kaum etwas wiederholbar und nur in ganz besonderen Fällen eventuell durch einen Nachdreh zu einem späteren Zeitpunkt zu ergänzen.

Zunächst sollte man nach Möglichkeit mit Kollegen sprechen, die dort bereits vor nicht allzu langer Zeit gearbeitet haben. So kann man sich einige Wege sparen und bekommt Tips, die hilfreich sein können.

Vor den ersten Gesprächen sollte ein grober Zeitrahmen, in dem man drehen will, festgesetzt sein, damit man sofort mit den Gesprächspartnern darüber reden kann, ob es im Prinzip in dieser Zeit möglich ist, das Projekt durchzuführen oder was eventuell dagegen spricht. Unter Umständen stellt sich heraus, daß ein späterer oder früherer Zeitpunkt weitaus günstiger ist.

Während dieser Vorbereitungen recherchiert man gleichzeitig weiter, knüpft neue Kontakte, bekommt neue Informationen, die auch die Planung immer wieder beeinflussen. Vielleicht ist ein neues Projekt einer Hilfsorganisation, von dem ich gerade erfahren habe, viel interessanter als das, welches wir ursprünglich besuchen wollten. Es ergeben sich also immer wieder Veränderungen, immer wieder neue Planungen.

Sehr wichtig ist es, sich vom Redakteur eine schriftliche Bestätigung geben zu lassen (je nach Land in Englisch oder Französisch), daß man im Auftrag des Senders XY tätig ist.

„Andere Länder – andere Sitten"

Hier möchte ich nun die – bei Dreharbeiten im Ausland – wichtigen Punkte erläutern, die geklärt werden müssen. Die folgende Liste ist sicherlich nicht vollständig und muß nach den eigenen Anforderungen und Besonderheiten der jeweiligen Dreharbeiten ergänzt oder verändert werden.

- *Wie komme ich zu meinem Ziel?* Als erstes gilt es, Flüge, Zeitpunkt und Preis zu klären und dann zu reservieren. Die konkreten Buchungen sollte man wegen eventueller Veränderungen am besten möglichst spät vornehmen. Für manche Buchungen muß aber eine bestimmte Frist eingehalten werden, damit man einen günstigen Preis bekommt. Man sollte sich nach Möglichkeit auf Linienflüge konzentrieren, die sich umbuchen lassen, und sich auch rechtzeitig nach den Umbuchungskosten erkundigen. Man weiß nie, was passieren wird. Ich habe dafür das „Reisebüro meines Vertrauens", das bei allen diesen Organisationsaufgaben sehr hilfreich und kompetent ist.

- *Übergepäck:* Das ist leider mittlerweile ein größeres Problem. Früher konnte man davon ausgehen, daß nach einem kurzen Kontakt mit der Pressestelle der Fluggesellschaft das Equipment ohne weitere Kosten transportiert wurde. Inzwischen sind ständig so viele Fernsehteams mit großem Equipment unterwegs und fragen bei den Fluggesellschaften wegen Übergepäcks an, so daß viele nicht mehr so großzügig sind. Man sollte aber trotzdem auf jeden Fall mit der Pressestelle der Fluggesellschaft Kontakt aufnehmen und nachfragen. Denn diese hilft – wenn irgendwie möglich – in der Regel gerne, und der Transport von Übergepäck ohne Mehrkosten ist dann oft doch

WDR

Bildung und
Gesellschaft

Ihr Zeichen	☎ Durchwahl 38 02	
Unser Zeichen Sr	🖷 Durchwahl 38 00	Datum 12.6.95

Westdeutscher
Rundfunk Köln
Anstalt des öffentlichen Rechts

Appellhofplatz 1
50667 Köln
Postanschrift
50600 Köln

Tel (02 21) 2 20 · 1
Telegramme WDR Köln
Fax (02 21) 2 20 48 00
Telex 8 882 575

To whom it may concern

We confirm, that Lighthouse-Film, Michael Schomers, is producing a tv-documentary about the Yukon-territory and Alaska and the goldrush in behalf of the German Television (TRAUMZIELE/ERLEBNISREISEN: Yukon-Alaska)

We kindly ask you to give Mr. Schomers and his crew all your help and assistance.

Sincerely,

Gesetzlicher Vertreter des
Westdeutschen Rundfunks
Köln ist der Intendant.
Der Westdeutsche Rundfunk
Köln kann auch von zwei vom
Intendanten bevollmächtigten
Personen vertreten werden.
Auskunfte über den Umfang
der Vollmachten erteilt der
Justitiar des Westdeutschen
Rundfunks Köln.

Abbildung 2: Bescheinigung vom WDR

möglich. Sonst kann das richtig teuer werden, denn Übergepäck kostet im Regelfall ein Prozent des Betrags für ein Erste-Klasse-Ticket. Bei einem Flug habe ich schon 600 bis 1.000 US-Dollar für Übergepäck bezahlen müssen.

- Auf jeden Fall sollte man – gerade in Krisengebieten – auch *Kontakt mit der Deutschen Botschaft im Land* aufnehmen, das Vorhaben erklären und darüber informieren, wie lange man im Land bleiben wird. Durch solche Gespräche habe ich viele Tips und Kontakte bekommen. Sollte man bei der Einreise eventuell Schwierigkeiten mit dem Equipment erwarten, ist es immer gut, wenn man am Flughafen auch von einem Botschaftsangehörigen erwartet wird, der bei Problemen vielleicht helfen kann. Manchmal wirkt bereits dessen Anwesenheit Wunder. Wenn man vor Ort etwas Zeit hat, ist auch ein Treffen mit dem Botschafter oder einem seiner Mitarbeiter sinnvoll. Ein Hintergrundgespräch liefert zumindest die neuesten Informationen über die politische Lage im Land.

- Auch das *ARD oder ZDF-Studio in der Region* kann man anrufen und sich zum Beispiel über Drehgenehmigung, Akkreditierung, Visum und die weitere Bürokratie informieren.

- *Bürokratie:* Je nach Land gibt es mehr oder weniger aufwendige bürokratische Verfahren. Auskunft darüber sollte man möglichst frühzeitig bei der jeweiligen Botschaft erfragen. Von dort bekommt man Anträge für die Visa und weitere Informationen für das gesamte Verfahren.

- *Impfungen:* Frühzeitig klären, welche Impfungen für die jeweiligen Länder vorgeschrieben sind. Eventuell sollte man auch vorher mit einem Tropenarzt über die gesundheitliche Vorsorge reden. Es ist nur selten sinnvoll, seinen Hausarzt nach einer Malariaprophylaxe zu fragen, da dieser damit in der Regel keinerlei Erfahrung hat und zu Mitteln raten könnte, von denen erfahrene Tropenmediziner abraten. Eine gute Informationsmöglichkeit in diesem Zusammenhang sind die vor Ort arbeitenden Hilfsorganisationen, beziehungsweise die medizinischen Helfer, die sich im Land auskennen (Pressestelle der Hilfsorganisation anrufen).

- *Die Einfuhr des Equipments* ist oft ein Problem, weil die Behörden einen Weiterverkauf im Land befürchten, und diese Angst – ist sie nun berechtigt oder nicht – macht es schwierig. Innerhalb der Europäischen Union darf jegliches „Arbeitsmaterial" frei ein- und ausgeführt werden, das heißt es sind keinerlei Papiere erforderlich. In der Regel wissen das die Zollbeamten auch, aber ich habe auch schon Diskussionen mit Zöllnern erlebt, die davon nichts wußten. Soll die Reise in ein Land außerhalb Europas gehen, ist es am besten, das nächste Hauptzollamt anzurufen. Ist ein Carnet erforderlich, muß man eine komplette Liste des Equipments vorlegen, manchmal sogar das Equipment selbst beim Zoll vorführen, um zu beweisen, daß es wirklich existiert. Der Sinn dieser Vorschrift ist mir allerdings noch nicht klar geworden. Aus welchem Grund sollte jemand auf einem Carnet Geräte auflisten, die es nicht gibt? Außerdem muß man sehr darauf achten, daß das Carnet bei der Ein- und besonders bei der Ausreise im Land abgestempelt wird. Zu klären ist ebenfalls, ob und unter welchen Bedingungen man das Equipment einführen darf. Manchmal werden, zum Teil sehr hohe, Kautionen verlangt. Vorsicht ist geboten, denn es kommt auch vor, daß man an drei verschiedenen Stellen fünf verschiedene Auskünfte bekommt. In Nepal ist es mir bis zum Schluß nicht gelungen, exakt zu klären, ob man nun Equipment ins Land bringen kann oder nicht – und wenn, zu welchen Bedingungen. Es existierten die wildesten Gerüchte: 10.000 US-Dollar Kaution, die man nur in nepalesischer Währung zurückbekommen würde; von geheimen Wegen, auf denen man, durch einen entsprechenden einheimischen Kontakt, das Equipment ohne Schwierigkeiten ins Land bringen könne und so weiter. Das Problem erübrigte sich, als wir beschlossen, das Equipment im Land zu mieten. Leider erwies sich das sehr preiswerte Equipment auch als sehr marode, denn es funktionierte schon am dritten Tag nicht mehr. (Das ist aber wohl nicht im ganzen Land so, denn ein WDR-Kollege hatte mehr Glück; er mietete zum gleichen Preis ein Equipment, das zufriedenstellend funktionierte.)

• *Akkreditierung, Drehgenehmigungen:* Bei der Botschaft – eventuell auch bei der deutschen Botschaft im Land – kann man sich auch über die Frage der Akkreditierung sowie eventuell benötigte Drehgenehmigungen (Sperrzonen, Nationalparks und so weiter) informieren. In vielen Ländern ist eine offizielle Akkreditierung notwendig. Das bedeutet, daß das gesamte Team nach der Ankunft beim Informationsministerium/Presseamt o.ä. erscheinen muß. Dort werden dann die entsprechenden Formulare ausgefüllt (meistens benötigt man von jedem Teammitglied ein oder zwei Paßbilder) und die fällige Gebühr bezahlt. Wonach sich die Höhe der Gebühren richtet, ist unklar (vielleicht nach der aktuellen Lage des Staatshaushaltes) – auf jeden Fall sind sie oft ziemlich hoch.

Abbildung 3: Akkreditierung von Ruanda

- *Unterstützung und Zusammenarbeit mit örtlichen Kräften* sollten genau abgesprochen und mit den Beteiligten am besten schriftlich per Fax festgelegt werden. Interviewpartner und Protagonisten sollte man frühzeitig kontaktieren. Sie müssen nicht nur ziemlich genau wissen, was man von ihnen will, sondern auch den ungefähren Zeitplan und die Länge der Dreharbeiten kennen. Wenn man das Umfeld der Menschen zeigen will, sollte man darüber zuvor mit ihnen sprechen, damit es später keine Überraschungen gibt. Dadurch ist auszuschließen, daß sich die Protagonisten überfallen fühlen.

- Am besten ist es, wenn man einen „Helfer vor Ort" hat, das heißt einen *Aufnahmeleiter: „location manager"*. Dieser ist wirklich Gold, das heißt Geld, wert. (Das „Loblied" auf den Aufnahmeleiter folgt im Kapitel 12 „Wer macht was? – Aufgabenverteilung im Team".)

- *Mietwagen:* Oft braucht man vor Ort einen Mietwagen. Diese sind aber in vielen Ländern Mangelware und deshalb oft sehr teuer. In Afrika ist ein Geländewagen (und den braucht man oft) nicht unter 150 bis 200 US-Dollar zu bekommen. Vor allem sollte man vorher klären, ob und wo man einen Wagen bekommen kann. Eine wichtige Frage: braucht man einen Fahrer oder nicht? Bei der Beantwortung dieser Frage geht es weniger um den Aspekt der Bequemlichkeit, sondern mehr um die Sicherheit. Grundregel: je schwieriger die Situation im Land, desto wichtiger ein einheimischer Fahrer, der nach Möglichkeit ein wenig Englisch sprechen können sollte. Am besten wäre es, wenn er gleichzeitig als Dolmetscher fungieren könnte. Aber es geht hier nicht nur um die Sprache. Ein einheimischer Fahrer kennt das Land, kann vor allem im Gegensatz zu uns Fremden Situationen richtig einschätzen, weiß, ob man bei Schwierigkeiten (zum Beispiel an Straßensperren) durch lauteres Reden etwas erreichen kann oder ob es so gefährlich ist, daß man sich lieber ganz ruhig verhalten sollte. Und wenn wirklich einmal etwas passiert – ein Autounfall oder ähnliches – ist es ebenfalls besser, wenn ein Einheimischer gefahren ist, der mit den Gegebenheiten im Land vertraut ist.

- *Unterkunft:* Man sollte ebenfalls frühzeitig klären, in welchem Hotel man übernachten wird und dort Zimmer reservieren. Um vor unliebsamen Überraschungen sicher zu sein, empfiehlt es sich auch hier, die Reservierung per Fax bestätigen zu lassen.

- *Stromversorgung:* Ein Punkt, der in manchen Ländern wirklich zu einem großen Problem werden kann: Ohne Strom funktioniert gar nichts. Wir brauchen eine ununterbrochene Stromversorgung – vor allem in der Nacht –, damit wir die Akkus (für die Kamera etc.) wieder aufladen können. Damit hängt auch die Wahl des Hotels zusammen. Wir waren schon des öfteren gezwungen, nicht ein preiswertes, akzeptables Mittelklassehotel zu nehmen, sondern im besten Haus am Platz zu übernachten, weil es der einzige Ort in der ganzen Stadt war, wo die ganze Nacht über (mit hoteleigenem Generator) die Stromversorgung gewährleistet war. Diese Frage sollte man vorher genau prüfen und eventuell einen Generator oder sonnenbetriebene Lade-geräte mieten (Vorsicht: die sind sehr schwer!). Die regelmäßige Stromversorgung zu gewährleisten ist ein Problem, das auch ein Ge-nerator nicht immer löst. Bei unserer fünftägigen Floßfahrt auf dem Yukon (auf den Spuren der Goldsucher) hatten wir selbstverständlich einen Generator dabei. Es stellte sich nur die Frage, wann wir denn die Akkus laden sollten. Nachts schliefen wir in unseren kleinen Zel-ten irgendwo am Ufer (nachdem wir uns jedesmal vorher genau ver-sichert hatten, daß der Platz „bärenfrei" war). Aber es war undenkbar, während der Nacht den Generator laufen zu lassen. Mitten in der ab-soluten Stille der Wildnis? Nach einigem Hin und Her beschlossen wir, den Generator tagsüber auf dem Floß laufen zu lassen, um dann jeweils einen Teil der Akkus aufladen zu können. Denn das Floß hat-te sowieso einen Motor, wodurch das Generatorgeräusch nicht mehr so auffiel.

• *Zeitplanung*: Bei den ersten Planungen sollte man genau darauf ach-ten, daß die zeitlichen Vorgaben vor Ort auch fachgerecht für die Dreharbeiten sind. Als wir durch Alaska reisten, stellte sich heraus, daß die Reiseplanung, die das Alaska-Filmbüro für uns gemacht hat-te, völlig unrealistisch war; – angeblich ist das Büro mit genau sol-chen Organisationsaufgaben oft befaßt und müßte daher über ent-sprechende Erfahrung verfügen. Für eine Strecke von 800 km war ei-ne Zeit von gerade einmal acht Stunden eingeplant: eine völlig un-realistische Zeitplanung für Dreharbeiten. Gerade das Drehen von Landschaftsaufnahmen während solcher Fahrten ist ziemlich zeit-aufwendig. Der Ablauf ist immer der gleiche: jemand sieht ein Land-schaftspanorama, ein Bild, von dem dann alle meinen, daß es sich lohnen würde, hier zu drehen. Der Fahrer hält am Straßenrand und alle steigen aus. Während Kameramann und Autor den Standort für das beste Bild suchen, holt der Tonkollege Kamera, Recorder und Sta-tiv aus dem Wagen, sortiert die Akkus und Kassetten. „O.k., wir kön-nen!" Nun hat der Kameramann den optimalen Standort gefunden, der nun aber auch ein paar hundert Meter weiter entfernt liegen kann (oder ein paar Minuten den steilen Abhang hinauf) oder sonst eine Anstrengung bedeutet. Aber für das beste Bild nehmen wir alles in Kauf. Also tragen wir das schwere Equipment den Berg hoch oder einen halben Kilometer vom Straßenrand entfernt durch die Gegend. Mit professionellem Blick richtet der Kameramann die Kamera ein und dann kann es losgehen. Wenn nicht der Tonkollege gerade in diesem Augenblick feststellt, daß die Kassette voll oder der Akku leer ist. Schließlich läuft die Kamera, alle Beteiligten verhalten sich ruhig, damit die eindrucksvolle Natur- „Atmo" (der Ton) nicht durch Schnaufen, Rascheln, Füßescharren oder Unterhaltungen gestört wird. Fertig: Aufatmen, Kameramann und Tonmann stecken sich nach getaner Arbeit eine Zigarette an. Das dauert noch einmal fünf Minuten. Damit ein wenig Action ins Bild kommt, muß ich eventuell noch mit dem Teamwagen herumfahren, was dann noch zehn Minuten dauert. Aber vielleicht war das Bild nicht gut, weil gerade ein Lkw entgegenkam und zuviel Staub aufwirbelte, oder es kam gar kein Auto und die Straße wirkte zu leer, oder ein kleines Wölkchen schob sich vor die Sonne und es gab im entscheidenden Moment einen Schatten. Alles mögliche kann passieren (und passiert!), und die Wiederholung der Szene dauert wiederum zehn Minuten. Irgendwann aber sind auch der pingeligste Kameramann und Regisseur zufrieden. Alle begeben sich zum Auto, das Equipment wird eingeräumt (wenn man Pech hat, müssen die Kollegen nun noch unbedingt eine zweite Zigarette rauchen – „auf Vorrat", weil im Wagen nicht geraucht wird). Die ganze Aktion hat mindestens 15–20 Minuten gedauert. Bei vorsichtig geschätzten zehn Stops am Tag sind das schon drei Stunden nicht eingeplanter Halt. Und in einem Land wie Alaska findet man mindestens zweimal in der Stunde die grandiosesten Bilder, die man sich vorstellen kann. Man sollte sich also Zeitplanungen sehr genau ansehen und überprüfen. Dazu gehört auch, sich eventuell über die Straßenverhältnisse zu erkundigen, um die Fahrzeit realistisch und unter Einbeziehung der Dreharbeiten planen zu können.

• Bei der *Disposition* sollte man eventuelle *Zeitverschiebungen* (den Jetlag) berücksichtigen. Der erste Tag in einem unbekannten Land vergeht oft mit den ersten Orientierungsgesprächen, mit einer langen Liste von Telefonaten und Verabredungen, außerdem müssen organisatorische Fragen geklärt werden: wo ist das Mietauto, spricht der Dolmetscher wirklich ausreichend Englisch? Wenn nicht, wo bekommen wir einen anderen her? Es folgen der Besuch beim Informationsministerium zwecks Akkreditierung und erste Rundgänge zur Akklimatisierung: es geht um die Grundfragen nach dem Was, dem Warum, dem Wo und Wie.

- Manche Länder haben *Filmbüros,* die bei der Organisation der Dreharbeiten helfen. Aber nicht alle sind so gut, wie die Hochglanzbroschüren suggerieren.

- Jedes Teammitglied sollte vier bis sechs *Paßbilder* mitnehmen, die man oft für die Akkreditierung, irgendwelche Permits und andere Genehmigungen braucht. Außerdem sind für den Notfall Fotokopien von Paß und Visum wichtig, man sollte sie jedoch getrennt von den Pässen aufbewahren. Diese Kopien sollten auch in Deutschland hinterlegt werden, damit sie im Notfall schnell per Fax zur Verfügung stehen. Übrigens: Auch die Disposition mit allen Telefonnummern sollte in Deutschland hinterlegt werden, damit man im Notfall feststellen kann, wo das Team sein müßte!

- Ich habe einen kleinen *Rucksack,* in dem ich jederzeit alle Unterlagen griffbereit habe: Disposition, Infos, Blanko-Briefpapier (kann man immer gebrauchen), Visitenkarten, Plastikhüllen zum Sortieren von Quittungen und so weiter, Filme (es müssen Pressefotos, das heißt Teamfotos gemacht werden!), etwas zum Lesen, Pfefferminz und all das, was man so mit sich herumträgt und nicht selten braucht. Hervorragend bewährt hat sich im übrigen auch ein kleiner „Flachmann" (Inhalt je nach Geschmack, Stimmung oder Verfügbarkeit: Whiskey, Grappa, Kognak oder ähnliches), der in Krisenzeiten oder als Absacker am Abend Wunder wirkt. (Ein guter Zeitpunkt zum Auffüllen ist übrigens der Besuch im Duty-free-Shop beim Abflug. Nicht unbedingt, weil es dort wirklich soviel billiger ist, wie man verspricht, sondern eher, weil es oft der letzte Zeitpunkt ist, so etwas noch vor Drehbeginn zu kaufen.)

- Mein Lieblingskleidungsstück bei längeren Dreharbeiten im Ausland ist eine *Safari-Weste:* beige, ärmellos und vor allem mit sehr vielen Taschen ausgerüstet. Sie sieht manchmal etwas dumm aus, ist aber in ihrer Funktionalität unübertroffen. Neben dem kleinen Rucksack ist dies mein eigentliches reisendes „Büro". Hier hat alles seinen festen Platz und ich weiß blind, wo ich jederzeit alles finden kann. Und der psychologische Faktor ist auch nicht zu verachten, denn wenn ich die Weste anhabe, arbeite ich. Abends lasse ich sie dann auch im Hotelzimmer, dann ist „Feierabend". Auch wenn wir Mittagspause machen, hänge ich sie oft an den Stuhl neben mir. Mit einem Handgriff habe ich sie wieder angezogen und weiß, ich habe alle wichtigen Dinge bei mir.

- Noch ein Tip: man sollte sich *„Eigenquittungen"* erstellen. Alle Ausgaben während einer Produktion müssen durch Quittungen nachgewiesen werden, das verlangt das Finanzamt. Man sollte aber einmal versuchen, einen somalischen, nepalesischen oder thailändischen Taxifahrer nach einer Quittung zu fragen, oder bei einer Rast in einem kleinen Restaurant (eigentlich mehr eine Imbißbude) in einer asiatischen Kleinstadt ... Solche Ausgaben kann man aber dadurch nachweisen, daß man sie selbst (an Ort und Stelle) ausfüllt und – wenn möglich – unterschreiben läßt. Wenn das nicht geht, kann man sie auch eigenhändig unterschreiben. (Ob das allerdings immer von den Finanzämtern anerkannt wird, entzieht sich meiner Kenntnis.)

- Apropos *Geld:* hiermit sind oft Schwierigkeiten verbunden. Zum Glück ist es heute möglich, in fast jedem Land (zumindest in den großen Hotels oder bei den Fluggesellschaften) mit Kreditkarte zu bezahlen. Aber eben nur fast. Und so habe ich meistens bei solchen Produktionen 10 bis 20.000 US-Dollar, entweder in Form von Reiseschecks oder Bargeld für Mietwagen, Unterkünfte, Essen und Trinken und so weiter dabei. Mit US-Dollar kommt man nach meiner Erfahrung überall gut zurecht, auch wenn der Wechselkurs manchmal nicht so gut ist. Nach der Ankunft in einem fremden Land tausche ich am Flughafen 100 oder 200 DM in Landeswährung um, denn die braucht man immer. Später kann man sich dann informieren, wo der Kurs am günstigsten ist und mehr umtauschen. Zur Sicherheit verteilen wir einen großen Teil des Geldes zunächst unter allen Teammitgliedern. Den größten Teil des Bargeldes aber habe ich meistens bei mir am Körper und auf die verschiedenen Taschen verteilt. Mit dieser Methode habe ich bisher immer Glück gehabt.

- Zum *Equipment* sollte immer eine gewisse Auswahl von *Werkzeug* gehören, damit zumindest kleinere Reparaturen möglich sind, beispielsweise Schraubenzieher, Zangen, Lötkolben, Kabel, Stecker und so weiter. Gut bewährt hat sich der berühmte „Leatherman" – ein „Multifunktionswerkzeug", das zwar teuer (ca. 150 DM) aber ungeheuer praktisch ist.

Das wichtigste in dieser Phase der Projektvorbereitung ist die Vorbereitung und Erstellung der Disposition, in der Zeitplan, Kontaktpersonen, Hoteladressen und Telefonnummern etc. verzeichnet sind.

DISPOSITION   RUANDA

STAND :   **15.02.1995**

DISPOSITION

Tag	Dat	Ort	Arbeitsvorhaben	Kommentar / Kontakte .
So	19.2.	Treff: Aquinostr. 5.oo Uhr Abfahrt (mit DRK-Wagen) 5.20 Abflug 7.o5 Köln-Frankfurt- Nairobi. Ankunft 20.50	Hinflug	Ü: Nairobi - klärt DRK?
Mo	20.2.	Frühmorgens Flug Nairobi - Kigali (IKRK) Abholung durch AA oder HELP?	Organisation - Kontakt GTZ, MSF, DWH	Ü: Kigali
Di	21.2.	Fahrt nach Murambi: (Abholung durch GTZ?) Dreh Murambi Dreh- Kiziguro	GTZ MSF MHD	Ü: Kigali
Mi	22.2.	Fahrt nach Nyamasheke Dreh: Nyamasheke Dreh: Bushenge	NOTÄRZTE HELP	Ü: Bushenge (HELP)
Do	23.2.	Rückfahrt Kigali		Ü: Bukavu (GTZ)
Fr	24.2.	Kigali Fahrt nach Rusumo		Ü: Rusumo
Sa	25.2.	Dreh Saatgutverteilung	DWH	Ü: Rusumo (Grenze nach Tanzania ab 18.oo dicht)
So	26.2.	Fahrt frühmorgens nach Benaco (Abholung durch DRK)	DRK	Ü: Benaco
Mo	27.2.	Rückfahrt nach Kigali evtl. nachmittags Dreh: King Feisal	Organisation - Kontakt Fischer Rheinland-Pfalz evtl. - Rundfahrt div. RP-Projekte MSF	Ü: Kigali
Di	28.2.	Fahrt nach Musassa Ruli Dreh Mussasa-Ruli evtl. Kigali: Polizisten	HELP RP: Polizisten	Ü: Kigali
Mi	1.3.	Kigali - evtl. Dreh Buyumba	RP: Polizisten GTZ: Schulprojekt DRK	Ü: Kigali
Do	2.3.	Flug nach Arua/Uganda über Entebbe oder Kampala - Weiterfahrt		Ü: Uganda
Fr	3.3.	Yumbe	MHD	Ü: Yumbe
Sa	4.3.	Flug nach Kampala		
So	5.3.	Flug: Kampala - Nairobi Abends: 23.50 Abflug von Nairobi		
Mo	6.3.	6.10 Uhr Ankunft Frankfurt Ankunft Köln 9.oo		

Abbildung 4: Disposition Ruanda

Alles was schiefgehen kann, geht auch schief –
„worst-case-Szenario"

Man muß immer damit rechnen, daß ursprünglich geplante Dinge nicht funktionieren. Dann gerät alles durcheinander, man muß sehr schnell und flexibel reagieren und oft improvisieren. Im Jahr 1995 ist mir so etwas passiert, was katastrophale Folgen hätte haben können. Während der Vorbereitungen unserer Reportage „Hilfe ohne Ende? – Deutsche Helfer in Ruanda" war uns vom Deutschen Roten Kreuz angeboten worden, von Nairobi mit einem Flugzeug des Internationalen Roten Kreuzes nach Ruanda und Uganda zu fliegen. Wir nahmen das Angebot gern an, denn unser Zeitplan war sehr eng bemessen, und wir hatten so die Chance, zusätzlich ein Flüchtlingslager im Norden von Uganda an der Grenze zum Sudan zu besuchen. Auch auf mehrmaliges Anfragen wurde immer wieder betont, es sei alles in Ordnung, die genauen Flüge könnten wir vor Ort vereinbaren, denn der Flugplan sei flexibel. Geplanter Abflug: Sonntag, 19. Februar, Lufthansa: Frankfurt – Nairobi. Freitag nachmittags um 16.00 Uhr – 36 Stunden vor dem Abflug –, alles war vorbereitet, erhielt ich ein Fax mit der Mitteilung, daß der Mitflug doch nicht möglich sei, da laut Regelung der ruandischen Regierung ein Mitfliegen von Journalisten auf Hilfsflügen verboten sei. Man habe uns aber – so das DRK – statt dessen einen Charterflug bestellt: Kostenpunkt 2.700 US-Dollar, allein für den Flug nach Ruanda. Ein regulärer Flug von Nairobi nach Ruanda war nicht zu bekommen. Zum Glück konnte ich schließlich unsere Flüge doch umbuchen und wir konnten mit der belgischen Gesellschaft Sabena von Brüssel nach Kigali fliegen. Allerdings erst einen Tag später, was unsere gesamte Disposition durcheinanderbrachte. Durch die Umbuchungen, Stornierungsgebühren, teureren Tickets und fast 2.000 DM für Übergepäck (aufgrund der Kürze der Zeit konnte ich mit Sabena nicht mehr über das Übergepäck reden) entstanden zusätzliche Kosten von über 5.000 DM. Vor allem war das Problem ein vermeidbares, denn ich erfuhr in Ruanda, daß die Regelung (keine Journalisten auf Hilfsflügen) seit mehreren Monaten bestand und daher hätte bekannt sein müssen. Und die Moral von der Geschichte: Rechne damit, daß alles schiefgeht, was schiefgehen kann! Also in Gedanken auch mal „worst-case-Szenarien" durchspielen!

Checkliste mit Zeitplan

2 BIS 3 MONATE VOR DREHBEGINN	Ersten Drehplan erstellen Recherchen Interviews vereinbaren Vorgespräche mit Protagonisten (wenn möglich) Flüge reservieren Brauchen wir ein Visum? Ist ein Carnet für das Equipment nötig? Sind Impfungen notwendig? Kontakt mit Botschaft – wie ist die Sicherheitslage im Land? Kontakt vor Ort aufnehmen Kontakt mit ZDF-/ARD-Büro in der Region
1 MONAT VORHER	Hat jeder seinen Paß? Disposition (ständig aktualisieren) Flüge endgültig buchen Übernachtung klären, Hotelzimmer buchen Transport vor Ort, Wagen mieten Fahrer, Dolmetscher? Übergepäck (mit Fluggesellschaft besprechen)
2 WOCHEN VORHER	Equipment – Aufstellung (mit Kameramann) Stromversorgung klären
1 WOCHE VORHER	Impfungen Filme, Pressefotos Anfahrt und Abholung zum Flughafen organisieren

1 BIS 2 TAGE VORHER	Kleinen Rucksack packen Geld besorgen Koffer oder Taschen packen Gespräch mit Team: Paßbilder Kopien von Paß etc.
AM TAG VOR DREHBEGINN	Letzter Check Equipment Zusatzequipment besorgen und prüfen! Geld auf Teammitglieder verteilen

10 Ein wichtiges Kapitel – Sponsoring

Immer wieder kommt es vor, daß beim Kontakt mit Firmen und Institutionen auch eine sogenannte „geldwerte Unterstützung" während der Dreharbeiten angesprochen wird. Bei manchen Produktionen ist das überhaupt kein Problem und wird auch mit dem Redakteur offen besprochen. Zum Beispiel war bei unserer Arbeit für „Traumziel Yukon und Alaska" klar, daß uns das kanadische Fremdenverkehrsbüro unterstützen würde. Konkret hieß das: Canadian Airlines bezahlte die Flüge, das Fremdenverkehrsbüro in Whitehorse bereitete unsere Reise vor, klärte, welche Genehmigungen nötig waren und schlug uns mögliche Reiseziele vor. Außerdem besorgten sie uns einen Location-Manager und stellten uns zwei Wochen ein Fahrzeug kostenlos zur Verfügung. Die Fremdenverkehrsämter sind immer sehr froh über einen 30-Minuten-Film im deutschen Fernsehen und hoffen, daß damit der eine oder andere Zuschauer auf den Gedanken kommt, das Land zu besuchen.

Sehr häufig benötigen wir im Zusammenhang mit unseren Dreharbeiten die konkrete Unterstützung von Institutionen und Firmen.

Die ZDF-Reportage „Das schwarze Gold der Nordsee" über Leben und Arbeiten auf Bohrinseln, wäre zum Beispiel ohne die Unterstützung einer der Ölfirmen völlig undenkbar gewesen. Man kann schließlich nicht einfach einen Hubschrauber mieten und auf einer Bohrinsel landen: „Guten Tag, wir kommen vom deutschen Fernsehen und wollen sehen und filmen, was Ihr hier so alles macht."

Der offizielle Zugang zu solchen Unternehmen beginnt immer mit der Anfrage, ob denn eine solche Reportage überhaupt denkbar sei. Der Adressat ist hier die Pressestelle. Eine weltweit agierende Firma, wie die norwegische Ölgesellschaft Statoil, bekommt, wie mir die Pressesprecherin sagte, ständig Anfragen von Fernsehsendern aus aller Welt. Diese werden geprüft und dann wird entschieden, ob man dieses konkrete Projekt unterstützen möchte. Die Tatsache, daß das ZDF der größte europäische Fernsehsender und Deutschland einer der wichtigsten Handelspartner ist und der aktuelle Anlaß – die feierliche Eröffnung der neuen Gasproduktion nach Deutschland durch Bundeskanzler Schröder und den norwegischen Premierminister Stoltenberg – führten zur Unterstützung unseres Projekts.

Abbildung 5: Postkarte für den Film „Das schwarze Gold der Nordsee"

Man muß sich völlig darüber im klaren sein, welches Interesse Unternehmen daran haben, daß das Fernsehen sie in einer Sendung erwähnt: Öffentlichkeitsarbeit. Das ist nichts Ehrenrühriges, man sollte es nur im Hinterkopf behalten. Es bedeutet auch, daß man dem Fernsehteam nur das zeigt, was man zeigen will. Ein Gesichtspunkt, der bei investigativen Reportagen eine wichtige Rolle spielt.

Nun also beginnt die Zusammenarbeit mit dem Unternehmen, das heißt die Organisation. Das fängt an – um bei dem letztgenannten Beispiel zu bleiben – beim Zugang zu den Bohrinseln und setzt sich fort bei der Suche nach geeigneten Protagonisten, der Klärung von Sicherheits-

Abbildung 6: Ausstieg aus Hubschrauber. Auch das Kamerateam darf sich auf der Bohrinsel außerhalb des Wohnbereichs nur in Sicherheitsanzügen bewegen.

problemen, dem Transport und anderer logistischer Unterstützung. Und dabei passiert es oft, daß man den Teil, der innerhalb des Unternehmens abgewickelt wird, nicht extra bezahlen muß. Zum einen, weil genau für diese Arbeit Menschen bezahlt werden – das gehört zu ihrer Arbeit –, zum anderen, weil man zum Beispiel die regulären Versorgungs- und Personenflüge zu den Bohrinseln nutzen kann, also Kapazitäten, die sowieso vorhanden sind.

Problematisch ist die Zusammenarbeit mit Unternehmen immer dann, wenn in irgendeiner Form Gegenleistungen erwartet werden, zum Beispiel eine positive Berichterstattung.

Das fängt manchmal schon mit einem ganz harmlosen Punkt an: Für einen längeren Film soll irgendein Unternehmen in einem drei bis vier Minuten langen Beitrag vorkommen. Im Vorgespräch erwähnt der Pressesprecher, wie nebenbei, man habe auch schon seit einiger Zeit überlegt, einen Imagefilm zu machen. Danach wird die Frage an den Fernsehjournalisten oder Produzenten gestellt, ob man solche Imagefilme auch machen würde. Und man könne nach der Ausstrahlung des jetzt beabsichtigten Films darüber einmal näher reden. Ich habe mich bei solchen Gelegenheiten immer interessiert gezeigt, damit mein Gegenüber davon ausging, daß ich ihm „auf den Leim gegangen sei". Denn in Wirklichkeit heißt dieses Angebot: „Wenn Du einen schönen, das heißt positiven, Film über uns machst, kannst Du durch uns auch etwas Geld verdienen." Das ist mir in den letzten zehn Jahren bestimmt sechs oder sieben Mal passiert. Zu einem „Folgeauftrag" ist es in diesen Fällen nicht gekommen; die Firmen haben sich nie wieder gemeldet. Unsere Berichterstattung war auch nicht immer so positiv für sie.

Mit solchen Versuchen, eine positive Berichterstattung zu bewirken, werden wir manchmal konfrontiert. Selten aber so direkt, wie ich es vor ein paar Jahren bei der mexikanischen Fluggesellschaft TAESA erlebt habe. Für die ZDF-Reportage „Traumurlaub – alles inklusive" begleiteten wir zwei deutsche Ehepaare auf ihrem „all-inclusive"-Urlaub nach Mexiko, nach Acapulco an der Pazifikküste, dann in die Karibik nach Cancun. Thematischer Ausgangspunkt war das Flugzeugunglück in der Dominikanischen Republik und damit schließlich auch die Qualität der Fluggesellschaften. Die Leitfrage für uns war, wie ein Urlaub so billig sein könne: zwei Wochen Mexiko, all-inclusive für 1.800 DM?

Nachdem wir mit einem großen deutschen Reiseunternehmen die Vorbereitungen abgeschlossen hatten, kontaktierte mich die Fluggesellschaft TAESA und fragte an, ob wir nicht auch nach Mexiko-City kommen wollten; dort sei ihre große Flugzeugwerft, und wir könnten Wartung und Service der Maschinen filmen. Auf meinen Hinweis, ein zusätzlicher Flug nach Mexiko-City sei in unserem Etat nicht vorgesehen, reagierte man sehr verständnisvoll, nein, der Ausflug ginge selbstverständlich völlig auf ihre Kosten, man würde für den Transport sorgen. Wir wurden zuvorkommend behandelt und durften sogar mit dem Learjet des Präsidenten der TAESA nach Mexiko-City fliegen. Wir wunderten uns sehr über den Aufwand, mit dem man uns begleitete. Überall, wo wir hinkamen, stand ein aufwendiges kaltes Buffet bereit. Nach meinem Interview mit dem Präsidenten, in dem ich einige für ihn unangenehme Fragen stellte, zum Beispiel nach der Arbeitszeit der Crew, ließ die Zuwendung schlagartig nach. Plötzlich war der geplante Rückflug nach Acapulco (nach Plan wieder mit dem Präsidenten-Jet) nicht möglich, wir wurden auf den Linienflug für den nächsten Tag verwiesen. Der Zeitverlust: ein Drehtag. Trotz dieser anfänglichen „Vorzugs-Behandlung" wurde die Fluggesellschaft nicht sehr positiv im Film dargestellt. Vor allem wurde deutlich, daß der Präsident (als aktiver Flieger) uns über die Einhaltung der Arbeitszeitvorschriften der Crew nicht die Wahrheit gesagt hatte. Wir konnten seine Aussagen widerlegen und zeigen, daß die Piloten weit mehr als die vorgeschriebenen Höchstzeiten flogen. Darüber hinaus habe ich das Thema „was man wohl von uns erwartete" im Film thematisiert und durch Bilder, die ich mit einer kleinen Hi-8-Kamera gemacht hatte, belegt. Danach hat sich die Fluggesellschaft sogar auch noch über die kritische Berichterstattung beschwert.

Ab und zu werden jeder Fernsehproduktion auch offene Angebote für Product-Placement gemacht: „Wenn Sie in der nächsten Zeit einen Film drehen – wir helfen Ihnen bei der Plazierung von Produkten" und ähnliche Angebote, aber die sind vornehmlich an Spielfilmproduktionen gerichtet, bei denen dies anscheinend mittlerweile üblich ist. In den Produktionsverträgen ist das aber ausdrücklich ausgeschlossen. Jeder Produzent unterschreibt im Produktionsvertrag, daß „die Annahme finanzieller Gegenleistungen im Zusammenhang mit der Präsentation von Produkten, Requisiten oder Dienstleistungen in den Sendungen unzulässig ist" (ZDF) beziehungsweise „die Darstellung von gewerblichen Waren oder deren Herstellern, von Dienstleistungen oder deren Anbietern in Bild und Ton mit werblicher Wirkung ausgeschlossen (ist). Die Entgegennahme von Entgelten oder geldwerten Vorteilen für den Einsatz oder die Nennung von Produkten ist unzulässig." (WDR)

Mehrfach habe ich in den letzten Jahren auch wirklich unseriöse Angebote bekommen. So wies mich zum Beispiel sogar einmal ein Produktionsleiter einer Rundfunkanstalt, nachdem er mit mir eine Kalkulation verhandelt hatte, darauf hin, daß er durchaus „Möglichkeiten vermitteln" könnte, falls mir noch Geld in meinem Etat fehlen würde. Zum Schein habe ich Interesse signalisiert, nicht für den gerade zu produzierenden Film, aber vielleicht für den nächsten Dreh darauf. Er gab mir die Berliner Telefonnummer eines Fernsehproduzenten, der „so etwas" vermitteln würde. Ich war gespannt. Gemeinsam mit einer Kollegin besuchte ich ihn und es stellte sich heraus, daß der „Kollege" Kontakte zu Unternehmen herstellte, die dafür bezahlten, daß ihre Produkte im Fernsehen genannt werden. Ich hatte vor, diesem Fall näher nachzugehen und mit einem fiktiven Projekt die Umstände solcher Produktionen zu recherchieren. Aber kurz nach unserem Besuch wurde die ganze Sache in einem Magazin an die Öffentlichkeit gebracht. Die Verbindung zu dem Produktionsleiter des Senders aber blieb ungenannt.

11   Es geht los – wir drehen

Der erste Drehtag

Endlich, der erste Drehtag: es geht los. Am Abend vorher bin ich oft etwas nervös, überlege noch einmal, ob alle Vorbereitungen getroffen sind, spiele in Gedanken alle Möglichkeiten durch. Was wird passieren? Welche Menschen werden wir kennenlernen? Dann kommen die Ängste: werden wir es schaffen, so gutes Material zu bekommen, damit es ein guter Film wird; was wird schiefgehen? Um so schwieriger, wenn man ins Ausland fliegt und überhaupt nicht richtig weiß, was einen erwartet.

Man hat zwar seine Vorstellungen, aber es ist bekannt, es kommt eben nicht selten alles anders als man denkt. Spätestens zu diesem Zeitpunkt sollte man allerdings wissen, was man will. Wie der Film aussehen soll, weiß man manchmal erst, wenn man vor Ort ist, denn vorher steht eben vieles nur auf dem Papier. Man kennt oft lediglich seinen Drehplan und weiß, wo man sich an welchen Tagen aufhält – das ist oft auch alles. Aber man muß die „Botschaft" des Films, die zentralen Aussagen kennen.

Der erste Drehtag ist immer etwas Besonderes. Nicht nur, weil man etwas aufgeregt ist und der Adrenalinspiegel steigt. Man hat noch kein richtiges Gefühl für das Thema, das Team ist noch nicht so aufeinander eingespielt. Auch wenn man sich schon lange kennt, braucht man etwas Zeit. Langsam anfangen! Also sollte man sich etwas Leichtes für den ersten Tag heraussuchen, bei dem man sicher ist, daß nicht viel Unerwartetes passiert. Man sollte sich auch Zeit lassen. Im Ausland benötigt man den ersten Tag oft zur allgemeinen Organisation, Kontaktaufnahme mit Interviewpartnern, Akkreditierung und so weiter. Auch für Zeitverschiebung, Klima- und Nahrungsumstellung braucht man etwas Zeit.

Übrigens habe ich die Erfahrung gemacht, daß es für die Arbeit besser ist, wenn man „unterwegs" ist und das Team irgendwo übernachtet. Das bedeutet, daß nicht an jedem Abend jeder nach Hause geht und daher ein Interesse daran hat, daß der Dreh möglichst früh beendet ist. Man sitzt abends gemeinsam beim Essen und später beim Wein oder Bier, redet darüber, was am Tag so passiert ist und über das, was am nächsten Tag bevorsteht. Die so entstehende Gemeinschaft, das Gefühl ein Team zu sein, ist für das Produkt äußerst fruchtbringend, für das Miteinander sowieso.

Pausen machen!

Die Kollegen sollten während der Dreharbeiten nicht überfordert werden. Ich neige manchmal dazu, im Eifer des Gefechts die Einhaltung von Pausen zu vergessen. Vielleicht liegt es auch daran, daß ich Nichtraucher bin. Und tagsüber „Nichtesser", denn ich brauche nur ab und zu einmal etwas zu trinken.

Es sollte nicht passieren, daß man acht Stunden oder länger durcharbeitet, aber manchmal geht es eben nicht anders. Im Interesse der Teamkollegen betone ich hier noch einmal: Pausen einhalten (wenn möglich), Raucher zum Beispiel brauchen Möglichkeiten, zwischendurch eine Zigarette zu rauchen.

Warten, warten, warten ...

Viele Menschen sind neidisch auf unsere Arbeit: was wir erleben dürfen, wohin wir reisen dürfen, welche Abenteuer wir erleben.

Das täuscht auch nicht, aber eines wissen sie nicht, nämlich wieviel Zeit mit Warten vergeht: überall und immer Warten. Mindestens ein Drittel unserer Arbeitszeit besteht aus Warten; Warten auf den Interviewpartner, auf den Aufbau der Geräte und auf die Sonne. Manchmal wartet man auch darauf, daß der Lärm aufhört, die neue Kassette, der neue Akku gebracht wird; darauf, daß endlich das passiert, was wir drehen wollen. Das Anstrengende dabei ist nicht einfaches Warten. Das Schlimme ist, daß wir manchmal stundenlang warten und dann, wenn das erwartete Ereignis endlich eintritt, sofort einsatzbereit zu sein haben – drehen müssen. Ich erinnere mich an einen sehr anstrengenden Tag, den wir vor Jahren am Grenzübergang Aachen-Lichtenbusch verbracht haben. Wir saßen zu viert in einem Kleinbus und warteten auf einen Gefahrguttransport, der, so unsere Information, aus Belgien kommend in die DDR weiterfahren sollte. Zehn Stunden standen wir dort, jeden Augenblick konnte der Lkw kommen. Wir trauten uns kaum, auf die Toilette zu gehen, denn wenn er kam, mußten wir aus dem Stand heraus fit sein und drehen. Kamera und Recorder standen auf „stand by". Nach und nach leerten sich die Akkus, aber der Lkw kam nicht und Stunden vergingen. Wir bekamen Hunger, trauten uns aber nicht, zum ca. 500 m entfernten Rasthaus zu gehen und ein paar Brötchen zu kaufen, denn in dieser Zeit würde er bestimmt kommen. Handys gab es zu dieser Zeit noch nicht. Doch dann – endlich – gegen Abend sahen wir den Gefahrguttransporter. Unser Warten hatte sich gelohnt. Aber dann kam die böse Überraschung: Der Fahrer stellte den Wagen auf dem 25 km entfernten Hof seiner Firma ab und fuhr nicht in die DDR, wie wir vermutet hatten. Wir waren total frustriert. In solchen Fällen hilft nur eines: wenigstens anschließend gut Essen gehen.

Das Fernsehen kommt ...

Wenn das Fernsehen auftaucht, gibt es etwas zu sehen. Und so haben wir auch häufig Publikum um uns herum, wenn wir irgendwo die Kamera aufbauen. Nirgendwo aber ist das so lustig wie in Afrika. Überall, wo wir aus dem Wagen steigen, zum Beispiel in einem Flüchtlingslager, haben wir nach wenigen Minuten Hunderte von Kindern um uns, die jede unserer Tätigkeiten begleiten; mit mehr oder weniger lauten Kommentaren oder Schreien verbunden. Sie bauen sich ungeniert direkt vor der Kamera auf, um nichts zu verpassen und um selbst ins Bild zu kommen.

Da hilft nur eins: man muß sich beeilen, das heißt in zwei Minuten mit den wesentlichen Aufnahmen fertig sein. Manchmal ist es auch hilfreich, wenn der Kameramann sich zunächst auf eine andere Stelle konzentriert, als die, die er in Wirklichkeit drehen will und erst im letzten Moment die Kamera um 180° schwenkt – aber Kinder sind ungeheuer schnell! Eine andere Variante: wir haben die Kamera oft auf dem Dach unseres Teamwagens aufgebaut, um so über die Menschen und vor allem die Kinder hinweg drehen zu können. Aber lustig sah es immer aus.

Drehschluß

Irgendwann kommt das erlösende Wort: „Drehschluß". Die Arbeit ist zwar noch nicht ganz getan, aber es soll nicht mehr gedreht werden.

Abbildung 7: Drehen in Ruanda

Jetzt muß eigentlich nur noch das Equipment geprüft werden und die Akkus sind aufzuladen. Oft schließen wir im Hotelzimmer den Monitor an und prüfen das Material, das wir am Tag gedreht haben. Aber die Dreharbeiten sind vorbei, die Konzentration und Aufmerksamkeit läßt nach und es verbreitet sich das Gefühl: es ist Feierabend.

Aber aufgepaßt: es kann immer noch etwas passieren. Ein Erlebnis aus dem vergangenen Jahr wird mir immer im Gedächtnis bleiben und mich vor dem verfrühten Feierabendgefühl bewahren. Wir hatten für unseren Film „Alptraum Verkehr" eine Crew einer Chartermaschine von LTU nach Mallorca begleitet. Wir wollten einen typischen Arbeitstag von Piloten und Flugbegleitern zeigen. Das bedeutete, daß wir – wie die Crew – nach einem etwa halbstündigen Aufenthalt in Mallorca wieder nach Düsseldorf zurückflogen. Auf dem Hinflug haben wir eifrig gedreht, haben unsere Interviews gemacht und waren dann – kurz nach dem Start zum Rückflug mit den geplanten Aufnahmen fertig. Wir packten unser Equipment ein, aßen etwas und ruhten uns aus. Aber nach der Landung in Düsseldorf passierte es: es gab einen überraschenden „Stau". Zwar war das Flugzeug pünktlich gelandet, wir mußten aber über 20 Minuten auf dem Rollfeld warten bis die Treppen an das Flugzeug herangefahren waren. „Das passiert hier in Düsseldorf ziemlich regelmäßig", erklärte uns der Pilot und informierte auch die Fluggäste entsprechend. Dies war genau unser Thema: Was nützt es, wenn die Verkehrsmittel immer schneller werden, aber das Zusammenspiel nicht funktioniert? Wie alle Fluggäste warteten wir geduldig, bis endlich die Treppen herangefahren waren und alle aussteigen konnten. Erst am nächsten Tag ist es mir aufgefallen: wir hatten total vergessen zu drehen! Obwohl das wirklich eine schöne kleine Geschichte gewesen wäre, die genau in den Film gepaßt hätte und unsere „Botschaft" hätte verdeutlichen können. Keiner von uns ist auf den Gedanken gekommen zu drehen. Der Grund war eben dieses Gefühl „Drehschluß – Feierabend", was wohl auch deshalb hier besonders stark war, weil wir in den Tagen zuvor – wie auch an diesem Drehtag – täglich 12 bis 15 Stunden gearbeitet hatten und entsprechend erschöpft waren. Ein erklärlicher Fehler, trotzdem habe ich mich im Nachhinein darüber sehr geärgert. Also: bis zur letzten Sekunde aufmerksam sein, auch wenn es manchmal schwerfällt.

Inszenieren von „Wirklichkeit"

Wie wirklich ist der Dokumentarfilm? Eine berühmte Frage, denn die sogenannte „Objektivität" gibt es nicht. Wir wählen genau aus, was wir drehen. Mit der Themenwahl fängt diese Vorgehensweise bereits an und setzt sich in jedem Augenblick fort. Das muß nicht manipulativ sein. Aber stellen wir uns folgende Situation vor: wir drehen bei einer großen Demonstration, zum Beispiel bei der Totalblockade der Brenner-Autobahn. Ungefähr 10.000 Menschen sind versammelt und wollen gegen das Verkehrschaos und die zunehmende Verschlechterung der Lebensbedingungen der Alpenbewohner demonstrieren.

Die vielen Menschen, dazu ein kulturelles und politisches Rahmenprogramm; auf der anderen Seite die Polizei, die Lkw-Fahrer, die nicht weiterfahren können, Tausende von Pkw-Fahrern, die in ihren Autos sitzen. Was drehen wir? Hier wird deutlich, daß an derselben Stelle zur gleichen Zeit verschiedene Fernsehteams völlig unterschiedliche Beiträge drehen können. Ein Beitrag könnte eine Familie mit Kleinkindern in den Mittelpunkt stellen, die sich aktiv an der Demonstration beteiligt:

er zeigt friedliche und freundliche Menschen. Der andere Beitrag könnte mit den Lkw-Fahrern beginnen, die jetzt nicht nach Hause kommen und von ihren harten Arbeitsbedingungen erzählen. Dann kommt ein Polizist zu Wort, der wegen der Demonstration Überstunden machen muß. Die Lkw-Fahrer schimpfen auf die Demonstranten, die doch wohl auch nicht auf die Lebensmittel verzichten wollten, die sie transportieren. Wie jedes Beispiel hinkt dieses natürlich auch, so extrem ist es zwar nur selten, aber man findet in den Medien jeden Tag völlig gegensätzliche Berichte über dasselbe Ereignis.

Die Trennung von (inszeniertem) Spielfilm und (nichtinszeniertem) Dokumentarfilm ist eine Fiktion. Dabei meine ich nicht nur Mischformen, wie den wunderschönen Film „Roger and me", in dem der Filmemacher (Michael Moore) die Hauptperson des Films ist und durch den Dokumentarfilm führt. Nein, auch ein ganz normaler Dokumentarfilm ist ohne Inszenierung undenkbar.

Wir gestalten unseren Film, was in gewisser Weise auch bedeutet, daß wir die Wirklichkeit gestalten. Dies beginnt mit der einfachen Bitte: „Können Sie bitte mal durch die Tür kommen und sich an den Schreibtisch setzen und arbeiten". Man braucht Bilder, um den Interviewpartner im Kommentar vorzustellen, weil man auch etwas vom Umfeld dieses Menschen zeigen will. Und selbstverständlich überlegen wir vor einem Interview, wie und wo der Interviewpartner sitzen oder was er machen soll. Ich habe es erst ein einziges Mal erlebt, daß der Interviewte genaue Vorstellungen hatte, wie er gefilmt werden wollte – und das war ein Fernsehkollege, der genau wußte, wovon er sprach. Oftmals machen wir das „Arrangement", das ja auch ein Teil der Gesamtinszenierung des Films ist. Es ist eben ein Unterschied, ob ich einen Protagonisten an seinen Schreibtisch setze oder ihn am Küchentisch oder auf der Gartenbank zeige. Auch darüber sollte man in Vorbereitung eines Interviews nachdenken.

Aber wo endet das? Was ist Wirklichkeit? Wie ist es, wenn ich für den Film zwei Personen zusammenbringe, die sich unter diesen Umständen so nicht getroffen hätten, sich nicht kannten und nur durch den Film zusammentreffen? Oder wenn ich zum Beispiel Herrn Geißler bitte, doch an den Tagen, an dem wir das Portrait über ihn drehen, in die Berge zum Klettern zu gehen, weil wir das für den Film brauchen ...; weitere beliebige Beispiele kann sich jeder leicht vorstellen.

Das Problem ist für mich nicht, ob der Film eine Inszenierung ist oder nicht, weil ich weiß, daß Film immer inszeniert ist. Das entscheidende Kriterium ist für mich, ob die Aussage dabei „wahr" ist. „Wahr" heißt für mich in diesem Zusammenhang, daß ich nur dann das Interview im Garten mache, wenn die Person auch sonst im Garten sitzt oder damit etwas zu tun hat, daß ich nur dann Herrn Geißler beim Bergsteigen filme, wenn er auch normalerweise in die Berge klettern geht.

Übrigens nehmen wir oft eine zusätzliche kleine digitale Kamera mit, die aussieht wie eine Amateurkamera, aber doch brauchbare Bilder liefern kann. Mit einer solchen Kamera kann man keinen längeren Film machen, weil die Bildqualität doch ein ganzes Stück schlechter ist. Aber man kann zum einen in manchen Situationen unauffälliger drehen (als vermeintlicher Amateur), zum anderen nutze ich sie gelegentlich, um zusätzliche Bilder von den Dreharbeiten zu machen. Das kann auch für eine Reportage eine schöne Ergänzung sein, wenn man beispielsweise sieht, wie Kamera- und Tonmann sich bei der Ankunft auf der Bohrinsel die Sicherheitsanzüge anziehen, die wir alle dort tragen mußten.

Während der Dreharbeiten reden wir, das heißt mindestens der Kameramann und ich, am besten aber das gesamte Team, jeden Abend über den Tag. Ich mache mir dann dabei immer eine Liste: was haben wir heute gedreht, welche Geschichten waren gut, was hat geklappt, was nicht. Vor allem aber: was fehlt noch an Bildern und/oder Geschichten. Man vergißt schnell. Im Prinzip ist klar, daß man auf jeden Fall noch diese oder jene Einstellung braucht, aber es passiert doch nicht selten, daß man genau die dann vergißt und die Feststellung aber erst zu Hause macht ...

Was drehen, was nicht – ethische Aspekte

Betrachtet man das deutsche Fernsehen zu Beginn des 21. Jahrhunderts, fragt man sich schnell, ob es überhaupt Grenzen gibt. Gibt es überhaupt noch Bereiche oder Situationen, die nicht gezeigt werden, bei denen die Journalisten die Kameras ausschalten? Nach welchen Kriterien kann man sich richten: wann macht man die Kamera aus und dreht nicht weiter? Aktuell wird dieses Problem immer wieder an Beispielen von Kriegsberichterstattung diskutiert. Sollte der Kameramann nicht vielmehr helfen statt zu drehen? Es gab einen Fall, wo ein Kameramann doch tatsächlich seinen sterbenden Kollegen gefilmt hat und dann weggelaufen ist, statt ihm zu helfen. Ein leider immer alltäglicher werdender Skandal. Ich meine dabei nicht nur dieses Verhalten bei außergewöhnlichen Ereignissen, zum Beispiel bei Katastrophen, ich meine auch das Verhalten im journalistischen Alltag.

Es gibt Situationen, in denen man die Schwäche von anderen Menschen nicht voyeuristisch ausnutzen darf. Als wir Silvester 1990 die deutschen Minensucher besuchten, die in Kreta – genauer im Hafen von Heraklion – lagen, wollten wir den Jahreswechsel um Mitternacht drehen. Es war eine angespannte Situation, vor allem für die Wehrpflichtigen an Bord. Denn jeden Tag konnte der angekündigte Angriff auf den Irak beginnen und keiner wußte, wie die Reaktion der Iraker sein würde. Es war vor allem unklar, ob die deutschen Minensucher nicht in den Konflikt hineingezogen würden. Wir drehten also den Jahreswechsel, das Tuten der Schiffe im Hafen, die kurze Rede des Kommandanten, die knallenden Sektkorken und das Feiern. Dann aber, zu später Stunde, nach erheblichem Alkoholkonsum, gab es einige unschöne Szenen. Stark angetrunkene Soldaten, die in Tränen ausbrachen. Wie aus einem Reflex stand der Kameramann auf und begann zu drehen. Die Soldaten bekamen das überhaupt nicht mit und wären auch nicht mehr in der Lage gewesen, verantwortlich zu entscheiden, ob sie solche Bilder von sich erlauben würden oder nicht. Ich habe dann den Kameramann gestoppt, denn diese Aufnahmen hätte ich niemals verwendet. Ich hätte andernfalls die Menschen in der intimen Situation ausgenutzt und sie in der Öffentlichkeit vorgeführt.

Bei dem heutzutage weit verbreiteten Voyeurismus und andererseits Exhibitionismus ist die Entscheidung sehr schwierig, wann man jemanden vor sich selbst schützen muß. Aber ich denke, man muß sehr verantwortungsvoll mit dem Medium Fernsehen und seiner Macht umgehen. Dazu gehört auch, darauf zu achten, daß die Menschen, die sich filmen lassen, wissen, was sie tun. Vor einigen Jahren hat ein Kollege eine Reportage über türkische Drogendealer und deren jugendliche Drogenkuriere gedreht. Ich hielt diesen Film nicht nur für sehr schlecht, weil in ihm ständig mit Suggestivfragen versucht wurde, die Interviewpartner dazu zu bringen, Thesen des Journalisten zu bestätigen. Vor allem war es skandalös, daß der Kollege einen Jugendlichen interviewte, der im Drogenrausch war und offensichtlich nichts mehr von seiner Umgebung mitbekam. Dieser Jugendliche wurde in aller Öffentlichkeit vorgeführt und nicht anonymisiert oder in irgendeiner Weise geschützt. Weil er – so die Argumentation des Autors – seine Einwilligung gegeben hatte. Verantwortungsvoll wäre es in diesem Fall gewesen, diese Aufnahmen trotzdem nicht zu benutzen.

Als wir bei den Minensuchern waren, sagte einer der Wehrpflichtigen im Interview: „Wenn wir wirklich eingesetzt werden am Golf, werde ich desertieren. Dann springe ich im Suezkanal von Bord und haue ab." Es haben einige Wehrpflichtige so gedacht und uns das auch gesagt. Aber das ist in einem persönlichen Gespräch etwas ganz anderes, als in einem öffentlich ausgestrahlten Interview anzukündigen, daß man desertieren würde, dann also eine strafbare Handlung, ein Dienstvergehen zu begehen. Deshalb habe ich diesen Teil des Interviews nicht verwendet. Die Tatsache selbst, die Aussagen mehrerer Wehrpflichtiger, habe ich selbstverständlich im Kommentar erwähnt.

Ein anderes Beispiel für die Notwendigkeit des vorsichtigen Umgangs mit den Bildern erlebte ich in Ruanda. Als wir 1995 das erste Mal in Ruanda waren, fuhren wir in den Süden des Landes, um Schwester Milgitha – eine deutsche Ordensschwester – zu besuchen, die dort seit fast 25 Jahren arbeitete. In der Missionskirche waren während der Massaker im Sommer 1994 in zwei Tagen 15.000 Menschen umgebracht worden. Kurz nach unserer Ankunft gingen wir zur Missionskirche. Plötzlich standen wir vor 2.000 Leichen. Man hatte gerade die Massengräber wieder geöffnet und die Toten aufgebahrt, um sie nun würdig bestatten zu können.

Es war klar, daß wir das drehen müssen. Wir waren in genau dieser Situation in der Missionsstation, und es hatte unmittelbar mit unserem Thema zu tun: wie bewältigt das Land das Trauma von Genozid und Krieg und welche Rolle spielen dabei die deutschen Entwicklungshelfer. Aber auch in einer solchen Situation kann man entscheiden, wie man diese Bilder dreht. Es müssen keine Nahaufnahmen von Skeletten, Leichen und Kleiderresten sein; es reichen für den Zweck der Dokumentation auch etwas distanziertere Bilder.

Genauso muß man sich die Frage stellen, ob die Situation, mit der man konfrontiert wird, nicht erst dadurch entsteht, daß Journalisten mit ihren Kameras anwesend sind. Es ist vielleicht zwei Jahre her, da konnte man im Fernsehen Bilder sehen, in denen im Kongo eine Meute von Soldaten vor den Kameras der Berichterstatter einen Mann blutig schlugen und ihn schließlich töteten, indem sie ihn von der Brücke in den Fluß warfen. Wäre die Situation ohne die Kameras genauso eskaliert? Haben die Soldaten nicht einfach nur die Kameras als Propagandamittel für sich und ihre Sache benutzt? Darf man als Journalist dann drehen? Darf man solche Bilder senden? Muß man sie vielleicht sogar senden, um auf die Unmenschlichkeit des Krieges aufmerksam zu machen? Weil sie menschliches Leid und die Schrecken des Krieges deutlicher machen als die von der amerikanischen Militärzensur freigegebenen Propaganda-„Videogame"-Bilder vom Golfkrieg? Sicherlich eine wichtige Diskussion, die von zunehmender Aktualität für unseren Berufsstand ist.

Drehen bei Behörden

Ein Kapitel für sich. Häufig haben wir es bei unseren Dreharbeiten mit Behörden zu tun. Dazu braucht man zunächst einmal die Genehmigung der Behörde, überhaupt filmen zu dürfen. Nun kann diese das nicht einfach so ablehnen, weil kein Interesse besteht, denn wir haben – als „Öffentlichkeit" – ein Recht auf Information, und das schließt auch das Recht ein, die Arbeit der Behörden zu zeigen, wenn nicht gravierende Aspekte (zum Beispiel Sicherheit, Datenschutz und so weiter) dagegen sprechen. Die Informationsfreiheit und die Freiheit der Berichterstattung durch Presse und Rundfunk ist im Grundgesetz garantiert. In den Landespressegesetzen ist ein umfassender Auskunftsanspruch gegenüber den Behörden der öffentlichen Verwaltung (grundsätzlich auch gegenüber Polizei und Staatsanwaltschaft) festgelegt. Auskunftsverweigerungsgründe bestehen nur in bestimmten, gesetzlich geregelten Fällen, wenn schutzwürdige private und öffentliche Interessen überwiegen, zum Beispiel bei einem schwebenden Verfahren, Geheimhaltungsgründen und ähnlichem.

Auf der Rückseite des Presseausweises finden sich die Grundsätze unserer Arbeit: „Die Presse erfüllt eine öffentliche Aufgabe. Die Behörden sind nach Maßgabe der Landespressegesetze verpflichtet, den Vertretern der Presse die der Erfüllung ihrer öffentlichen Aufgabe dienenden Auskünfte zu erteilen. Der Presseausweis soll den/die Ausweisinhaber(in) in der Wahrnehmung seines/ihres Auskunftsrechts unterstützen. Sofern dies nicht aus wichtigen Gründen verweigert werden muß, legitimiert er den/die Ausweisinhaber(in), sich zur Erleichterung seiner/ihrer Berufsausübung innerhalb behördlicher Absperrungen zur aktuellen Berichterstattung aufzuhalten ...".

Auskunft und Zugang dürfen daher nur „aus wichtigen Gründen" verweigert werden, eine Tatsache, die man des öfteren Polizisten nachdrücklich erklären muß.

Dieses Recht der Öffentlichkeit auf Information wiegt leider in Deutschland nicht so schwer wie in den USA, wo der „freedom of information act" auch Privatmenschen Akteneinsicht in alle Behördenvorgänge ermöglicht, soweit nicht Sicherheits- oder Persönlichkeitsaspekte dem entgegenstehen. In der Regel sind aber deutsche Behörden und Institutionen den Medien gegenüber aufgeschlossen und gern bereit, ihre Arbeit öffentlich darzustellen. Schlechter sieht es bei deutschen Wirtschaftsunternehmen aus, bei denen oft die Türen geschlossen sind, oder die nur „ungefährlichen", das heißt ihnen genehmen, Journalisten Einlaß gewähren und damit oft ein merkwürdiges Verständnis von Demokratie beweisen.

Auch bei einer Behörde geht kein Weg an der zuständigen Pressestelle vorbei. Dort schildert man sein Anliegen, zum Beispiel, an Kontrollen der Wasserschutzpolizei teilnehmen zu wollen. Dies wird dann „geprüft", dauert eventuell ein paar Tage und ist mit internen Besprechungen bei den Behörden/Institutionen verbunden. Das muß man sich so vorstellen: eine Morgenbesprechung beim Polizeichef. Der Pressesprecher berichtet über die Anfrage des Fernsehens, an einer Kontrolle der Wasserschutzpolizei teilnehmen zu dürfen. Er habe schon mit dem Dezernat X und der Unterabteilung Y gesprochen und im Prinzip sei das in Ordnung. Der Polizeichef gibt per Kopfnicken seine Zustimmung mit dem Hinweis: „Ja gut, wenn mal wieder etwas Positives über uns berichtet wird. Achten Sie darauf, daß wir eine gute Truppe finden, die man vorzeigen kann." Nächster Schritt: Wöchentliche Dienstbesprechung bei der Wasserschutzpolizei. Der diensthabende Offizier: „Das Fernsehen will bei Tankerkontrollen teilnehmen. Der Polizeichef meint, dabei soll etwas Gutes herauskommen. Fritz, könnt Ihr das nicht machen?" Es kommt zu massivem Widerstand bei Fritz: sein Kollege sei krank, außerdem seien sie sowieso völlig überlastet und da wäre dann auch noch die Fortbildung, an der er unbedingt teilnehmen müsse. Und überhaupt, der Kollege Meier würde das doch viel besser machen, der könne auch viel besser reden. Nach fünf Minuten hin und her ist klar,

Fritz und sein Kollege müssen es doch machen. Na gut, sie fügen sich in ihr Schicksal, weil das eben auch zu ihrer Arbeit gehört. Das Fazit hier: alles, was mit Behörden zu tun hat, dauert meistens etwas länger.

Im Laufe von 20 Jahren habe ich mit Behörden viel erlebt. Etwas besonders Kurioses aber war im vergangenen Jahr die Drehvorbereitung mit der Deutschen Bahn AG, mit welcher wir ein ziemliches Chaos erlebt haben. Immer wieder rief ein neuer „Verantwortlicher" an, aber offensichtlich war die eigene Pressestelle unfähig, diesen über den Stand der Vorbereitungen und Kontakte mit uns zu informieren. Ständig wurde der Drehplan geändert, keiner kannte die am Tag vorher getroffenen Verabredungen: ein einziges Chaos. Darüber hinaus kam es zu Unhöflichkeiten, wie ich sie in dieser Form noch niemals erlebt hatte. Beim Vorgespräch mit einem Vorstandsmitglied der Deutschen Bahn AG in der DB-Lounge in Frankfurt fragte ihn seine Assistentin, ob sie ihm etwas zu trinken holen solle. Obwohl ich mit ihm am Tisch saß, wurde ich nicht gefragt, und das Kamerateam wurde völlig ignoriert. Nach dem Interview – der Vorstandsvertreter war bereits gegangen – bestellte ich für das Team etwas zu trinken und auch der Pressesprecher orderte einen Kaffee. Zum Schluß forderte der Pressesprecher mich dann auf, auch seinen Kaffee mit zu bezahlen.

Zwei Wochen später kam es aber richtig schlimm: Uns wurde – wir wollten Bilder in vollen Reisezügen zur Ferienzeit machen – die Drehgenehmigung verweigert, das mit der lapidaren Begründung, wir hätten nun aber genug gefilmt. Offensichtlich wollte man die Sendung solcher Bilder im Fernsehen verhindern. (Wir haben sie übrigens auch ohne Drehgenehmigung mit einer kleinen digitalen Kamera gedreht, und ich hatte auch im Kommentar erwähnt, daß dies Bilder sind, die die Deutsche Bahn AG nicht haben wollte; leider ist diese Stelle am Ende den Kürzungen am Schnittplatz zum Opfer gefallen.) Eine solche mangelnde Professionalität habe ich in 20 Jahren nicht erlebt. Wenn die Deutsche Bahn AG ihren Fahrbetrieb genauso organisiert wie die Pressearbeit, wundert es mich überhaupt nicht, daß das an allen Ecken und Enden nicht klappt.

12 Wer macht was? – Aufgabenverteilung im Team

Der Aufnahmeleiter

Frage: „Was ist der Unterschied zwischen einem Aufnahmeleiter und einem Zitronenfalter?" Antwort: „Es gibt keinen, der Zitronenfalter faltet ja auch keine Zitronen."

Und direkt einen Witz hinterher, diesmal über den Regisseur:

Kommt eine Frau in eine Tierhandlung und will einen Papagei kaufen. Sie sieht auch einen schönen, großen, prachtvollen Papagei in einem Käfig in der Ecke stehen und fragt den Verkäufer, wieviel denn der Papagei kosten soll. „50.000 DM", sagt dieser. „Oh", die Frau ist erstaunt, „Wieso ist der so teuer?" „Der kann alle Stücke von Shakespeare auswendig!" Die Frau ist beeindruckt. Direkt neben dem schönen bunten Papagei steht ein etwas kleinerer Käfig, in dem ein nicht ganz so schöner, etwas kleinerer Papagei sitzt. „Und was soll der kosten?", fragt sie den Verkäufer. „Der kostet 80.000 DM", antwortet der. Auf ihr noch größeres Erstaunen erklärt er, daß dieser Papagei Shakespeare auf deutsch, englisch und französisch auswendig sprechen könne. Nun ja, die Frau sieht sich weiter um und entdeckt neben den beiden Papageien noch einen dritten, ziemlich kleinen Käfig, in dem ein unscheinbarer grauer Papagei sitzt. „Und was kostet der?" „Der kostet 100.000 DM", erklärt der Verkäufer. „Wieso, was kann der denn?", will die Frau wissen. „Der kann gar nichts", bekommt sie zur Antwort, „aber er ist der Regisseur von den beiden anderen!" (Den Witz habe ich von Dr. Hellmuth Karasek, der ihn in der amüsanten WDR-Sendung „Zimmer frei" von Götz Alsmann und Christine Westermann erzählt hat.)

Aber, Spaß beiseite. Jeder, der an einem Film beteiligt ist, hat seine spezielle und wichtige Aufgabe, auch wenn das manche gern übersehen (wollen). Wichtig ist, daß allen im Team die Aufgabenverteilung klar bewußt ist. Wer macht eigentlich was beim Film? Der Kameramann macht die Bilder und der Tonmeister ist für den Ton verantwortlich, das ist einfach. Aber dazu gehört doch noch viel mehr.

Vor allem über die Arbeit des Aufnahmeleiters werden gerne Witze gemacht. Der Grund: er ist eigentlich für alles zuständig, und wenn er besonders gut ist, merkt man ihn und seine Arbeit kaum, es funktioniert eben alles. Aber nicht von selbst, da steckt harte Arbeit dahinter. Was macht ein Aufnahmeleiter? Fangen wir mit einer der wichtigsten Personen bei Dreharbeiten an.

Ein guter Aufnahmeleiter ist unschätzbar und wirklich Gold und Geld wert. Das merkt man vor allem dann, wenn man an einem Ort oder in einem Gebiet dreht, das man nicht kennt. Ein Beispiel: Rob Toohey war zwei Wochen lang unser Aufnahmeleiter im Yukon-Territory. Ich hatte mit ihm seit Wochen Fax-Kontakt. Einmal haben wir miteinander telefoniert, aber gerade solche Organisationsfragen sind am besten per Fax zu klären, weil man dann alles schriftlich vor sich hat. (Heute geht das per E-Mail natürlich einfacher, weil man ganze Dateien hin- und hersenden und – mit Korrekturen versehen – wieder zurücksenden kann.)

Rob wußte alles und kannte jeden. Wenn ich ihm sagte, daß wir noch einen Goldsucher brauchen, fragte er nur zurück: „Soll es ein deutscher Goldsucher sein?", denn auch den hatte er jederzeit zur Verfügung. Egal, ob es sich um Drehzugänge handelte oder zusätzliches Equipment. Er wußte, welche Genehmigungen zum Drehen nötig sind und von welcher Behörde man sie bekommt, kannte Zugänge zu Archiven und besorgte uns Helfer, die im Archiv Fotos heraussuchten.

Rob regelte alles. Oft klärte er in einem kurzen Telefongespräch aus seinem Auto während der Fahrt Sachen, was uns sonst Stunden gekostet hätte, wenn wir überhaupt gewußt hätten, an wen wir uns wenden sollten. „This is Rob Toohey from Whitehorse" – ich habe es immer noch im Ohr, wenn Rob seine Telefongespräche über das Funkgerät im Auto anmeldete. Natürlich kannte er die nette Frau von der Vermittlung in Whitehorse auch. Er kannte genau die besten Stellen für die Kamera, wußte genau, wo man den besten Blick auf den Lake Laberge hat und von welcher Stelle aus man vom Floß auf dem Yukon die alte Indianersiedlung sieht. Und er wußte deshalb auch, wieviel Zeit man für die Dreharbeiten braucht. Darüber hinaus ist er ein äußerst sympathischer Mensch, und wir haben eine grandiose Zeit mit ihm am Yukon verlebt.

Robert Toohey

Robert Toohey Locations Ltd.
⊠ Box 5863
Whitehorse, Yukon
Y1A 3T3

☎ Tel: 403-668-3310
🖷 Fax: 403-668-4470

Michael Schomers
Lighthouse Film

May 24, 1995

Hi Michael: Here's some answers to your questions of last week:

1. **Helicopter time**: To get to the Chilkoot Pass is approximately 1hr. flight from Whitehorse. For the helicopter to get back to Whitehorse is another hour. So by being dropped off on June 29 and picked up on June 30 we will have used all of our heli time. On the way back from the Chilkoot I propose to send you and the camera man back to Whitehorse for aerial filming on the way. There are some very beautiful mountains and lakes along the way. On your approach to the Heliport in Whitehorse, you will be able to follow the Yukon river and aerial film Miles Canyon. How much heli time could you use? Perhaps in Dawson you may want to use a helicopter for an hour to film the dredge piles, goldfields, the Yukon River, etc. Helicopters are based in Dawson and would cost you about $700.00/hr.
There are helicopters based in most towns in the Yukon.
Kluane offers spectacular vistas and aerial filming in Haines Jct. area might be of interest to you. It is up to you-I think its a budget concern. I can certainly suggest helicopter shots to you as we go along.

2. **How many days will we need you?** According to your fax dated May 14 you want me for 10 days and Tourism will pay me for 4 days.

3. **How do we charge our batteries?** I will rent us a small generator. Please make sure you have a converter and the appropriate plug ins. Any night we are camping we will use the generator; when we are in hotels we will use their power. For the Chilkoot Pass I would like to only carry batteries will you have enough batteries to give us 1.5 days of filming? If not we can bring in the generator with the helicopter.

4. **You are arriving late on June 25**-not a problem you are booked into a hotel and we will have time to rest and get ready for the next day.

Abbildung 8: Drehvorbereitung Alaska – Rob Toohey regelte alles!

Vor allem aber, und das ist das Wichtigste, beherrscht er seinen Job und kennt das Filmgewerbe.

Wer am Yukon drehen will und einen absolut kompetenten Aufnahmeleiter sucht, dem kann ich Rob Toohey aus vollem Herzen empfehlen. (Seine Telefonnummer gebe ich gerne weiter.)

Der Autor/Regisseur/Realisator

Er hat, wenn er die Aufgaben in Personalunion wahrnimmt, vor allem eine Aufgabe und hinter der muß alles andere zurückstehen: Er muß den Film im Kopf haben, er muß wissen, welche Bilder „gebraucht" werden, welche Bedeutung und Gewichtung die verschiedenen Filmteile haben, welche Rolle die Protagonisten spielen, das heißt, was sie „sagen sollen" und so weiter.

Das ist der eigentliche Kern der Autorentätigkeit. Während der Dreharbeiten muß er vor allem die Gespräche mit den Interviewpartnern führen. Damit meine ich nicht nur die Interviews selbst, sondern auch die Vorgespräche. Die sind sehr wichtig, um eine vertrauensvolle, wenigstens lockere Atmosphäre zu schaffen (siehe auch Kapitel 19: „Interviews oder: ,Der Lottogewinner'"). Gleichzeitig braucht man als Autor auch Luft und Freiraum, um sich immer wieder Gedanken über den gesamten Film, die Geschichte, die filmische Umsetzung zu machen. Damit ist man eigentlich schon völlig ausgelastet und hat mehr als genug zu tun. Im Normalfall ist der Autor, der Regisseur oder auch Realisator vor allem eines: „Mädchen für alles". Denn normalerweise ist man nur mit einem Dreierteam unterwegs – Kamera, Ton, Autor – und hat keinen Aufnahmeleiter dabei. Dann sieht der Alltag des Autors oft folgendermaßen aus:

Ein „ganz normaler Tag"

Weiß jedes Teammitglied, wann wir aufstehen müssen? Hat jeder den Weckdienst beauftragt? Wann müssen wir abfahren, um pünktlich beim ersten vereinbarten Termin zu sein? Haben wir ausreichend Zeit für das Frühstück? „Bitte beeilen, wir müssen in fünfzehn Minuten starten!" Um diese Zeit gibt es vielleicht im Hotel noch kein Frühstück. Können die Leute hier uns etwas mitgeben – eine Thermoskanne mit heißem Kaffee und ein paar Brötchen? Ist unser Mietwagen gekommen? Was ist mit dem Fahrer? Gibt es genügend Platz für das Gepäck? Weiß jeder, was heute gedreht wird? Gibt es Nachrichten bei der Hotelrezeption? Nochmals nachsehen und auschecken: hat jeder seinen Schlüssel zurückgegeben? Dann müssen noch die privaten Telefongespräche von der Hotelrechnung abgezogen werden und von jedem selbst gezahlt werden. Oh je, ich muß noch drei Telefongespräche führen, um die Interviewtermine für morgen früh zu bestätigen. Wen kann ich bitten, während des Tages da oder dort nochmals anzurufen? Haben wir genügend Wasser für den ganzen Tag in der Sonne dabei? Wo werden wir heute mittag essen, müssen wir einen Tisch für heute abend bestellen? So, alle da, wir müssen los! Haben wir alles dabei? Während der Fahrt, zum Glück muß ich nicht fahren, noch mal in den Unterlagen blättern, dann ein Gespräch mit dem Kameramann. Ankunft am Drehort. Vorgespräche mit dem Interviewpartner finden statt, Absprache mit dem Kameramann: wie machen wir das Interview, was haben wir noch für Bilder, was drehen wir wie? Wie paßt die Geschichte in den Film? Ändert sich etwas durch die neuen Informationen, die ich gerade bekommen habe? Stimmt das, was der Interviewpartner erzählt hat? Können wir dort nicht auch noch drehen? Wie komme ich da heran? Small talk mit allen möglichen wichtigen oder weniger wichtigen Menschen. Wo machen wir Mittagspause? „Wir haben eine halbe Stunde Zeit, dann müssen wir wieder los!" O.k., bezahlen. Für alle Ausgaben Quittungen sammeln! Wenn es keine gibt, Ausgabe auf jeden Fall notieren. Nächster Dreh, neue Menschen, neue Geschichten, neue Informationen. Frust, weil das Interview nicht so gut ist, wie man dachte. Und auch die Aufnahmen „drum herum" sind nicht so, wie erwartet. Dafür treffen wir einen interessanten Mann am Straßenrand, kommen mit ihm ins Gespräch und er erzählt wunderbar. Also machen wir mit ihm auch noch ein Interview. Am späten Nachmittag: Rückfahrt. Alle sind erschöpft. Den ganzen Tag der Sonne ausgesetzt gewesen. Müdigkeit breitet sich aus. Eine halbe Stunde dösen, vielleicht sogar ein kurzes Nickerchen, das wirkt Wunder.

Ankunft im Hotel gegen 19.00 Uhr. Haben wir das gesamte Gepäck aus dem Wagen genommen? Kurze Absprache mit dem Fahrer: „Morgen früh 7.30 Uhr hier am Hotel". An der Rezeption mehrere Nachrichten, zwei Faxe. Diskussion mit dem Hotelmanager; wir müssen nun doch noch eine Nacht länger bleiben. Sind Zimmer frei? Morgen muß ich daran denken, die Rückflüge zu bestätigen. Wann meldet sich endlich das Informationsministerium und teilt mir mit, ob der Interviewtermin mit dem Minister klappt? Da muß ich morgen früh dringend nochmals anrufen. Die beiden Kollegen gehen aufs Hotelzimmer. Wann treffen wir uns zum Essen? Acht Uhr. O.k., hier auf der Terrasse. Auf dem Zimmer zunächst kurzes Aufatmen. Zuerst einmal unter die Dusche. Dann müssen die Telefonate erledigt werden, wenn das noch geht, sonst muß ich das morgen in der Mittagspause machen. Aus den geplanten zehn Minuten für die Gespräche wird eine Dreiviertelstunde, denn zwei Termine sind verschoben worden und machen weitere Änderungen in unserer Terminplanung notwendig. Die Abrechnung mache ich heute nicht mehr, stopfe nur alle Quittungen in einen großen Briefumschlag. Das hat Zeit.

Jetzt noch ein kurzer Anruf in Deutschland: „Ja, mir geht's gut. Anstrengend wie immer – es wird schon alles klappen." Um kurz nach acht treffen sich alle auf der Hotelterrasse. Ein wunderschöner lauer Sommerabend. Wir essen und trinken gut und reden über den Tag und planen, was wir morgen machen wollen. Eigentlich müßten wir noch mal eine halbe Stunde einen Blick ins Material werfen, aber wir sind heute zu müde. Das machen wir morgen. Nach dem Essen noch ein kurzer Absacker an der Hotelbar. Nicht zu spät schlafen gehen, denn morgen wird es wieder sehr anstrengend.

Der Kameramann

Der Kameramann ist für alles verantwortlich, was mit der Kamera und den Bildern zu tun hat. Die Kamera ist sein Arbeitsgerät, und manche Kameraleute haben schon ein emotionales Verhältnis zu ihrem „Baby" aufgebaut. Den ganzen Tag schleppt der Kameramann seine Kamera mit sich herum und trägt sie oft buchstäblich auf seinen Knien, weil da nämlich, zum Beispiel bei Autofahrten, der beste und sicherste Platz ist. Dazu gehört auch die gesamte Technik drum herum, die immer einsatzbereit sein muß. Hier ist Teamwork mit dem Tontechniker nötig. Die Zusammenarbeit zwischen den beiden muß wirklich reibungslos funktionieren. Vor allem muß sich der Kameramann natürlich um die Bilder kümmern. Wenn der Film richtig gut werden soll, muß er das Projekt genauso gut kennen wie der Autor. Das ist übrigens der Hauptgrund, daß die Arbeit bei Eigenproduktionen (Hausproduktionen) des Senders oft so schwierig ist. Wenn dann der Kameramann kommt und den Autor lapidar fragt: „Na, was willst du denn haben?" – nur auf Anweisung wartet, kann eigentlich nichts Gutes dabei herauskommen. Dies wäre aber auch die Bankrotterklärung des Kameramannes, denn dann nimmt er den wichtigsten Teil, den eigentlichen Kern seines Berufes, nicht wahr: die kreative Gestaltung der Bilder, des Films, die – gemeinsam mit dem Autor – seine Aufgabe ist. Diese beiden sind es, die sich alles ansehen und festlegen, was und wie dort gedreht wird. In der Regel machen wir einen kurzen Rundgang und besichtigen alle möglichen Drehorte. Während dieses Gangs legen wir die Orte und die jeweiligen Einstellungen und die Reihenfolge exakt fest. Dabei sind auch technische Details zu besprechen: Gibt es hier einen Gabelstapler, können wir ein Bild vom Dach aus machen? Hier sollten aber im Hintergrund einige Leute arbeiten – und so weiter. Damit liegt jedes Bild genau fest und wir können anfangen, am ersten Drehort aufzubauen.

Der „Assi"

Der Kameraassistent, Ton-Assistent, EB-Assistent (EB=Elektronische Berichterstattung) – oder wie man ihn sonst noch nennt – ist verantwortlich für die gesamte Technik. Bei Dreharbeiten mit Video ist er in erster Linie verantwortlich für den guten Ton. Die korrekte Bezeichnung ist also „Tonmann"; dieser übernimmt aber zusätzlich auch die Aufgaben des klassischen Kameraassistenten. Früher beim Film gab es den Tonmeister. Als das Videozeitalter begann, wurde daraus der EB-Techniker oder auch Videotechniker. Bei größeren Produktionen gibt es neben dem Tonmann gelegentlich auch einen zusätzlichen Kameraassistenten und einen Tonassistenten.

Auf jeden Fall muß der „Assi" dafür Sorge tragen, daß immer alles, was an Technik benötigt wird, vorhanden und jederzeit einsetzbar ist, wenn es gebraucht wird: Akkus und Kassetten, Weitwinkelobjektiv, eventuell Licht, Filter und so weiter. Er muß auch ein Stück weißes Papier (für den „Weißabgleich" – damit wird das „Weiß" der Kamera auf die jeweiligen Lichtgegebenheiten eingestellt) dabei haben. Ein Lederläppchen zum Säubern der Objektive ist auch wichtig. Desweiteren gehören Schraubenzieher, Lötkolben, Ersatzstecker, Kabel, Batterien, Folien, Klammern und kleinere Ersatzteile zu seinem Verantwortungsbereich.

Das bereits erwähnte Multifunktionswerkzeug „Leatherman" gehört bei vielen Technikern zur Standardausrüstung. Jeder Handgriff muß sitzen. Es kommt selbstverständlich auf die Art der Dreharbeiten an, aber gerade bei aktuelleren Drehs gilt: wenn man aus dem Auto steigt, ist es die Aufgabe des „Assis", als allererstes das Equipment drehbereit zu machen. Das ist heute durch die modernen Camcorder (das heißt der Recorder ist in der Kamera eingebaut) einfacher geworden, weil der Kameramann nicht mehr darauf warten muß, daß der tragbare Recorder mit dem Kabel angeschlossen ist. Aber Tonmischer und Mikrofon müssen ebenfalls sofort funktionieren, und das heißt, auch der Assistent muß so schnell wie möglich aufnahmebereit sein.

Die vollen Kassetten müssen beschriftet werden. Das hört sich einfach und klar an, ist aber doch offenbar erheblich komplizierter als man meint. Wir hatten einen Tonkollegen, der schrieb immer nur „1" und „2" auf die Kassetten, manchmal auch gar nichts, was am Schluß ein ziemliches Chaos verursachte.

Also auf der Kassette sollte stehen:

- Titel des Films/Projektes

- Kassetten-Nummer und Datum

- Drehorte/Einstellungen (nur ganz grob: zum Beispiel Köln: Verwaltungsgebäude Fa. „XY" außen, Interview mit Chef, Produktion: Stanzen, Bohren/Bochum: Straßenbahndepot, Streikposten, Streikversammlung ...)

- wenn mehrere Tonkanäle benutzt wurden, muß vermerkt werden, was auf welchem Kanal aufgenommen wurde; das ist für die Nachbearbeitung beim Schnitt wichtig

- wenn es um kleinere Magazinbeiträge geht, müssen auch die Namen des Autors, Kameramannes und Tonkollegen vermerkt werden

- Bemerkungen: zum Beispiel „ACHTUNG, Timecode falsch" oder „von Minute 17–19 Tonstörungen!"

Knöpfchen nicht vergessen! Um zu verhindern, daß versehentlich eine volle Kassette wieder bespielt wird, gibt es einen kleinen roten Sicherungsknopf, der unbedingt *sofort* hereingedrückt werden muß!

Nichts ist schlimmer als Chaos im Auto: ein Kofferraum, in dem der Kamerakoffer, Recorder, Stativ, Kassetten, Akkus, Kabel, Verlängerungskabel, Jacken, Zeitungen, leere und volle Flaschen, Schuhe, Autokarten, die Reisetaschen aller Teammitglieder und vieles mehr herumliegt und im entscheidenden Moment keiner etwas findet. Auch das ist die Aufgabe des „Assis".

Er sollte für eine klare Ordnung im Wagen sorgen: Es sollte jeweils eine Stelle geben, wo die vollen und (eine andere!) wo die leeren Akkus ihren Platz haben. Das gleiche sollte für volle und leere Kassetten gelten. Diese Stellen muß jeder kennen! Nun haben die neuen Akkus mittlerweile einen Ladestandsanzeiger, so daß man mit einem Knopfdruck feststellen kann, wie voll der Akku ist. Trotzdem ist es wichtig, einen Platz nur für die vollen Akkus zu haben, denn dann findet man im Ernstfall die nötigen Dinge schneller.

Manche dieser Aufgaben kann der Tonkollege an den zusätzlichen Assistenten oder einen Praktikanten abgeben, wenn vorhanden. Nur ist ein zusätzlicher Assistent nicht immer bezahlbar (leider vor allem bei den Projekten nicht, wo er am meisten gebraucht wird – beispielsweise bei einem Auslandsdreh).

Wenn man nur mit einem Drei-Personen-Team arbeitet, heißt das in der Regel, daß der Autor auch das Stativ trägt, eventuell noch eine Tasche mit Kassetten und Akkus. Aber das ist oft nicht möglich, denn der Autor muß sich auf seine Aufgaben konzentrieren.

Beim Drehen ist jeder für seinen Bereich verantwortlich. Der Autor hat den Interviewpartner vorbereitet, alles ist aufgebaut, dann kommt die Frage an die anderen: „Können wir?" Der Kameramann entscheidet, ob die Einstellung o.k. ist, der „Assi" hört im Kopfhörer, ob der Ton in Ordnung ist und bestätigt: „Ton ist o.k.!" Daraufhin löst der Kameramann die Kamera aus und bestätigt: „O.k., ich laufe". Der Autor gibt das Zeichen an den Interviewpartner und beginnt mit der ersten Frage.

Jeder achtet auf seinen Verantwortungsbereich und muß dann auch aufhören, wenn es ein Problem gibt, zum Beispiel irgendein störendes Geräusch im Hintergrund auftaucht oder ein technisches Problem entsteht, Belichtung oder Bildausschnitt nicht mehr stimmen.

Selbstverständlich sollte sein, daß der Autor sich an den notwendigen Arbeiten (Auf- und Abbau) beteiligt. Manchmal ist jedoch ein abschließendes Gespräch mit dem Interviewpartner oder eine weitere Recherche wichtiger. Chef des Teams ist übrigens im Regelfall der Autor. Wenn der Produzent nicht selbst anwesend ist, ist er dessen Vertreter und trifft die Entscheidungen. Dazu gehört auch die Regelung aller finanziellen Angelegenheiten. Wenn es sich um einen freien Autor und den festangestellten Kameramann einer freien Produktion handelt, kann es auch sein, daß der Kameramann Vertreter des Produzenten ist.

Gemeinsame Aufgaben

Grundsätzlich gilt: alle machen alles mit, alle packen mit an. Vor allem beim Auf- und Abbau des Equipments. Aber es gibt Situationen, in denen der Autor andere Aufgaben hat, die seine ganze Aufmerksamkeit erfordern, und es wäre schlimm, wenn er sie vernachlässigen würde. Wenn wir zu einem Interview kommen, ist es die erste Aufgabe des Autors, gemeinsam mit dem Kameramann kurz die Kameraposition und das gesamte Arrangement zu besprechen. Danach ist das Wichtigste das Vorgespräch mit dem Interviewpartner, während die anderen Kollegen die Technik vorbereiten. Aber in der Regel gilt: Auf- und Abbau werden gemeinsam gemacht.

Leider ist das wohl nicht für jeden selbstverständlich. Sehr empört haben die Kollegen einmal reagiert, als eine Koautorin, die zu einem Dreh allein mit dem Team gefahren war, es wirklich fertiggebracht hatte, nach dem Interview mit dem Interviewpartner den Raum zu verlassen – während das Team abbaute –, um einen Designer-Pullover in Empfang zu nehmen. Das Team „guckte in die Röhre", die Kollegen mußten die Arbeit alleine machen, und außer der Koautorin bekam natürlich keiner einen der teuren Designer-Pullover geschenkt.

13   Streit und Frust –
vom Umgang mit dem Team

Dreharbeiten sind oft für alle Beteiligten extreme Situationen. Man ist für einen bestimmten – kürzeren oder längeren – Zeitraum zusammen, arbeitet oftmals unter hohem Zeit- und Qualitätsdruck und wird nicht selten mit emotional schwierigen Situationen und Menschen konfrontiert. Man ist außerhalb seiner gewohnten Umgebung, und das, was man erlebt, ist ungewohnt und psychisch und physisch anstrengend. Solche Situationen sind auch spannend und aufregend, aber nach einiger Zeit sehnt man sich nach seiner gewohnten Umgebung; man vermißt Partner, Freunde und Familie.

Gut ist es, wenn man in einem Team zusammenarbeitet, das man im Laufe der Zeit kennengelernt hat. Übrigens ist es ein besonders großer Vorteil, wenn man hauptsächlich mit den gleichen Kollegen zusammenarbeiten kann. So kennt man nicht nur die Arbeitsweise der Kollegen, man kennt auch die Vorlieben und Gewohnheiten, die Stärken und Schwächen des anderen.

Man kennt die „Macken" und kann damit im Regelfall umgehen. Aber trotzdem gehen einem nach einiger Zeit dann doch diese oder jene Verhaltensweisen auf die Nerven, und sei es nur die Art und Weise, mit der der andere sein Frühstücksei aufschlägt. („Warum muß der sein Frühstücksei immer so prügeln?" Eine Spezialität meines Bruders Martin!)

Gerade bei einem längeren Dreh ist man mehrere Wochen lang wirklich Tag und Nacht zusammen: Beim Frühstück, bei der Arbeit selbstverständlich, beim Essen und in Pausen; auch den Abend verbringt man dann meistens noch – bis zum letzten „Absacker" an der Bar – zusammen. Da ist es wichtig, wenn jeder trotzdem eine kleine persönliche Rückzugsmöglichkeit hat. Deshalb sollte man, wo immer es möglich ist, Einzelzimmer für das Team buchen, damit jeder wenigstens einen kleinen Raum für sich ganz persönlich hat, in dem er sich wenigstens mal für einen Abend oder eine Stunde zurückziehen kann.

Während der Reportage über die deutschen Minensucher haben wir zehn Tage in der Unteroffiziersunterkunft geschlafen. Wir waren sehr privilegiert. Während die Soldaten die Kojen in zwei Schichten nutzten, das heißt sich teilten, hatten wir eigene „Betten", wenn man Kojen so bezeichnen will. Sie waren zwar zwei Meter lang, aber nur 50 Zentimeter breit und hatten auch eine Kopfhöhe von nur 50 Zentimetern. Wir schliefen in einem ca. 40 m² großen Raum mit 20 anderen Männern. Die Kriegsschiffe fuhren „Kriegsmarsch", das heißt 70 Prozent der Besatzung war immer im Dienst. Jede Stunde während der ganzen Nacht wurde das Licht angemacht und einige gingen schlafen, während sich andere für ihren Dienst fertig machten. Zehn Tage ohne jegliche Privatsphäre. Alleine war man nur für kurze Zeit auf der sehr engen Toilette. Nach zehn Tagen gingen wir in Kreta von Bord und verbrachten eine Nacht in einem Hotel. Mein ganzes Leben werde ich mich an das Gefühl erinnern, als ich – das erste Mal nach zehn Tagen – die Zimmertür hinter mir zumachte und mich aufs Bett setzte und – endlich – allein war: ein unbeschreibliches Gefühl. Gerade bei (physisch und/oder psychisch) anstrengenden Dreharbeiten ist es äußerst wichtig, die Rahmenbedingungen (und dazu gehören vor allem Essen und Schlafen) so gut wie möglich zu gestalten. Das bedeutet nicht immer den höchsten Luxus und es muß nicht unbedingt das teuerste Hotel sein – gute Mittelklasse genügt völlig. Manchmal ist auch anderes angesagt: Wenn es die Situation verlangt, müssen eben alle auch im Schlafsack auf dem Boden schlafen und mit einem kargen Mahl zurechtkommen.

Es gibt Tage, an denen geht alles schief. Der Protagonist bot nichts Neues, es waren keine guten Bilder zu finden, und die einzige interessante Szene am Tag ging ebenfalls schief, weil die Kassette gerade voll oder der Akku leer war. Gerade dann sind die Begleitumstände sehr wichtig: dann muß man zum Ausgleich in ein besonderes Restaurant gehen oder eine besonders gute Flasche Wein trinken.

Das Wichtigste bei der Arbeit ist immer das Ergebnis: der Film. Niemand fragt später danach, wieso und warum etwas im Film nicht geklappt hat, wieso man dieses oder jenes nicht drehen konnte; auf den Punkt gebracht, wieso der Film nicht so gut ist. Was zählt, ist nur das Produkt. Das Zweitwichtigste aber ist die Stimmung im Team, denn die Atmosphäre bei der Arbeit bestimmt im wesentlichen auch das Ergebnis. Deswegen sind auch „besondere Aufwendungen" beispielsweise für Essen und Trinken sinnvoll. Es gibt Zeiten und Tage, an denen Unterkunft und Verpflegung nicht so angenehm sein können. Dafür sollte man dann einen Ausgleich schaffen; besonders wenn es frustrierende Tage waren, die Dreharbeiten nicht so richtig gelaufen sind (siehe auch Kapitel 15: „Reisen und Spesen").

Irgendwann schlagen sie unerbittlich zu, überall dort, wo Menschen miteinander umgehen müssen – die negativen Auswirkungen der Gruppendynamik: Wer kann nicht mit wem, wo gibt es Spannungen, Probleme in den sozialen Beziehungen; gab es vielleicht Streit, hat jemand etwas Unangebrachtes gesagt, drückt sich jemand vor der Arbeit, warum reden die beiden Kollegen seit Tagen kein Wort miteinander? Bei einem Dreh von ein oder zwei Tagen ist das nicht besonders schlimm. Bei längeren Dreharbeiten sollte man diese Aspekte stärker beachten. Vielleicht gibt es dann die Möglichkeit einer Aussprache oder man kann konkret irgend etwas an der Zusammenarbeit verändern. Auf jeden Fall ist es immer gut, solche Probleme möglichst frühzeitig anzusprechen.

Aber ich muß sagen, daß ich Streit- und Konfliktsituationen nur sehr selten erlebt habe; in der Regel war es – trotz oft großer physischer und psychischer Belastungen – eine sehr kollegiale und harmonische Zusammenarbeit.

Alle an einem Filmprojekt Beteiligten sollten das Projektende zusammen feiern, egal, ob man bereits nach einem gelungenen Dreh Essen geht, oder erst dann, wenn der Film fertig oder schließlich gesendet ist. Auf jeden Fall sollte man so etwas nicht vergessen. Denn es geht nicht nur um den Abschluß eines gemeinsamen Projektes, es ist auch die Vorbereitung auf eine mögliche weitere Zusammenarbeit.

14 Männer und Technik ...

Man wünscht es sich ja nicht, aber es kann immer mal wieder Probleme mit der Technik geben. Irgend etwas klappt nicht, irgendwo wackelt, klemmt, streikt etwas; kein Bild, kein Ton. Besonders unangenehm ist es, wenn das in einer Drehsituation passiert. Der Interviewpartner, die Protagonisten warten, alle sind vorbereitet und fertig und dann ... Der Autor bekommt das erst mit Verzögerung mit, Kameramann und Tonkollege beugen sich über die betroffene Technik, versuchen dieses und jenes, jemand läuft zum Teamwagen, holt etwas. Dann kommt das Signal: es ist etwas nicht in Ordnung, wir können nicht drehen, es dauert ...

Nach einer halben Stunde ist klar, es wird noch etwas länger dauern. Der Autor besänftigt die beteiligten Personen. Kameramann und Assistent machen bei ihrem fünften Reparaturversuch einen immer verbisseneren Eindruck: Eine Unverschämtheit, daß ihnen so etwas passiert und sie es nicht schaffen, den Fehler zu beheben. Fast eine persönliche Beleidigung; ja, ja, Männer und Technik. Dann, nach einer weiteren halben Stunde haben die beiden aufgegeben, es geht nicht. Die Kamera streikt. Und nun? Entweder man verschiebt den ganzen Dreh und verabredet sich zu einem neuen Termin oder es muß auf die schnellstmögliche Art und Weise Ersatz beschafft werden. Das ist oft kein so großes Problem, weil es in fast allen größeren Städten Kameraverleihe gibt. Aber so etwas bringt den gesamten Drehplan durcheinander.

Und wenn dies im Ausland passiert?

Sommer 1995: Seit zwei Wochen drehen wir im Yukon-Territory, an der Grenze zu Alaska. Wir sind auf den Spuren der Goldsucher, auf den Spuren Jack Londons. Es ist Freitag mittag, als unser Kameramann Tom Kaiser einen Fehler in der Kamera bemerkt. Auf allen Bildern zeigen sich jeweils an den hellsten Punkten des Bildes senkrechte Streifen, die natürlich nicht dorthin gehören. Wir sehen uns das Material an und stellen fest, daß auch auf dem Material vom gestrigen Tag dieser Fehler immer mal wieder aufgetreten ist. Krisensitzung. Eine neue Kamera muß her. Aber es ist Freitag nachmittag, das Wochenende steht bevor. Die nächste Großstadt, Vancouver, ist 2.000 km entfernt, und ob wir dort am Wochenende eine Möglichkeit finden, unsere Kamera reparieren zu lassen oder gar eine neue zu leihen, ist sehr ungewiß. Denn hier auf dem nordamerikanischen Kontinent ist die Norm NTSC und nicht wie in Europa PAL. Also muß eine Ersatzkamera aus Deutschland eingeflogen werden. Aber auch dort ist Wochenende. Der schnellste Weg ist wohl, so entscheide ich, wenn jemand die neue Kamera holt und sie uns persönlich bringt. Es ist kurz vor Mitternacht in Köln, als ich meine Praktikantin Sandra anrufe und sie frage, ob sie wohl am Sonntag morgen nach Alaska fliegen könne. Ich höre nur einen Freudenschrei. – Und es klappte alles. Von einem befreundeten Produzenten holte Sandra eine Ersatzkamera und saß Sonntag morgens im Flugzeug in Richtung Kanada. Die Freundin unseres Aufnahmeleiters holte sie abends in Whitehorse, der Hauptstadt des Yukon-Territory, ab. Die beiden fuhren 600 km mit dem Wagen durch die Wildnis und kamen nachts um 2 Uhr in Dawson an, so daß wir am nächsten Morgen pünktlich weiterdrehen konnten. Sandra ist dann natürlich nicht sofort wieder nach Deutschland zurückgeflogen, sondern hat uns noch eine Woche begleitet; wenn man schon mal da ist ... (Heute arbeitet sie übrigens bei einer großen Fernsehproduktion als Aufnahmeleiterin. Wie qualifiziert sie gerade für diese Arbeit ist, wurde mir besonders an diesem Beispiel deutlich: Aus unerfindlichen Gründen war ihr Ticket Frankfurt–Vancouver–Whitehorse nicht wie geplant am Ticketschalter hinterlegt. Ihr gelang, was wohl nur wenigen Menschen gelingen dürfte: sie setzte durch, daß sie auch ohne Ticket fliegen konnte.)

Übrigens: die Kosten für die ganze Aktion von ca. 5.000 DM hatte nach einigem hin und her die Negativversicherung übernommen.

Ein Jahr später ist uns in Tansania etwas Ähnliches passiert, mitten im Busch funktionierte ebenfalls die Kamera nicht mehr. Im Feldlazarett des Internationalen Roten Kreuzes nahmen die Kollegen Martin Hilbert und Christoph Nolte auf einem Operationstisch die gesamte Kamera bis in die letzten Kleinteile auseinander. Nach zwei Stunden hatten die beiden sie wenigstens soweit repariert, daß wir Bilder machen konnten. Nur Interviews waren nicht möglich, denn die Kamera machte ein Geräusch wie ein Traktor (für Fachleute: der Fehler lag an der Umlaufblende, die durch das Schütteln auf der stundenlangen Fahrt durchs Gelände herausgesprungen war;). Aber zumindest konnten wir uns notdürftig behelfen. Für das Interview liehen wir uns die Kamera von schwedischen Kollegen, und zwei Tage später brachte uns eine Kollegin, die sowieso nach Ruanda kam, eine Ersatzkamera mit.

15   Reisen und Spesen

Während der Dreharbeiten mit meinem Team zahle ich grundsätzlich keine Spesen, weil ich eine andere Regelung bevorzuge: während der Drehzeit bezahle ich alles, was an Kosten anfällt. Dazu gehört selbstverständlich die Verpflegung, einschließlich der Getränke, aber auch – wenn es im Rahmen bleibt – die Getränke abends nach dem Essen. Wenn wir später dann noch irgendwo ein Bier oder einen Wein trinken gehen, bezahlen wir meistens abwechselnd.

Bei einem Gespräch mit jungen Kollegen (ein Assistent und ein Auszubildender) fielen mir vor kurzem noch einmal die, wie ich denke, sehr negativen Auswirkungen der üblichen Spesenregelung auf, bei der jeder seine Tagesspesen von 35 DM (bei einer Arbeit von mehr als zwölf Stunden) ausgezahlt bekommt und selbst für seine Verpflegung verantwortlich ist. Meine jungen Gesprächspartner erzählten mir, daß sich nach dem Dreh in einem großen Hotel in Köln der Autor und der Kameramann mit dem Interviewpartner in das Hotelrestaurant setzten und etwas zum Essen bestellten. Der junge Tonkollege und der Auszubildende gingen, weil sie sparen wollten, zur Imbißbude um die Ecke, aßen dort eine Currywurst und setzten sich dann in die Hotelhalle, um auf die anderen zu warten.

Mir gefällt die andere Regelung grundsätzlich besser. Das wichtigste: alle gehen zusammen essen, es gibt keinen Unterschied zwischen denen, die mehr Geld verdienen und denen, die weniger haben und deshalb ihre Spesen lieber sparen wollen. Zum anderen muß für mich bei einem solchen Essen das gesamte Team dabei sein. Der Gewinn ist die Verbesserung der sozialen Beziehungen des Teams untereinander, – der gesamten Atmosphäre beim Drehen –, und das ist es auf jeden Fall wert.

Diese Regelung ist für die Produktion teurer, weil der zur Verfügung stehende Spesensatz meist bei weitem nicht ausreicht. Der Spesensatz bei mehrtägigen Dienstreisen liegt bei 46 DM am Tag (für Frühstück, Verpflegung am Tag und Abendessen). In Wirklichkeit braucht man wohl eher den doppelten Betrag.

Wenn bei einer Produktion der Etat besonders knapp ist, weise ich schon mal darauf hin, daß wir nicht zu leichtsinnig im Geldausgeben sein sollten. Aber die meisten Kolleginnen und Kollegen haben dafür ohnehin ein richtiges Gespür, und ich habe es nur ganz selten erlebt, daß ein Kollege sich permanent die teuersten Gerichte heraussuchte oder ein anderer bei einem längeren Dreh überhaupt kein eigenes Geld mitnahm, in der Annahme, es werde ohnehin alles von mir bezahlt. Das muß man dann eben ansprechen und sonst die Regelung doch ändern. Oder man legt fest, daß jeder seine Getränke selbst bezahlt. Eigentlich sollte das kein Problem sein.

16 Sicherheitsprobleme

Sicherheitsprobleme gibt es überall, ob im Inland oder Ausland. Das Equipment ist viele Tausend Mark wert, und man muß immer – wirklich immer! – ein Auge darauf haben. Wir folgen stets der bewährten Regel: Der Assistent kennt die Anzahl der Gepäckstücke und achtet darauf, daß alles ausgeladen wird und dann das gesamte Gepäck an einer Stelle liegt. Der Kameramann hat immer die Kamera bei sich, und für das persönliche Handgepäck ist jeder selbst verantwortlich. Wenn die Kamera zum Beispiel übergeben wird, dann im wahrsten Sinn von Hand zu Hand. Die Verantwortung geht erst in dem Augenblick auf jemand anderes über, wenn er die Kamera wirklich in die Hand genommen hat. Vor einigen Jahren ist Kollegen in New York die Kamera gestohlen worden, und zwar aus der Hotelhalle. Das Problem war genau dies: der Kameramann hatte „gedacht", daß der Tonkollege schon aufpaßt; diesem war das allerdings wohl nicht klar und fühlte sich ebenfalls nicht verantwortlich. Auch die Tatsache, daß die Diebe vermutlich mit der Kamera wegen des anderen Formates in den USA (NTSC) nichts anfangen konnten, tröstet nur wenig. Der größte Schaden ist nicht nur der materielle, gravierender ist in einem solchen Fall, daß die gesamten Dreharbeiten erheblich gefährdet sind.

Ich bin in dieser Beziehung meist wohl etwas zu sorglos, lasse meine persönlichen Sachen, auch Bargeld, oft einfach so im Hotelzimmer in meinen verschiedenen Hosen- und Hemdtaschen liegen. Bisher habe ich noch keine schlechten Erfahrungen gemacht, aber das ist sicherlich nicht der beste Weg. Bei der Übernachtung in einem Hotel sollte man nach Möglichkeit die Hotelgarage nutzen, dann kann ein Großteil des Equipments im Auto bleiben. Generell aber müssen Kamera, Kassetten, Akkus und Ladegerät mit ins Zimmer genommen werden. Zum einen, weil Kamera und Drehkassetten das Wertvollste sind, was man dabei hat; zum anderen, weil die Akkus jeden Abend aufgeladen werden müssen. Auch im Hotel sollte man genau überlegen, wo das Equipment gelagert werden kann und eventuell einen zusätzlichen abschließbaren Raum mieten. Wenn das nicht möglich ist, sollte man genau überlegen, wie das Equipment auf verschiedene Zimmer verteilt werden kann: der Kameramann hat die Kamera (logisch!), der Assistent Akkus und Ladegerät und der Autor die Drehkassetten. Da der Assi in der Regel den größten Teil des Equipments auf seinem Zimmer hat, sollte er das am leichtesten zu erreichende Zimmer bekommen, damit man die schweren Teile nicht so weit tragen muß.

Zum Thema Sicherheit gehört auch die Sicherheit in dem Land oder der Region, in der man drehen will. Und damit meine ich nicht nur Länder in Schwarzafrika, Lateinamerika oder ähnliche Gebiete. Das Problem gibt es auch schon in vielen europäischen Großstädten, in denen man genau überlegen muß, wo man seinen Wagen stehen läßt, beziehungsweise vorher klärt, daß man einen Platz in der Hotelgarage bekommt.

Ein halbes Jahr nach dem Genozid und Krieg in Ruanda planten wir Ende 1994 unsere Dreharbeiten für die ZDF-Reportage „Hilfe ohne Ende? Deutsche Helfer in Ruanda". Selbstverständlich war die Sicherheitslage ein Diskussionsthema, und ich hatte in der Vorbereitung mit vielen Kontaktpersonen geredet, die entweder gerade in Ruanda gewesen waren oder sich noch im Land befanden. Dazu kamen Telefonate mit der deutschen Botschaft in Kigali, dem Korrespondenten in Nairobi und Vertretern mehrerer Hilfsorganisationen, die im Land arbeiteten.

Bei diesen Gesprächen hatte ich den Eindruck gewonnen, daß die Sicherheitslage „mittelmäßig" ist, das heißt, daß es unter Beachtung bestimmter Aspekte durchaus möglich ist, sich im Land sicher zu bewegen. Wenngleich natürlich auch offensichtlich war und ist, daß es eine absolute Sicherheit in einem solchen Krisengebiet nicht geben kann. Während ich also das Team bei unseren Vorgesprächen beruhigte, erzählte der Kameramann immer wieder Horrorgeschichten und redete über die Unsicherheiten und Gefahren im Land. Als wir dann dort waren, stellte sich heraus, daß wir mit Ausnahme der Grenzregion zu Zaire ziemlich ungehindert überall im Land herumreisen konnten. Erst im Nachhinein wurde klar, wo das Problem lag. Der Kameramann hatte einen Freund, der als Nachrichtenredakteur im WDR arbeitete, gebeten, ihm alle Nachrichten über Ruanda zu geben, was dieser auch gewissenhaft tat. Aber die Medien melden nur außergewöhnliche Vorfälle: den Überfall eines UN-Transports, den Mord an einem Arzt im Krankenhaus der Grenzregion oder andere „nachrichtenswerte" Neuigkeiten. Eine „normale Lage" oder gar „Ruhe" im Land aber ist kein berichtenswertes Nachrichtenereignis und kam deshalb in den Meldungen nicht vor. So verdichtete sich für den Kollegen das Bild eines unruhigen und völlig unsicheren Landes.

Vor Ort – besonders in Krisengebieten – gilt es natürlich, gewisse Sicherheitsgebote zu befolgen. Auskünfte darüber bekommt man von den Botschaften, der UNO und den Hilfsorganisationen, die in dem Land arbeiten. Solche Regeln waren zum Beispiel in Ruanda:

• Nicht nachts fahren. Fahrten ins Land so planen, daß man auf jeden Fall vor Einbruch der Dunkelheit wieder im Hotel ist.
• Teilnahme an den örtlichen „Security-meetings" der UNO
• Bei Fahrten in weit entfernte Regionen, am Abend vorher mit Personen reden, die in den letzten Tagen die gleiche Strecke gefahren sind.

Dabei handelt es sich selbstverständlich keineswegs um einen vollständigen Schutz, – das ist eben die Situation in Krisengebieten.

Als ich 1992 in Somalia war, gab es auf den Fernstraßen außerhalb der Städte immer wieder Straßensperren. Auf der Fahrt von Hargeisa zur Hafenstadt Berbera – eine Strecke von 150 km –, trafen wir auf sechs oder sieben Straßensperren. Diese sahen so aus: Irgendwelche Hindernisse waren so auf der Straße plaziert, daß nur eine schmale Durchfahrt blieb, die mit einer Schranke oder einem Seil gesperrt war. Am Rande der Straße lagerte eine Gruppe von Männern um ein Maschinengewehr, manchmal auch ein Flakgeschütz oder einen Panzer. Nun wußte man aber überhaupt nicht, welche Gruppierung dort die Gegend kontrollierte, denn es gab keinerlei staatliche Ordnung oder Armee oder eine andere Autorität in Somalia. Also mußte man sich auf sein Glück verlassen und wußte nie, was einem bevorsteht. Um so mulmiger ist einem, wenn die Kontrolleure aus halbwüchsigen angetrunkenen Jugendlichen bestehen, die mit ihren Kalaschnikows spielen und kein Wort Englisch oder Französisch verstehen.

Dann ist es günstig, wenn man einen einheimischen Fahrer hat, der sofort erklären kann, wen er durch die Gegend fährt und was diese Leute im Land wollen. In manchen Ländern sind wir auch mit den Mitarbeitern der Hilfsorganisationen, später gelegentlich auch selbst gefahren, aber in der Regel gilt: nie ohne einheimischen Fahrer.

Mit jedem Drehtag haben wir einen größeren Schatz zu bewahren: die Drehkassetten. Sie sind am Ende wertvoller als die Kamera, denn sie sind wirklich in den meisten Fällen unersetzlich und müssen immer absolut sicher verstaut sein. Drehkassetten werden bei einem Flug nicht mit dem Equipment aufgegeben, sondern gehören unter allen Umständen ins Handgepäck, damit sie nicht durchleuchtet werden. Die modernen Röntgengeräte an den Flughäfen schaden den normalen Foto-Filmen kaum, etwas anderes ist es mit den Videobändern, das heißt magnetischen Aufzeichnungen. Viele Leute behaupten strikt, es würde nichts passieren (und wahrscheinlich ist das auch so), aber keine Fluggesellschaft und kein Flughafen will dafür die Haftung übernehmen. Und wenn wirklich etwas passiert, ist die gesamte Produktion geplatzt. Das Risiko ist einfach zu groß. Manchmal sind die Leute beim Sicherheitscheck zwar etwas genervt. Aber ich habe selten Probleme gehabt, wenn ich mit einem Karton voller Drehkassetten durch die Sicherheitsschleusen gegangen bin.

Noch ein paar Bemerkungen zum Sicherheitscheck auf den Flughäfen: Unsere Akkus sind für die Kontrolleure ein Problem, da sie aus Blei bestehen und daher eben nicht zu durchleuchten sind. Manchmal kann es vorkommen, daß die Kamera mit einer speziellen Kontrolle auf Sprengstoff untersucht wird. Dann wird die Kamera in einem Extra-Raum (der auch am anderen Ende des Flughafengebäudes liegen kann) mit einer Art Staubsauger behandelt und die kleinen Staubpartikel elektronisch untersucht. Auch kleinste Spuren von Sprengstoff sollen sich so nachweisen lassen. Bei einer geliehenen Kamera weiß ich aber nicht, wo sie vorher eingesetzt war und es könnte theoretisch sein, daß vorher ein anderes Team damit in einem Bergwerk oder bei einer Sprengung gedreht hat; das könnte fatale Folgen haben.

Noch eine kuriose Geschichte: Während des Golfkrieges flogen wir mit einer Maschine der Luftwaffe nach Griechenland, um für die WDR-Reportage „Kriegsmarsch" – wie schon erwähnt – zehn Tage die deutschen Minensucher zu begleiten. Nach der Landung in Heraklion (Kreta) staunten die dortigen Beamten von Polizei und Zoll nicht schlecht, als einige deutsche Marinesoldaten von der Kampfschwimmereinheit merkwürdige Koffer aus dem Flugzeug luden. Der Inhalt: Waffen, unter anderem auch kleine mobile „Luftabwehrraketen", die die Minensucher für ihre Arbeit benötigten.

17 Zugänge und Drehgenehmigungen

Gerade bei Filmen zu kritischen oder brisanten Themen ist es oft sehr schwierig, eine Drehgenehmigung zu bekommen. Man wird in solchen Fällen nicht jedem Betroffenen wahrheitsgemäß erklären, was für einen Film man machen will, weil man sonst sicher sein kann, daß die Türen verschlossen bleiben.

Aber wie kann ich erreichen, daß ich trotzdem drehen kann? Wie komme ich an Bilder für eine Geschichte und an Interviews heran? Man muß hier vorsichtig sein und sollte das Thema nur allgemein darstellen.

Ein Beispiel hierfür ist „Russisch Roulette auf See" (WDR/ARD), eine Reportage über die Sicherheit auf See. Nach den ersten Recherchen wurde deutlich, daß die Sicherheitsmängel nicht in mangelhafter Technik begründet sind. Das Problem ist die fehlende Qualifikation der Besatzung, und genau dort wird immer mehr gespart. Ein wesentlicher Aspekt dabei ist die Ausflaggung (siehe Kapitel 8 „Drehplan/Drehbuch/Treatment"). Für eine interessante filmische Umsetzung des Themas war es auf jeden Fall erforderlich, Bilder von einer Fahrt mit einem Öltanker zu haben. Wir wollten also gern selbst eine Reise mitmachen. Nun konnte ich selbstverständlich der Reederei nicht offen sagen, welchen Film ich gerne machen wollte. Zunächst habe ich recherchiert, welche deutsche Reederei noch Öltanker betreibt und in den letzten Jahren selbst ausgeflaggt hat. Das war eine Reederei, die außerdem sehr stolz auf ihre mit neuester Technik ausgerüsteten Schiffe war. Also habe ich die Reederei kontaktiert – wie ich hier schon geschildert habe – und mein starkes Interesse an dieser neuen Technik signalisiert (das war gewissermaßen der „Köder", den sie auch gern geschluckt hat).

Ein zweites Beispiel, das uns im folgenden noch beschäftigen wird: Für die ZDF-Reportage „Bis du am Steuer einschläfst ..." hatte ich eine der in Tageszeitungen angebotenen Bus-Tagestouren nach Paris mitgemacht. Nicht als angemeldeter Journalist, sondern als normaler Tourist. Während der Tagesreise konnte ich feststellen und dokumentieren, daß der Busfahrer, der Juniorchef der Firma, seine Lenkzeit um mehr als zwei Stunden überschritten hatte. Außerdem konnte ich mit einer kleinen Amateur-Videokamera filmen, wie dem Busfahrer nachts auf der regennassen Autobahn die Augen vor Müdigkeit zufielen. Nun wollte ich natürlich die Geschäftsführerin des Busunternehmens bei laufender Kamera mit diesen Vorwürfen konfrontieren. Ich mußte aber davon ausgehen, daß sie nicht zu einem Interview bereit gewesen wäre, wenn sie gewußt hätte, welche Verstöße gegen die Gesetze ich dokumentiert hatte. Also habe ich ganz allgemein angefragt: Wir würden einen Film über Busreisen machen, sie wären eines der größten Busunternehmen im Kölner Raum (ich weiß nicht, ob das stimmt, es kam aber gut an), und ich hätte ihre Anzeigen für Tagestouren nach Paris gesehen. Ich würde gerne ein Interview machen: a) allgemein zur Branche und den Busreisen und b) zu den Tagesfahrten nach Paris. Daß es dabei um eine ganz bestimmte Fahrt und konkrete Vorwürfe ging, hatte sie erst während des Interviews gemerkt, bei dem sie auch (verständlicherweise) zunehmend angespannter und nervöser wurde (siehe Kapitel 19 „Interviews oder: ‚Der Lottogewinner'").

Gerade bei größeren Unternehmen geht kein Weg an der Pressestelle vorbei. Zunächst erklärt man sein Anliegen; oft macht man dies dann auch nochmals schriftlich und schickt ein Fax. Von dort aus wird man dann – höchst erfreut mit dem gnädigen Segen der Pressestelle – weitergeleitet. Dieser Gang durch die Hierarchie gilt auch für Behörden (vgl. Seite 122, „Drehen bei Behörden").

Wenn es nicht nur um irgendwelche Recherchen, Stellungnahmen und Auskünfte geht, sondern um ein Interview, ist manchmal zu diesem Termin auch der Pressesprecher anwesend.

Bei brisanten Themen muß man darauf vorbereitet sein, daß sich sogar auch jemand ins Gespräch einmischt. Ein Unternehmen und selbstverständlich jede Privatperson kann frei entscheiden, ob sie zu einem Interview bereit ist oder nicht. Aber auf der anderen Seite hat die Öffentlichkeit ein Recht auf bestimmte Informationen, und man sollte dieses Recht auch energisch einfordern, besonders bei Unternehmen oder Behörden. Das kann dann bedeuten, daß man Faxe schicken muß mit einer kurzen Darstellung dessen, was man berichten will und der nachdrücklichen Bitte um eine Stellungnahme. Zusätzlich kann man eine

Frist setzen, später unter Umständen ein weiteres Fax mit einer endgültigen Frist und mit dem Hinweis schicken, daß man selbstverständlich im Film darauf hinweisen wird, daß ein Interview oder eine Stellungnahme verweigert wurden. Manchmal hilft das.

Wer viel fragt ...

bekommt viele Antworten: unter Umständen auch eine, die man nicht
hören will. Bisweilen versteht man überhaupt nicht, warum es Schwierigkeiten mit einer Drehgenehmigung gibt. Vor zwei Jahren habe ich
zwei Monate „undercover" als Sozialhilfeempfänger im Ruhrgebiet gelebt. Ich wollte selbst erleben, wie man mit 539 DM Sozialhilfe im Monat auskommt und das Leben der Arbeitslosen und Sozialhilfeempfänger dokumentieren. Es entstanden Buch und Film (45 Min./WDR). Für
den Film brauchten wir eine Szene, in der ich als Sozialhilfeempfänger
in einem Supermarkt einkaufe. Alle Anfragen bei den Supermarktketten waren erfolglos. Es wurde immer gesagt: „Wir geben grundsätzlich
keine Drehgenehmigung". Wir konnten noch nicht einmal unser Anliegen erklären. Unklar bleibt, was diese Supermarktketten (Aldi, Lidl,
Plus, Penny, Edeka etc.) zu verbergen haben. So kamen wir jedoch nicht
weiter. Wir hatten dann einfach in einem Supermarkt den Geschäfts-
führer angesprochen und um eine Dreherlaubnis gebeten. Dieser hatte
nichts dagegen, er hatte auch nicht seine Zentrale gefragt. Daher ist es
in vielen Fällen besser, nicht erst lange zu fragen (besonders nicht bei
übergeordneten Instanzen), sondern die Frage vor Ort mit den unmittelbar Betroffenen zu klären. Aber das kann auch schiefgehen, und deshalb muß man sich das in jedem Einzelfall genau überlegen.

Drehen verboten!

Manchmal bekommt man – besonders bei kritischen Filmen – aus
grundsätzlichen Erwägungen oder aus der offensichtlichen Angst vor
unangenehmen Fragen keine Drehgenehmigung. Dann muß sehr viel
Kreativität entwickelt werden.

Für „Gesucht wird ... Russisch Roulette auf See" wollten wir die „technischen Aufsichtsbeamten" der See-Berufsgenossenschaft bei internatio-
nal vereinbarten Kontrollen der Seeschiffe (die sogenannten „Hafen-
staatenkontrollen") begleiten. Den Kontrolleuren war vorher genauso-

wenig wie uns bekannt, welche Schiffe während der Zeit unserer Anwesenheit kontrolliert werden würden, so daß wir uns nirgendwo vorher anmelden konnten. Aber wir wollten dies auch nicht, denn sonst kann man bei einem solchen Fall sicher sein, daß alles „auf Hochglanz gebracht wird", weil das Fernsehen erwartet wird. Wir verließen uns darauf, daß wir eine Chance zum Filmen bekommen würden, denn normalerweise kann man dies vor Ort klären. Die zweite Station der Kontrolle war der BP-Terminal, auf dem die großen Öltanker festmachen und ihre Ladung löschen. Also tauchten wir gemeinsam mit den Kontrolleuren am BP-Terminal auf und baten, diese auch auf das Schiff begleiten zu dürfen. Der Pförtner wollte uns verständlicherweise nicht hereinlassen. Also telefonierten wir vom Tor aus mit der Pressestelle des Konzerns. Zunächst hieß es: „Nein, da müssen Sie sich erst mal rechtzeitig vorher anmelden." Ich schilderte, daß es überhaupt nicht um den BP-Terminal ginge, wir uns – wegen der Natur der Sache – auch vorher nicht anmelden konnten. Die Firma BP sei auch überhaupt nicht betroffen, es würde sich nur um die Kontrolleure handeln, deren Arbeit wir dokumentieren wollten. Als der Pressesprecher immer noch ablehnte, versuchte ich es mit dem letzten Argument: „Also wir werden auf jeden Fall drehen und dann berichten wir eben im Film, daß die Kontrolleure den BP-Terminal betreten haben, um einen Tanker zu kontrollieren und BP uns keinen Zutritt gewährt hat. Die Frage nach dem „Warum" würden wir ebenso stellen, denn wenn man nichts zu verbergen hat ...". Dieses Argument half. Auch auf dem Nordostsee-Kanal mußte immer erst per Funk mit den Kapitänen geklärt werden, ob wir den Lotsen an Bord begleiten dürften. Aber die meisten Kapitäne hatten kein Problem damit.

Großunternehmen und Pressefreiheit

Manche Großunternehmen haben ein merkwürdiges Verhältnis zur Pressefreiheit. Diese besteht für sie offenbar nur, soweit Journalisten positiv über das Unternehmen berichten. Eine kritische Berichterstattung ist nicht vorgesehen. Als mein Team und ich vor 15 Jahren einen Bericht über Gefahrguttransporte machten, warteten wir eine Zeitlang vor den Toren des Chemiekonzerns Bayer in Leverkusen und filmten die aus- und einfahrenden Tankzüge. Das hätten wir auch an jeder beliebigen Straße machen können. Es war nur praktischer dorthin zu gehen, wo sehr viele Tankzüge mit Gefahrgut ein- und ausfahren. Mehrfach versuchte uns die Firma Bayer massiv einzuschüchtern. Wir wurden vom Werkschutz überwacht, man versuchte uns auszufragen, notierte demonstrativ unsere Pkw-Kennzeichen. In einer Seitenstraße wurden wir sogar von einer Zivilstreife der Polizei angesprochen, was wir denn dort machen würden. Erst als ich die Beamten dann aufforderte, sich auszuweisen und ihre Namen notieren wollte, verschwanden die Polizisten, die sicherlich nicht in offizieller Mission dort waren. Da wir aber vermuteten, daß zwischen Bayer und allen städtischen Behörden sehr enge Beziehungen bestehen, waren wir darüber nicht verwundert. Aber es wurde noch merkwürdiger: wir wurden bei unserem auftraggebenden Sender denunziert. Bayer hatte recherchiert und offenbar illegal über die Autokennzeichen herausbekommen, wer wir waren. Ein paar Tage später erhielt der Redakteur im Sender einen Brief der Pressestelle von Bayer. Ob er denn wisse, mit wem er da zusammenarbeite? Der Produzent sei immerhin ein bekannter Linker, habe sogar einmal einem DKP-Präsidiumsmitglied in einem Film Gelegenheit zur Stellungnahme gegeben (wobei verschwiegen wurde, daß dieser seine Stellungnahme als Mitglied einer Bürgerinitiative gegen Bayer abgegeben hatte und nicht als DKP-Mitglied, was in diesem Zusammenhang auch völlig irrelevant gewesen wäre). Der Brief endete mit dem ominösen Hinweis, daß es zu diesem Thema noch viel zu sagen gäbe, was man aber nicht schreiben könne, und man bat den Redakteur um ein Gespräch. Zum Glück hatte dieser Kollege Zivilcourage und ließ sich nicht einschüchtern. Er schrieb an Bayer, er wäre jederzeit gerne zu einem Gespräch bereit unter der Voraussetzung, daß Produzent und Autor ebenfalls an dem Gespräch teilnehmen würden. Er hat nie eine Antwort auf seinen Brief erhalten.

Drehen im Ausland

Im Ausland ist zum Drehen in den meisten Ländern eine offizielle Akkreditierung notwendig. Am Tag nach der Ankunft muß man – wie ich schon kurz geschildert habe – im Informationsministerium oder bei einer anderen offiziellen Stelle (vorher klären!) Anträge ausfüllen, mehrere Paßbilder abgeben und seine Gebühren bezahlen (das kann manchmal durchaus nicht billig sein, so kostete die Akkreditierung in Ruanda 50 US-Dollar pro Person (beim zweiten Besuch ein halbes Jahr später waren es bereits 75 US-Dollar). Die Akkreditierung öffnet einem aber auch Türen und hilft, sich bei Problemen auszuweisen. Man muß nur darauf achten, ob in der Akkreditierung (oder dem Antrag) irgendwelche Re-

Form 10-114
Rev. Aug. 86
OMB No. 1024-0026

UNITED STATES DEPARTMENT OR THE INTERIOR
National Park Service

Special Use Permit

Name of Use Commercial Photography

Date Permit Reviewed 19 __ _____
Reviewed 19 __ _____
Reviewed 19 __ _____
Expires 19 __ _____

Long Term _____

Short Term _X_

Permit # ARO KLGO _ _ _ _ _ _ _ _
        Region Park Type No #

Chilkoot Trail, Dyea, Skagway
Name of Area

Lighthouse Productions   of Neusser Str. 189
Name or Permittee   Koln, Germany 50733 0221/722696 (403)668 3310
                              Address   Phone

is hereby authorized during the period from (Time 6:00am day 28 Month 6 19 95), through (Time 10:00pm

day 30 Month 6 1995), to use the following described land or facilities in the above named area:

Along the portion of the Chilkoot Trail between Scales and the Chilkoot Pass.
Dyea and the first four miles of the existing and historic Chilkoot Trail sections.

For the purpose(s) of:

Filming existing facilities, scenery, and artifacts in their unaltered and natural state.

Authorizing legislation or other authority (RE- NPS-53 Appendix 1): 43CFR part5.1

NEPA Compliance: CATEGORICALLY EXCLUDED _X_ EA/FONSI ____ EIS ____ OTHER APPROVED PLANS ____

PERFORMANCE BOND: Required ____ Not Required _X_ Amount $ _____ (Donations to park operatic

LIABILITY INSURANCE: Required _X_ Not Required ____ Amount $ 1,000,000   accepted)

ISSUANCE of this permit is subject to the conditions on the reverse hereof and appended pages and when appropriate
                                                                                            appl ication.
to the payment to the U.S. Dept. of the Interior, National Park Service of the sum of $ _____ .

The undersigned hereby accepts this permit subject to the terms, covenants, obligations, and reservations, expressed
or implied herein.

PERMITTEE _____   June 29/95
                    Signature   Date

Authorizing Official _Cathleen Cook_____   Acting Chief Ranger 6-29-95
                    Signature   Superintendent   Date

Additional Authorizing Official _____ . _____ _____ _____
        (If Required)   Signature   Title   Date

Abbildung 9: Drehgenehmigung für den Chilkoot-Trail (Alaska)

striktionen aufgeführt sind. Grundsätzlich ist es fast überall verboten, Flughäfen und Militärstützpunkte, Grenzübergänge und Brücken, oft auch Regierungsgebäude und ähnliches zu filmen.

„Kaiserfilm"

Ich kann mich nur vage an die Geschichte erinnern, die hinter diesem Begriff steckt: irgendein deutscher Kaiser hielt an einem wunderschö-nen Sommertag („Kaiserwetter"!) eine Parade ab. Er wollte unbedingt, daß dies gefilmt würde. Das Problem aber war, daß kein Filmmaterial mehr vorhanden war, so daß der Kameramann ohne einen Meter Film drehte und drehte. So entstand der Begriff „Kaiserfilm"; ob er auf eine wirkliche Begebenheit zurückgeht, entzieht sich meiner Kenntnis. Auch wir machen manchmal einen „Kaiserfilm". Zum Beispiel, wenn mir im Vorgespräch klar wird, daß der Pressesprecher, Aufsichtsratsvorsitzen-de, Unternehmer oder ein ähnlich wichtiger Mensch, gern in dem Film vorkommen würde. Dann kann es durchaus schon einmal passieren, daß ich mit diesem „wichtigen Menschen" ein Interview vereinbare und drehe, auch wenn ich von vornherein weiß, daß ich es nicht brauche.

18 Sonderfall Undercover – die versteckte Kamera

Undercover-Aktionen kommen im journalistischen Alltag selten vor. Das liegt vor allem daran, daß sie äußerst schwierig in der Vorbereitung und Durchführung sind. Zum anderen gibt es hier eine Menge ethischer und juristischer Probleme. Bei Undercover-Aktionen schlüpft man in die Rolle einer anderen Person, um so ein Stück näher an deren Leben und Lebensbedingungen heranzukommen. Das erste Mal ist der Kollege Günter Wallraff in dieser Weise vorgegangen. Er ist mit seinen eindrucksvollen Industriereportagen zurecht sehr bekannt geworden und hat damit auch Literaturgeschichte geschrieben. Ich habe diese Methode bisher mehrfach angewandt:

- 1985 arbeitete ich drei Monate als Fernfahrer und transportierte in dieser Zeit mit Chemietanklastzügen Gefahrgut durch ganz Europa. Meine Arbeitsbedingungen (Termindruck, Arbeitshetze, Gesetzesverstöße und so weiter) dokumentierte ich mit einer kleinen versteckten Schwarzweiß-Kamera. Daraus entstand die ZDF-Reportage „Giftig, ätzend, explosiv". 1997 – also zwölf Jahre später – wiederholte ich diese Reportage, denn ich wollte wissen, ob sich die Bedingungen zehn Jahre nach meinen ersten Erfahrungen als Fahrer von Gefahrguttransporten (und zehn Jahre nach der Katastrophe von Herborn, bei der ein mit Benzin beladener Tankzug mitten in der Stadt explodierte) geändert hatten. Ich arbeitete wiederum zwei Monate als Tankzugfahrer und dokumentierte meine Arbeit mit einer versteckten Kamera.

- 1989 wurde ich – wie schon erwähnt – für sieben Monate Mitglied der rechtsextremen Partei „Die Republikaner", um den Alltag dieser Partei hinter den Kulissen zu erleben und zu dokumentieren (siehe Abbildung 10 – zu diesem Projekt im folgenden mehr).

Abbildung 10: Postkarte für den Film „Deutschland ganz rechts – Sieben Monate als Republikaner in BRD und DDR". „Vorher – Nachher": zwischen den beiden Fotos liegen nur anderthalb Stunden, in denen die Maskenbildnerin Eva Böll aus dem Journalisten Michael Schomers den Republikaner Theodor Schomers machte. (Foto: Jürgen Bindrim)

• Wie schon kurz angesprochen lebte ich 1998 zwei Monate im Ruhrgebiet als Sozialhilfeempfänger. Ich wollte am eigenen Leib erfahren, was es heißt, mit dem Sozialhilfesatz von 8,21 DM am Tag für Lebensmittel auszukommen. Also ging ich zu Armenküchen, Gebrauchtkleidermärkten, Arbeitsloseninitiativen, stellte einen Sozialhilfeantrag und mußte selbst erleben, wie desinteressiert diese Menschen beim Arbeits- und Sozialamt behandelt werden.

Nun ist eine Undercover-Aktion für ein Fernsehprojekt mit erheblich größerem Aufwand verbunden als ein „normales" Projekt. Es reicht nicht, wenn ich mich als Autor in eine bestimmte Situation begebe und diese erlebe (als Tankwagenfahrer oder Sozialhilfeempfänger), sondern ich muß zusätzlich auch die Möglichkeit haben, Bilder zu bekommen. Und dazu gehört eine ziemlich aufwendige Organisation.

155

Die Probleme von Undercover-Aktionen mit versteckter Kamera können hier allerdings nur kurz angerissen werden, weil sie nicht der journalistische Alltag sind, sondern Projekte, die nur wenige Kolleginnen und Kollegen auf sich nehmen.

Das Grundproblem solcher Projekte ist ein ethisches und menschliches. Man schleicht sich – oft unter anderem Namen – irgendwo ein, gibt vor, jemand anderes zu sein und, um es auf den Punkt zu bringen, man lügt und betrügt. Je enger man dabei mit anderen Menschen zu tun hat, desto problematischer wird es, denn man mißbraucht auch das Vertrauen und die Nähe zu anderen Menschen. Während der sieben Monate unter falschem Namen bei den Republikanern erlebte ich eine steile Karriere, wurde stellvertretender Stadtbezirksvorsitzender, Delegierter bei Landes- und Bundesparteitag, war Mitglied im Schulausschuß der Stadt Köln und Landesschulungsbeauftragter. Als Beauftragter für die Kooperation der Kreisverbände Köln und Leipzig nahm ich an vielen Montagsdemonstrationen in Leipzig teil. In dieser Zeit hatte ich engen Kontakt zu verschiedenen Menschen, die sich mir gegenüber auch zum Teil bald persönlich öffneten.

Die grundlegende ethische Entscheidung ist meines Erachtens nicht die Frage, ob man so etwas überhaupt machen darf. Solche Undercover-Aktionen dürfen nicht nur durchgeführt werden, ich denke, daß sie sogar (in speziellen Fällen) notwendig sind, damit wir Journalisten unsere Pflicht zur kritischen Berichterstattung erfüllen können. Ethisch entscheidend ist meines Erachtens die Frage, was ich mit den persönlichen Informationen, die ich von diesen Menschen erhalte, mache, ob ich sie veröffentliche oder nicht. Informationen über persönliche Probleme, zum Beispiel die Familie oder den Partner betreffend, die ich vertraulich bekommen habe, müssen vertraulich bleiben; sie gehören nicht in die Öffentlichkeit.

Inwiefern ein solches Undercover-Projekt einen sehr großen organisatorischen und finanziellen Aufwand verlangt, kann ich hier kurz am Beispiel von „Deutschland ganz rechts" skizzieren. Zur Organisation gehörten zum Beispiel:

• Die Vorbereitungen: Anmietung einer Wohnung und ihre Einrichtung (wobei hier die ersten Probleme auftauchten: wie sieht die Wohnung eines Rechtsextremisten aus, welche Bücher liest er, welche Musik hört er? Wo bekommt man die entsprechenden Bücher?)

- Das „Cover", also die Tarnidentität muß entwickelt und vorbereitet werden. Da ich keine falschen Ausweispapiere hatte, hatte ich zur Tarnung meinen zweiten Vornamen, Theodor (nach meinem Großvater) angenommen. Um dies glaubhafter darzustellen, hatte ich ein Bankkonto unter „Theodor Schomers" eröffnet, mehrere Zeitschriften abonniert und Freunde gebeten, mir Postkarten an meine neue Wohnung mit „Lieber Theo" zu schreiben. Diese „Pseudodokumente" habe ich dann bei passender Gelegenheit so herumliegen lassen, daß die Republikaner sie sehen konnten.

- Alle öffentlichen Termine mußten mit dem Kamerateam abgestimmt werden, das „zufällig" dann bei diesen Terminen drehte, ohne daß auffiel, daß es um meine Person ging. Aber das funktionierte manchmal nicht: Zum Beispiel war einmal vorgesehen, daß ich am Samstag vormittag in der Fußgängerzone Flugblätter verteilen sollte. Das Team war entsprechend vorbereitet. Dann aber wurde plötzlich umdisponiert, und ich übernahm mit anderen den Informationstisch in einem Vorort. Da das noch in der „Vor-Handy-Zeit" geschah, gab es keine Möglichkeit, die Kollegen zu informieren.

Es gibt noch eine Menge weiterer Probleme in diesem Zusammenhang, auf die hier nicht weiter eingegangen werden kann.

Die versteckte Kamera

Das Fernsehen braucht Bilder. Auch hier gilt im wesentlichen das Prinzip: nur das, was vor laufender Kamera geschieht, passiert im Film. Nun kann ich als Autor auch manches erzählen, was man nicht im Bild sieht, aber die Zuschauer wollen natürlich etwas sehen. Und ein solcher Film lebt wesentlich davon, daß man die Atmosphäre spürt und die Handlungen der wichtigen Personen sieht.

Wichtige Teile des Films „Deutschland ganz rechts" sind mit einer versteckten Kamera gedreht worden. Und dies ist bereits das erste Problem: eine versteckte Kamera kostet viel Geld. In meinem Fall war sie extra in einen Aktenkoffer eingebaut und so eingerichtet worden, daß ich ihn auch benutzen konnte. Es wäre ja auch aufgefallen, wenn ich zwar einen Aktenkoffer mit mir herumgetragen hätte, meine Unterlagen aber in der anderen Hand, unter dem Arm oder in einer Plastiktüte transportiert hätte. Das ist ein schwieriges technisches Problem für Spezialisten, denn die Kamera mußte sowohl Aufnahmen machen, wenn ich den Koffer trug, als auch, wenn er irgendwo (zum Beispiel bei der Fraktionssitzung auf der Fensterbank hinter mir) lag. Wesentlich beim Einsatz ist aber nicht die Technik, sondern die Psychologie. Am Anfang meint man, daß jeder das versteckte Objektiv sofort auf den ersten Blick entdecken müßte. Man muß sich daran gewöhnen, genauso wie man lernen muß, den richtigen Bildausschnitt zu treffen, denn man hat ja keinen Sucher oder Monitor.

Der Film ist aus dreierlei Material entstanden: zum einen haben verschiedene Kamerateams zu allen möglichen Gelegenheiten „um mich herum" gedreht, zum Beispiel bei öffentlichen Parteiveranstaltungen oder den Parteitagen, und ich war dann eben ab und zu „zufällig" im Bild. Zweitens habe ich nach kurzer Zeit eine kleine Amateur-Videokamera mitgenommen und zu allen möglichen Gelegenheiten gefilmt. Alle freuten sich, daß endlich mal jemand „fürs Parteiarchiv" Bilder machte. Und drittens gab es die Aufnahmen mit der erwähnten versteckten Kamera im Aktenkoffer – für die Gelegenheiten, bei denen ein normaler Videoamateur eben auch keine Kamera mitnimmt – zum Beispiel Fraktionssitzungen und andere Parteiveranstaltungen.

Das alles erfordert ständige Abstimmung, Teamwork und auch große persönliche Unterstützung durch Freunde und Kollegen. Denn vieles geht natürlich auch schief. Sei es, daß ich – wie erwähnt – doch keine Flugblätter in der Innenstadt verteile, sondern in einem ganz anderen Stadtteil, oder daß ich mich mit der versteckten Kamera in der Fraktionssitzung befinde und später merke, daß in einer besonders wichtigen Situation der Akku leer oder die Kassette voll war.

Auf jeden Fall möchte ich hier anmerken, daß der Film „Deutschland ganz rechts" nur entstehen konnte, weil alle Kolleginnen und Kollegen, die beteiligt waren, zunächst völlig ohne Honorar gearbeitet haben. Die Vereinbarung war: es gibt erst ein Honorar, wenn wir mit dem Film etwas verdienen, was zum Glück geklappt hat.

Ein wichtiges Wort zur versteckten Kamera: Ich bin der festen Überzeugung, daß man die versteckte Kamera nur „in feindlicher Absicht" einsetzen darf. Damit meine ich die Absicht, etwas aufzudecken, eine Straftat, eine „üble Gesinnung", eine politische Gaunerei oder ähnliches. Die versteckte Kamera darf nicht dazu mißbraucht werden, fehlende Recherche und ein mangelndes Vertrauensverhältnis, das heißt den Zugang zu den Menschen, die ich filmen will, zu ersetzen. Ein besonders fragwürdiges und – wie ich finde – abzulehnendes Beispiel war vor einiger Zeit im MDR zu sehen. Dort nahmen „Kollegen" Stadtstreicher und Bettler mit der versteckten Kamera auf. Eine Bankrotterklärung bei zusätzlicher Mißachtung der persönlichen Würde dieser Menschen. Wer zu feige ist, in so einem Fall seine Absicht offenzulegen und damit diese Menschen „hereinlegt", sollte die Hände von solchen Themen lassen. Besonders problematisch ist, denke ich, daß diese Aufnahmen dann auch noch von einem öffentlich-rechtlichen Sender ausgestrahlt wurden.

Ein Undercover-Projekt bedeutet äußerste physische und psychische Anstrengung für den jeweiligen Journalisten. Man muß ständig völlig konzentriert bei der Sache sein, damit man sich nicht verrät. Gleichzeitig muß man sich alles merken, was passiert oder sogar, was gesagt wird, denn man kann schließlich nichts aufschreiben. Und dann ist da auch die ständige Angst „aufzufliegen", entdeckt zu werden. Eine Arbeit, die man nach meiner Erfahrung nur mit einem starken Rückhalt durch Kollegen und Freunde durchsteht.

Rechtlich ist der Einsatz der versteckten Kamera nicht bloß problematisch; er ist sogar juristisch sehr eindeutig geklärt, nämlich verboten. Denn grundsätzlich bedürfen die Veröffentlichung von Ton- und Bildaufnahmen der Einwilligung des Abgebildeten. Nach § 201 Strafgesetzbuch ist bereits die Aufzeichung nichtöffentlich gesprochener Worte auf Tonträger, sowie das Abhören mit einem Abhörgerät, strafbar.

„In Weiterentwicklung des allgemeinen Persönlichkeitsrechts wird von der Rechtsprechung davon ausgegangen, daß bereits das Anfertigen von Bildnissen und nicht erst das Verbreiten eine Verletzung des Persönlichkeitsrechts des Abgebildeten bedeutet (BGH NJW 1957, 1315)." (Susanne Gerlach/Ursula Kunert-van Laere: Gutachten: „Informationsbedürfnis der Öffentlichkeit und Persönlichkeitsschutz des Einzelnen" – Mibeg-Institut Köln, 2000.) Es geht hier also nicht nur um das Senden versteckt gedrehter Töne oder Bilder, sondern bereits um die Aufnahme. Was bedeutet das in der Realität?

Als ich vor vielen Jahren das Manuskript von „Deutschland ganz rechts" beendet hatte, saß ich mit meinem Lektor Helge Malchow einen ganzen Tag bei mehreren Rechtsanwälten einer auf Urheberrecht spezialisierten Kanzlei in Hamburg. Diese hatten das zweihundert Seiten starke Manuskript gelesen und – wie Juristen nun einmal sind – eine Menge Fragen. Sie belehrten mich auch, daß man natürlich von einer internen Fraktionssitzung nicht öffentlich berichten darf, genausowenig von vertraulichen Besprechungen. Als wir schließlich nach acht Stunden fertig waren, sagte der Senior der Kanzlei: „Fast alles, was Sie in dem Buch geschrieben haben, darf man nicht. Aber, man muß dies wohl tun!" Und damit ist eigentlich alles gesagt. Es ist bei so einem Projekt letztlich keine juristische, sondern eine politische Frage. Bei einem eventuellen Gerichtsverfahren muß der Richter eine Güterabwägung vornehmen, das heißt, er muß am konkreten Fall entscheiden, was schwerer wiegt: das Recht am eigenen Bild oder das Recht der Öffentlichkeit darauf, diese Information zu bekommen. Wenn es um die Aufdeckung von Straftatbeständen geht, ist eine solche Entscheidung sicherlich einfacher. Aber es ist natürlich immer ein Wagnis, denn man weiß nie genau, wie ein Verfahren ausgehen wird. Mein Vater war Jurist und sagte immer: „Recht haben und Recht bekommen sind zweierlei Dinge!"

Es gibt noch einen anderen Gesichtspunkt, der dabei durchaus eine Rolle spielen kann: die öffentliche Wirkung, die „Public Relation". Ich hätte mir zum Beispiel gewünscht, die Republikaner hätten gegen mein Buch oder den Film juristische Schritte eingeleitet. Denn das hätte das Interesse der Öffentlichkeit verstärkt, und sicherlich wären noch mehr Bücher verkauft worden. (Aber ich war auch so mit den Verkaufszahlen sehr zufrieden.)

Auch bei der ZDF-Reportage „Bis du am Steuer einschläfst. Über die Arbeit der Busfahrer" war ich „undercover" tätig, oder vielmehr habe ich, wie mir später das Busunternehmen vorwarf, die „Einwilligung zum Drehen erschlichen" – wie schon geschildert. Ich fuhr also als ganz normaler Tourist (zur Tarnung hatte ich auch meine Mutter mitgenommen) mit und war mit einer kleinen Videokamera „bewaffnet". Mit dieser dokumentierte ich dann, daß der Busfahrer, die vorgeschriebenen Lenk- und Ruhezeiten bei weitem überschritt. Ich konnte sogar filmen, wie ihm nachts, bei der Rückfahrt, die Augen vor Müdigkeit zufielen. Ein paar Tage später rief ich dann bei der Firma an und bat um ein Interview. Als die Geschäftsführerin beim Interview anhand meiner Fragen feststellte, worum es ging, nämlich um die Beobachtung konkreter Gesetzesverstöße, versuchte sie mit juristischen Mitteln die Ausstrahlung der Sendung zu verhindern. Aber zum Glück hatte sich auch das ZDF nicht einschüchtern lassen. Allerdings bekamen wir vom Justitiar des Senders die Auflage, den Fahrer zu anonymisieren. Das führte zu der witzigen Situation, daß die Zuschauer auf dem Bildschirm in der Großaufnahme des Rückspiegels die Augen des Fahrers sahen – als Beleg für die Aussage, daß dem Fahrer vor Müdigkeit die Augen zugefallen waren – dieses Bild aber anonymisiert war, so daß man faktisch nichts erkennen konnte. Auf der anderen Seite machte die Anonymisierung das Bild fast noch spannender. (Kommentar der Chefredaktion am nächsten Tag: „Wer hat denn den Quatsch angeordnet?")

Sobald bei einem Film derartige Probleme drohen, müssen die Redakteure bei der Abnahme den Justitiar hinzuziehen. Der sitzt dann dabei, ist mehr oder weniger mutig und hat daher mehr oder weniger Bedenken, die aber berücksichtigt werden müssen.

Beim Film „Alltag Armut" durfte ich die versteckt gedrehten Aufnahmen aus dem Sozialamt auch nicht in anonymisierter Form verwenden. Selbstverständlich hatte ich im Exposé die versteckte Kamera erwähnt, aber nach Fertigstellung des Films zog sich die Redaktion auf den formalen Standpunkt zurück, verdeckte Aufnahmen seien generell verboten. Nun handelte es sich dabei sicherlich nicht um die Aufdeckung strafrechtlich relevanter Tatbestände; aber ich denke, es ist schon wichtig, darüber aufzuklären, wie schlecht die Beratung und Behandlung im Sozialamt ist. Meine Erfahrungen als „Sozialhilfeempfänger": ich wurde in keiner Weise zufriedenstellend beraten, im Gegenteil, ich wurde zunächst wieder weggeschickt, was dazu führte, daß ich ungefähr 900 DM, die mir zugestanden hätten, nicht bekommen hatte. Mit den Worten „Duisburger Sozialamt betrügt Sozialhilfeempfänger" habe ich schließlich in einer Presseerklärung meine Erfahrungen zusammengefaßt. Ich denke, das wäre Grund genug gewesen, diese Tatsachen auch durch versteckt gedrehte Bilder zu belegen, aber die Redaktion wollte dies nicht senden.

Manchmal muß man beim Arbeiten mit der versteckten Kamera auch Personen schützen. Zum Beispiel hatte ich mit der versteckten Kamera an einer Beladestelle eines großen Chemiewerkes einen O-Ton aufgenommen: Ein Arbeiter erzählte mir, daß die Chemikalie, die ich gerade transportierte, so ungefährlich nun doch nicht sein könnte wie offiziell erklärt. Mein Tankzug hatte zwar keine Gefahrgutkennzeichnung, aber, so erzählte der Mann, neulich sei etwas von dem Zeug ausgelaufen, und da wäre die Werksfeuerwehr gekommen und hätte den ganzen

Boden ausgebaggert. Auch mit Anonymisierung hätte ich diese Aussage nicht verwenden können, denn sicherlich wäre der Arbeiter von seinen Kollegen an der Ladestelle und von seinen Vorgesetzten erkannt worden und hätte bestimmt Schwierigkeiten bekommen.

Ich denke, daß das Arbeiten mit der versteckten Kamera in manchen Fällen notwendig ist. Denn es ist oft anscheinend die einzige Möglichkeit, etwas herauszubekommen, zum Beispiel die Arbeitsbedingungen der Fernfahrer objektiv dokumentieren zu können. Denn freiwillig läßt kein Spediteur ein Fernsehteam die wahren Bedingungen drehen.

Wir müßten uns sonst als Journalisten immer mit dem abfinden, was uns Behörden und Unternehmen freiwillig sagen wollen. Wo kämen wir da hin! Für mich ist die Undercover-Aktion auch eine wichtige Methode, um eine größere Nähe zu den involvierten Menschen zu bekommen und ihre Probleme wirklich zu erfühlen.

Das bedeutet für mich, Anwalt sein zu können für Menschen, die keine Lobby haben: wie Fernfahrer, Seeleute, Arbeitslose oder Sozialhilfeempfänger. Aus diesem Beweggrund heraus ist auch mein erstes Undercover-Projekt entstanden. Ich hatte anfangs einen kleinen 8-Minuten-Bericht für das WDR-Magazin „Hier & Heute" über die Arbeitsbedingungen der Fernfahrer für Gefahrgut gemacht. Ich fand zwar einige Fernfahrer, die mir bereitwillig von ihren Sorgen und Problemen erzählten. Aber sie trauten sich nicht, dies offen vor der Kamera zu erzählen, weil sie wirklich befürchten mußten, ihren Arbeitsplatz zu riskieren. Da ich vor meinem Studium ein halbes Jahr als Lkw-Fahrer gearbeitet hatte (den Führerschein hatte ich – wie viele – bei der Bundeswehr gemacht), entstand so die Idee, selbst wieder als Lkw-Fahrer zu arbeiten und mit einer versteckten Kamera meine eigenen Arbeitsbedingungen zu dokumentieren.

Eine der wichtigsten Aufgaben für uns Journalisten ist es, hinter die Kulissen zu schauen, die Mächtigen in unserem Land zu kontrollieren und die oft zitierte Rolle als „vierte Gewalt" wirklich auszufüllen. Eine Rolle, die leider heutzutage im Fernsehen, bis auf wenige Ausnahmen, nicht mehr gefragt ist und daher immer weiter verschwindet.

19   Interviews oder: „Der Lottogewinner"

„Und im Herbst eröffnet der Papst mit meiner Schwester eine Herren-boutique in Wuppertal" – erkennen Sie diesen Satz?

Er ist aus der wunderschönen Geschichte von Loriot „Der Lottogewin-ner". Es geht um ein Interview mit dem Lottogewinner Erwin Linde-mann. Nachdem er dem Fernsehteam ein kurzes Statement über seinen Lottogewinn und Zukunftspläne gegeben hat, ist der Regisseur noch nicht ganz zufrieden und bittet ihn, seine Aussage doch zu wiederho-len. Nach vier oder fünf Wiederholungen endet das ganze im Chaos. Der interviewte Lottogewinner ist schließlich so durcheinander, daß das In-terview in dem obigen Satz gipfelt.

Das Lustigste für Insider an der Geschichte ist, daß die Realität dem oft wirklich nahekommt. Es passiert ziemlich häufig, daß wir ein Interview mehrere Male wiederholen und so lange drehen müssen, bis jeder (Au-tor, Kamera, Ton) zufrieden ist, dann aber beim Schnitt zu guter Letzt doch die erste Einstellung nehmen, weil sie oft die spontanste und schönste ist. Aber es kommt auch vor, daß wir irgendwann frustriert ab-brechen, weil wir merken, daß der Interviewte es wirklich nicht besser machen kann.

Planung und Ablauf eines Interviews

Interviews sind wichtige Bestandteile eines Films und müssen sorgfäl-tig geplant werden. Sie transportieren die wesentlichen Inhalte, das heißt vor allem viele Informationen, aber auch Emotionalität und At-mosphäre. Sie sind Belege (im wahrsten Sinne „Original-Töne" – Fach-ausdruck: „O-Töne"), sollen etwas beweisen und/oder an einen Men-schen näher heranführen; beides ist hier wichtig. Bei der Planung muß sich der Autor zunächst die Frage stellen: was will ich mit dem Interview an dieser Stelle des Films zeigen, und was soll mein Protagonist sagen?

Nun ist die Beantwortung bei einem längeren Film nicht immer in der gewünschten Exaktheit möglich. Nehmen wir zum Beispiel unsere fiktive Reportage über das Treffen der Harley-Davidson-Fahrer in der Eifel (siehe Kapitel 4: „Themen müssen verkauft werden – das Exposé für die Redaktion"). Oftmals hat der Autor, wenn er anfängt, sich mit dem Thema zu beschäftigen, zunächst nur wenig Informationen. Nach dem ersten Vorgespräch kristallisiert sich dann schon eher heraus, welche Punkte auf jeden Fall im Film angesprochen werden müssen. Es ist möglich, daß man damit auch schon seinen ersten Interviewpartner und Protagonisten gefunden hat, und mit ihm besprochen hat, was und wie man mit ihm filmen will. Oft ist es so, daß man zum Beispiel bei einer solchen Wochenendveranstaltung dabei ist und sieht, was vor Ort passiert. Auch die Auswahl der Interviewpartner geschieht dann spontan aus einer Situation heraus. So entsteht der Film – und seine O-Ton-Teile – Stück für Stück erst während des Drehs. Trotzdem aber muß man den fertigen Film – ein Gesamtkonzept – im Hinterkopf haben bzw. behalten und wissen, was man durch die Interviews aussagen möchte.

Es gibt zwei Ebenen der Kommunikation: zum einen ist das die inhaltliche Ebene, also das, *was* der Interviewpartner sagt, und zum anderen ist es die emotionale Ebene, also *wie* er etwas sagt. Und letzteres ist oft noch wichtiger, denn daran entscheidet sich auch, ob ich ihm das, was er sagt, überhaupt glauben kann. Ich kann so Zurückhaltung, Enthusiasmus, Unsicherheit und Übertreibungen leichter erkennen oder eher erfühlen. Nicht selten belegen Körpersprache, emotionale Signale genau das Gegenteil der jeweiligen Worte.

Genauso wichtig wie die eigenen Erwartungen sind die Hoffnungen und Erwartungen der Protagonisten. Nun sind heutzutage viele Menschen bereits mit dem Fernsehen in Berührung gekommen; trotzdem muß man davon ausgehen, daß es für den Interviewpartner in den meisten Fällen doch etwas ganz besonderes, sehr aufregendes ist, wenn das Fernsehen kommt. Unser Interviewpartner hat vorher meistens eine vage Vorstellung davon, worum es in dem Interview gehen soll. Man muß schließlich annehmen, daß er sich überlegt hat, was er sagen will und er sich möglichst gut darstellen möchte, was ja völlig legitim ist. Ich halte es für sehr hilfreich, sich für einen Moment in die Person des Interviewpartners hineinzuversetzen und zu versuchen, sich seinen Standpunkt und seine Strategie vorzustellen.

Als erstes nach der Ankunft am Drehort müssen Kameramann und Autor genau überlegen, wie das Interview ablaufen soll und welche Bilder gemacht werden können. Das geschieht auf der Grundlage der Gesamtkonzeption des Films: Welchen Stellenwert hat der Protagonist, wie will ich ihn „wirken lassen", welche Zusatzinformationen möchte ich durch die Wahl des Bildes geben und so weiter? So will ich einen Kollegen, der einen Film über die Seefahrt gemacht hat, nicht an seinem Schreibtisch oder auf dem Sofa filmen, sondern auch das Hintergrundbild soll einen Bezug zu seinem Thema haben, dieses in jedem Augenblick sozusagen verbildlichen. Also fahren wir in den Hafen, man sieht nun im Hintergrund Wasser und ein paar Schiffe. Zusätzlich wird der Kameramann aufgrund der Örtlichkeiten, die man vorfindet, seine Vorschläge machen (Büro, Wohnzimmer, gehen wir nach draußen?).

Mir gefällt es immer sehr, wenn der Interviewpartner nicht steif im Bild sitzt, sondern sich vielmehr vor einem Hintergrund bewegt, der etwas über ihn aussagt. Ich möchte seine persönliche Umgebung sehen, weil es schon einen Unterschied macht, ob der Mensch im „Gelsenkirchener Barock" oder in einer hypermodernen Wohnung zuhause ist, ob es gemütlich ist, oder ob kahle Wände und eine karge Einrichtung Kälte signalisieren.

Autor und Kameramann müssen vorher genau absprechen, was passieren soll und wie gedreht wird, was im Bild zu sehen sein wird und was nicht. Am besten ist es, wenn der Interviewpartner etwa während einer Tätigkeit interviewt wird. Die Menschen sind nach meiner Erfahrung dann nicht so verkrampft, weil sie etwas machen, was sie kennen und wobei sie sich sicher fühlen. Genaue Absprachen sind wichtig, damit alle Beteiligten wissen, wie die Dreharbeiten ablaufen werden. „Also, Sie kommen bitte auf mein Zeichen durch diese Tür, bleiben hier am Regal kurz stehen, vielleicht zwei Sekunden, nehmen dort den Stapel Bücher, gehen die Wendeltreppe hoch und setzen sich an den Schreibtisch und lesen. Nach ungefähr fünf Sekunden werde ich beginnen und Ihnen eine Frage nach Ihrem neuesten Buch stellen."

Diese Anweisungen müssen auch genau mit dem Team abgesprochen werden. Der Kameramann muß den Kamerastandort und die Kamerabewegungen festlegen, und der Tonassistent muß genau wissen, welche Einstellung der Kameramann macht und darauf achten, daß er (oder sein Mikro) nicht im Bild ist.

Warum ist es eigentlich sinnvoll, daß zu Beginn der Interviewpartner diese Wege zurücklegt? Welche Funktion besitzen die Verzögerungen („Zwei Sekunden stehenbleiben")? Das kann mehrere Gründe haben. Ich muß davon ausgehen, daß ich, gerade wenn eine Person in den Film eingeführt wird, eine gewisse Zeit benötige, um sie im Kommentar vorzustellen („Seit fünf Jahren wohnt der Schriftsteller Paul Meier in diesem schönen Haus am Rande des Schwarzwaldes ..."). Wenn ich diesen „Einführungsgang", wie oben beschrieben, plane und auch so umsetzen kann, habe ich die Möglichkeit, diesen Gang als Einstieg in verschiedenen Längen zu nutzen. Entweder wird die ganze Länge von 50 Sekunden gebraucht, oder – mit dem Bildeinstieg am Regal – nur 40 Sekunden. Es gäbe hier auch noch kürzere Varianten: den Einstieg an der Wendeltreppe oben (Länge 15 Sekunden), oder ich fange erst an, wenn er am Schreibtisch sitzt; dann habe ich 5 Sekunden Vorlauf vor dem Interview.

Diese Einstellung, das heißt den ganzen Gang, sollte man dann zweimal vornehmen, wobei die Kamera beim ersten Mal unten und beim zweiten Mal oben postiert wird. Eine andere schöne Möglichkeit für eine Anfangseinstellung ist auch ein Telefonat, das der Gesprächspartner mit jemandem führt. Am besten ist ein Gespräch, das thematisch paßt und ungefähr eine oder zwei Minuten dauert. Sobald das Gespräch beendet ist und er das Telefon auflegt, fange ich an, Fragen zu stellen.

In manchen Situationen können auch Unterbrechungen in der Mitte eines Interviews nicht störend, sondern durchaus belebend sein: zum Beispiel ein Telefonat oder ein kurzes Gespräch oder eine andere Ablenkung. Als wir einen fluglärmgeschädigten Anwohner des Kölner Flughafens interviewten, wurde das Gespräch zweimal durch startende oder landende Flugzeuge unterbrochen. Es war so laut, daß der Anwohner nicht mehr zu verstehen war. Er schaute zum Himmel und unterbrach seinen Satz. Als der Lärm langsam verebbte, knüpfte ich dort an und fragte ihn: „Und das erleben sie jetzt jede Nacht?" Dann erzählte er uns, daß jede Nacht 100 bis 200 Flugzeuge unmittelbar über sein Haus hinweg starten oder landen würden. So war die Unterbrechung eine schöne Demonstration dessen, was er uns erzählte. Aber solche Besonderheiten sollte man vorher mit den Kollegen absprechen, damit in so einem Fall nicht zum Beispiel der Tonkollege den Dreh unterbricht.

Vor dem Interview führt der Autor mit dem Interviewpartner ein kurzes Vorgespräch, um die Atmosphäre aufzulockern und den Gesprächspartner auf das vorzubereiten, was auf ihn zukommt. Es sollte auch kurz abgesprochen werden, welche Themen das Interview berühren soll. Dabei kann man über die Eingangsfrage reden und dann die Frage genau formulieren. Besser ist es aber, den Einstieg nur allgemeiner zu formulieren, das heißt das Thema zu benennen. Viele Gesprächspartner haben sich nämlich auf das Interview inhaltlich vorbereitet und sich überlegt, was sie sagen wollen. Wenn sie nun die erste Frage kennen, können sie vielleicht zumindest ihre erste Antwort bereits vorformulieren. Die ist in solchen Fällen oftmals steif und wirkt auch wie auswendig gelernt. Ein erfahrener Interviewer wird also versuchen, den Gesprächspartner am Anfang des Gesprächs zu überraschen. Stellen wir uns den Gewerkschaftssekretär vor, der zur laufenden Tarifauseinandersetzung befragt werden soll und sich vorher genau seine Wortwahl und die Formulierungen überlegt hat. Solche auswendig gelernten Antworten wären ziemlich langweilig, weil man sie als Statement kennt. Aber vielleicht kann man den Gewerkschafter damit überraschen, daß man ihn zum Beispiel einfach fragt, wie er heute Nacht geschlafen hat. Die nachgeschobene Frage – „Raubt ihnen der Tarifstreit nicht den Schlaf?" – kann dann auf den Kern des Interviews zielen. Der Vorteil ist häufig zumindest eine Verunsicherung und damit vielleicht eine größere Offenheit des Gesprächsteilnehmers. (Aber selbstverständlich gibt es auch Profis, die sich durch nichts erschüttern lassen!) Das ist kein Rezept für alle Gelegenheiten, alle Menschen und alle Situationen. Aber wenn man Glück hat, bekommt man durch einen solchen unerwarteten und ungewöhnlichen Einstieg plötzlich auch unerwartete und überraschende Antworten – und was kann für ein Interview besser sein?

Manchmal werden wir mit der Forderung konfrontiert, man solle doch alle Fragen vorab schriftlich stellen. In so einem Fall sollte man die Fragenkomplexe allgemein umreißen, auf jeden Fall aber darauf verweisen, daß sich die konkreten Fragen aus dem Gesprächsverlauf ergeben werden.

Besonders Wirtschaftsunternehmen, aber auch Politiker vertreten manchmal die Ansicht, daß nur das in einem Interview angesprochen werden darf, was auch im Vorgespräch vorher angekündigt wurde. Das ist, meiner Meinung nach, nicht angemessen.

Mit einer solchen Sache wurden wir vor vielen Jahren einmal bei der BASF in Münster konfrontiert. Im Interview leugnete der Pressesprecher der BASF einen Sachverhalt (es handelte sich um einen Gefahrguttransport). Auf die Erwiderung „Ein solches Dokument liegt uns vor!" reagierte er nach kurzem Zögern mit: „Stop, darüber haben wir nicht gesprochen!" Übrigens haben wir die Frage und seine Reaktion im Film gezeigt.

In den meisten Fällen weiß ich als Autor ganz genau, was ich in dem Interview „hören will". Gerade bei kleineren Magazinbeiträgen kenne ich genau die vorgesehene Länge und den Inhalt des Statements. Wenn wir zum Beispiel an unser Harley-Davidson-Beispiel denken und annehmen, daß es einen Konflikt zwischen dem Veranstalter und dem Bürgermeister gibt: In so einem Fall würde ich beispielsweise in einem 5-Minuten-Beitrag für ein aktuelles Magazin dem Vertreter der Motorradfahrer und dem Bürgermeister jeweils ca. eine Minute oder die berühmten 1'30" für ein Statement geben.

Beide müßten natürlich jeweils ihren Standpunkt in dieser Zeit auf den Punkt bringen. Dabei muß ich eventuell meinem Gesprächspartner helfen, das heißt, wir wiederholen das Statement, wenn es zu lang war, weil er sich zu sehr in die Vorgeschichte oder irgendwelche Nebenaspekte verloren hat, oder weil er etwas vergessen hat. Vielleicht möchte ich aber auch, daß er das Statement noch einmal wiederholt und versucht, seine Sichtweise emotionaler oder deutlicher auf den Punkt zu bringen. Manchmal ist es auch nötig, den Gesprächspartnern gewissermaßen vorzugeben, was sie sagen sollen. Damit sie sehen, wie man zum Beispiel den Sachverhalt besser auf den Punkt bringen kann, oder auch, weil der Gesprächspartner im Vorgespräch (oder bei einem Telefonat ein paar Tage früher) seine Aussage pointierter und mit einer schärferen Formulierung getroffen hat. („Sie haben mir doch im Vorgespräch gesagt, die Motorradfahrer seien alle Kriminelle ..." − „Gestern haben Sie den Sachverhalt als kriminell bezeichnet ..." − „Sagen sie es doch so und so ...".)

So ein Statement muß man im ungünstigen Fall mehrfach wiederholen bis Autor und Gesprächspartner (und Kamera und Ton) zufrieden sind. Also, genau wie bei unserem „Lottogewinner" Erwin Lindemann.

Eine ganz andere Sache ist ein längeres Gespräch, das ich nur in Ausschnitten verwende. Hierbei werde ich ebenfalls versuchen, einen überraschenden Einstieg zu finden. Dann hat man aber Zeit, über verschiedene Dinge zu reden. Das Problem dabei ist das Bild, die Kameraeinstellung. Wenn ich zwei Teile aus dem Gespräch mit der gleichen Einstellung aufnehmen möchte, muß ich mir überlegen, wie die beiden Bilder zusammenpassen sollen. Bei der Wahl des gleichen Bildausschnitts würde, wenn man beide Bilder unmittelbar hintereinander setzt, der Kopf des Interviewpartners „springen", da er sich in der Zwischenzeit bewegt hat.

Dies ist also nur mit „Zwischenschnitten" möglich, das heißt mit Bildern, die nur dazu dienen, den Schnitt zu verstecken (Utensilien auf dem Tisch, die Hände, die Landschaft vor dem Fenster und ähnliches). Eine andere Möglichkeit, die man öfter als Fernsehzuschauer sehen kann, ist eine kurze Blende ins Weiß oder Schwarz, um so den Schnitt eindeutig zu kennzeichnen. Außerdem kann der Kameramann natürlich auch mehrfach die Einstellung wechseln (halbnah, nah, Halbtotale und so weiter). Wenn man Glück hat und die richtigen Gesprächsteile zusammenpassen, kann das dann beim Schnitt hinterher funktionieren. Planen kann man dies nicht, vor allem nicht, wenn der Kameramann inhaltlich nicht genau mitbekommt, worüber gesprochen wird (und das ist nicht selten der Fall, weil er auf seine Bilder konzentriert ist).

Interviews in einer fremden Sprache, die mit einem Dolmetscher geführt werden müssen, sind schwierig. Vor allem, weil ich die Reaktion des Gesprächspartners nicht unmittelbar, sondern nur vermittelt durch den Dolmetscher mitbekomme. Und dieser muß dann wiederum meine Frage übersetzen, was dem Interview auch wieder ein ganzes Stück an Unmittelbarkeit nimmt. Man kann einfach nicht direkt auf das, was der andere sagt, reagieren, weil eine „neutrale" Instanz dazwischengeschaltet ist. Und diese Gespräche dauern meist sehr lang. Hilfreich ist es, die Übersetzungen auch aufzunehmen (während der Übersetzungen ins Deutsche oder Englische sollte der Kameramann die Einstellung wechseln). Dann hat man sie beim Schnitt direkt dabei.

Streit – das „feindliche" Interview

Nicht überall reagiert man freundlich und erfreut, wenn das Fernsehen sich ankündigt. Vor allem dann nicht, wenn man kritische Fragen befürchten muß, weil das Thema des Interviews bekannt ist, man sowieso ein schlechtes Gewissen hat oder sich denken kann, daß es auf jeden Fall um etwas Unangenehmes geht. Ein solches Interview bezeichne ich als „feindliches" Interview. Nun richten wir Journalisten Fragen nicht aus Spaß oder persönlicher Gehässigkeit, sondern als Vertreter der Öffentlichkeit an die jeweiligen Gesprächspartner. Und die Zuschauer haben ein Recht auf Antworten, auch und gerade auf kritische Fragen, auch wenn das den Befragten nicht paßt.

Das Vorgespräch läuft unter solchen Vorbedingungen zwar meistens nicht ganz so locker, aber doch freundlich und höflich ab. Man begrüßt sich und klärt kurz die Rahmenbedingungen für das Interview. In der Regel wird es kein weiteres Gespräch über die Inhalte geben. Aber Small talk funktioniert meistens; man kann über das Wetter, den Verkehr sprechen und allgemeine Fragen zu den Geschäftsinhalten stellen. Ich versuche oftmals, doch irgendeinen Gesprächsinhalt zu finden, der meinen Gesprächspartner etwas aus der Reserve lockt. Zum Beispiel gebe ich ihm gerne Gelegenheit, sich als Fachmann zu fühlen, der mir, dem Laien, etwas erläutert, zum Beispiel anknüpfend an ein Foto, eine Broschüre oder ähnliches. Oder ich befrage ihn nach dem Unternehmen, der Arbeit oder ähnlichem. Die Dreharbeiten müssen in solchen Fällen gründlich vorbereitet sein. Alle Teammitglieder müssen wissen, worum es im Interview geht, welches die kritischen Fragen sind und was ich als Autor erreichen oder erfahren möchte. Man sollte auch über alle Eventualitäten reden: Was machen wir, wenn der Interviewpartner das Gespräch abbricht, sich weigert zu reden oder sich jemand anderes (zum Beispiel der Pressesprecher) in das Gespräch einmischt?

Die Grundregel ist hier: auf jeden Fall die Kamera weiter laufen lassen, was auch passiert. Denn was geschieht können wir vielleicht hinterher gut verwenden. Ich bemerke immer an mir, daß ich in dem Augenblick, wenn die Kamera läuft, ruhiger werde. Denn jetzt weiß ich, wir werden alles im Film festhalten, unabhängig davon, was sich ereignen wird.

Diese Regel gilt auch außerhalb von Interviews, wenn etwas Unvorhergesehenes passiert. Große Unternehmen schicken – selbst wenn wir außerhalb des Werkgeländes sind – gern den Werkschutz, der uns dann die Dreharbeiten verbieten will. Dann gibt es nur eines: der Autor, als Teamchef, redet mit den Leuten; der Kameramann schaltet so schnell wie möglich die Kamera ein und dreht mit. Man sollte dann Ruhe bewahren, aber auf seinem Recht bestehen. Auf allen öffentlich zugänglichen Straßen und Plätzen haben wir das Recht, jederzeit zu drehen, also auch vom Bürgersteig einer öffentlichen Straße aus zum Werksgelände eines Chemiekonzerns.

Einmal waren wir leider nicht schnell genug: bei den Dreharbeiten für einen Film über die Republikaner im Wahlkampf 1994 hatte die Kollegin, mit der ich den Film gemeinsam machte, auch ein Interview mit dem Fraktionsvorsitzenden der Republikaner im Stuttgarter Landtag vereinbart. Im Vorfeld hatte der aber herausgefunden, daß ich auch anwesend sein würde, und mich kannte er aus meiner Undercover-Aktion und meinem Buch und Film „Deutschland ganz rechts". Als wir zum Landtag kamen, erkundigte sich der Pressesprecher sofort, ob ein Herr Schomers anwesend sei und meinte: „Herr Schlierer ist nicht zu einem Interview bereit." Leider war der Kameramann nicht schnell genug als der Pressesprecher kam, denn wir hätten die Aktion gut im Bild gebrauchen können. Übrigens begründete Herr Schlierer seine Absage in einem Fax an den WDR damit, er würde nur seriösen Journalisten ein Interview geben. Ich antwortete ihm, leider wäre das bei uns Journalisten anders, wir müßten auch Interviews mit unseriösen Politikern machen. Aber das sei doch sein Glück, denn sonst käme er nie zu Wort. Ich erhielt keine Antwort darauf.

Ein kurzer Abstecher zum Problem des Rechts am eigenen Bild (siehe Seite 180: „Das Recht am eigenen Bild"): Grundsätzlich gilt, wenn jemand sieht, daß er gefilmt wird und nichts dagegen sagt, bedeutet das sein Einverständnis. Das gilt ebenfalls, wenn jemand auf eine Frage antwortet oder sich an einer Diskussion zum Beispiel irgendwo auf der Straße, bei einer Straßenumfrage, an der Haustür, einem Infostand einer politischen Partei oder ähnlichem beteiligt. Um zu verhindern, daß man gefilmt wird, muß man ausdrücklich „Nein" sagen.

Aber auch das hängt manchmal von den konkreten Umständen ab: Wir haben einmal in einem Beitrag für die „Aktuelle Stunde" den Versuch eines Interviews mit einem Mann gesendet, der mehrfach ausdrücklich seine Einwilligung verweigerte und uns verbot, ihn zu filmen. Es handelte sich um einen Mann, den wir auf dem Gelände eines Schrebergartens antrafen, in dem eine faschistische völkisch-germanische Sekte „Wotans Wölfe" ihre „Thingtreffen" abhielt, zum Teil gemeinsam mit der FAP. Er wurde aggressiv, bedrohte uns und griff schließlich den Kameramann (der weiterdrehte, während ich versuchte, mit dem Mann zu reden und ihn nach diesen Treffen zu befragen) mit einem Schraubenschlüssel an. Wir haben dann nach einer längeren Diskussion mit der WDR-Redaktion für uns entschieden, daß derjenige, der Gewalt anwendet, das Recht am eigenen Bild verwirkt.

Zu den Vorbereitungen eines Interviews kann übrigens auch gehören, daß man von Anfang an eine zweite Kamera aufbaut und damit die Totale dreht, damit man die gesamte Situation und auch einen etwaigen Abbruch des Interviews im Bild hat.

Manchmal ist es eigentlich das beste, was einem passieren kann, wenn der Interviewpartner in einem sehr kritischen Interview aufsteht und gehen will. Dies bestätigt dann in der Regel die Vorwürfe, mit denen man ihn konfrontiert hatte.

Ein zusätzlicher Trick ist das Ankabeln des Interviewpartners. Dann kann dieser nicht so gut „weglaufen". Das bedeutet, daß er ein kleines Mikrophon am Hemd oder der Jacke hat, das durch ein langes Kabel mit dem Recorder verbunden ist. Möchte er gehen, muß er sich zunächst einmal des Mikrophons entledigen. Das ist gar nicht so einfach, denn das Kabel ist in der Regel unter Hemd oder Pullover geführt.

Zur Interviewstrategie bei Probleminterviews ist noch anzumerken, daß man nicht mit der kritischsten Frage unmittelbar anfangen, sondern erst einmal unverfänglicher beginnen sollte, um den Interviewpartner in Sicherheit zu wiegen. (Aber ich kann mir durchaus auch eine Situation vorstellen, in der es besser ist, sofort mit einer Provokation anzufangen, um die Konfrontation unmittelbar zu beginnen.) Auf jeden Fall sollte man den Gesprächsverlauf und die Reihenfolge der Fragen gut vorbereiten. Außerdem habe ich gute Erfahrungen damit gemacht, kritische Fragen aus taktischen Gründen zu „splitten". Wenn ich merke, daß ich bei einem kritischen Punkt nicht mehr weiterkomme, spreche ich – anscheinend zufrieden mit den Antworten – ein unverfängliches Thema an. Oftmals reagiert mein Gegenüber dann erleichtert, eine Reaktion, die man an der Körpersprache ziemlich gut erkennen kann. „War ja gar nicht so schlimm!" – „Ich habe mich doch ganz gut geschlagen!" – „Na ja, soviel weiß der auch nicht, ist ja noch mal gutgegangen!" So oder ähnlich wird der Gesprächspartner denken, und er ist erleichtert. Dann – nach kurzer Zeit – komme ich plötzlich, ganz unerwartet, wieder auf das kritische Thema zurück und frage nochmals nach. Oft kommt dann der wirklich kritische Punkt, und das eigentliche Interview beginnt.

Das ist wie beim Boxen, wenn man meint, den erwarteten Tiefschlag abgewehrt zu haben und erleichtert die Deckungshand sinken läßt. Dann sollte der Gegner zuschlagen. Einer, der eine ähnliche Strategie hat, ist übrigens der amerikanische Filmkommissar Columbo, der die wichtigsten Fragen dann stellt, wenn er sich schon verabschiedet hat und sich bereits zum Gehen wendet. Auch er hat damit oft Erfolg.

Wie geht man mit seinen Protagonisten um?

Die Protagonisten spielen die Hauptrolle in meinem Film, sie sind die Stars. Diese sollte man umhegen und pflegen. Grundlage der Zusammenarbeit ist ein Vertrauensverhältnis. Das muß man aber als Autor erst einmal schaffen. Das gesamte Drehteam und die Arbeitsatmosphäre spielen dabei auch eine wichtige Rolle. Wenn wir an einem Tag „gut drauf sind", die Arbeit Spaß macht und alle freundlich miteinander umgehen, wird sich diese Atmosphäre auch auf die Protagonisten übertragen.

Oft haben Menschen, die noch nie etwas mit dem Medium Fernsehen zu tun hatten, Angst, sich „nicht richtig" zu verhalten, etwas „falsch" zu machen. Wichtig ist es, diesen Menschen zu vermitteln, daß es ganz normal ist, wenn man aufgeregt ist. Jeder Mensch ist aufgeregt, wenn er vor einer Fernsehkamera steht, vielleicht ein paar Showgrößen oder manche Politiker ausgenommen. Der „Normalmensch" aber ist mehr oder weniger aufgeregt.

Man muß den Protagonisten klar machen, daß es keine „Fehler" gibt, kein falsches Verhalten. Das Wichtigste ist, daß sie sich ganz normal verhalten. Und dabei kann ihnen der Autor auch helfen, indem er sich ebenfalls so locker und „normal" verhält, als ob keine Kamera dabei wäre und versucht, eine freundliche, warme Atmosphäre herzustellen.

Ein solches Vertrauensverhältnis kann den Menschen die Angst nehmen, sich auszuliefern und damit eventuell etwas für sie Nachteiliges öffentlich zu machen. Vor vielen Jahren begann ich ein größeres Projekt mit der Gewerkschaft ÖTV. Thema war „Transport und Logistik". Wir begleiteten eine Arbeitsgruppe von Betriebsräten, die sich mit diesem Thema beschäftigten. Nun kannten die ÖTV-Kollegen meine Arbeit, vor allem meinen Film „Giftig, ätzend, explosiv" und wußten, daß ich ihre Sorgen und Nöte verstand und sie nicht hereinlegen würde. Ohne ein solches grundsätzliches Vertrauensverhältnis als Basis unserer Zusammenarbeit wäre dieses Projekt nicht möglich gewesen, und ich hätte manche Aufnahmen nicht machen können. Wir hatten eine klare Vereinbarung: ich durfte alles drehen, was passiert, und sie hatten ein Vetorecht, das heißt, sie konnten im Nachhinein sagen, daß wir diese oder jene Aussagen oder Gesprächsteile nicht verwenden sollten. Unsere Vereinbarung hat sich in diesem Fall als hervorragende Grundlage erwiesen. Es hat übrigens an keinem einzigem Punkt ein Veto gegeben. (Eine solche Regelung sollte aber die absolute Ausnahme sein, denn ich würde nur in ganz speziellen Fällen jemandem ein Vetorecht zugestehen.)

Gerade Wirtschaftsunternehmen versuchen manchmal, die Drehgenehmigung an die Voraussetzung zu knüpfen, daß sie das Material oder das Interview vor der Ausstrahlung sehen können. Das habe ich immer prinzipiell abgelehnt. Es ist auch rechtlich nicht zulässig. Das gesamte gedrehte Material gehört – bei einer Auftragsproduktion – dem Sender. Den fertigen Film darf vor der Ausstrahlung niemand sehen, der nicht an der Arbeit an dem Projekt beteiligt war. Und das gilt generell für jeden! Nicht nur aus prinzipiellen Gründen, es ist auch eine Frage des Schutzes vor äußeren Einwirkungen. Denn es ist durchaus denkbar, daß jemand mit den Teilen, die man im Film verwendet, nicht einverstanden ist. Das muß nicht nur sehr kritische Interviews betreffen, wo man das durchaus verstehen könnte. Es wäre auch möglich, daß sich jemand nicht gut genug dargestellt fühlt, daß ihm etwas wichtiges fehlt, daß er keine so gute Figur macht, wie er gerne machen möchte und vieles mehr. Noch etwas zu den notwendigen Vorabsprachen: Auch wenn man Menschen oder Gruppen begleitet, sollte man vorher den Ablauf besprechen. Was wird wann passieren, was werden diese Leute machen? Vor allem eines ist wichtig: was sie auch machen, sie sollten auf jeden Fall kurz vorher (mindestens eine Minute vorher!) Bescheid sagen, damit die Kamera läuft.

Und danach?

Irgendwann ist abgedreht, wir packen ein und verschwinden. Was passiert dann? Ich meine jetzt weniger das kurze Interview; es sind hier mehr größere Projekte gemeint, zum Beispiel Portraits von Menschen, ein Film über eine Selbsthilfegruppe und ähnliches, bei denen man doch mit einigen Menschen intensiv zu tun hatte. Zurück bleiben betroffene, engagierte Menschen, die eine Botschaft, eine Aufgabe haben. Und die sich freuen, wenn das Fernsehen an ihrer Sache oder an ihrer Botschaft interessiert ist. Indem wir uns dafür interessieren, ihre Sache unterstützen, ihnen ein öffentliches Forum geben, erwecken wir auch Hoffnungen. Und dann gehen wir wieder. Ich habe immer wieder erlebt, daß diese Menschen auch mit Unverständnis darauf reagieren, und das verstehe ich auch. Denn wir sind in Wahrheit nicht wirklich an ihrer Sache interessiert, wir benutzen sie. Das ist nicht so abwertend gemeint; ich denke, es ist ein Benutzen auf einer fairen Grundlage. Der Handel ist: „Ich helfe Dir, Deine Sache öffentlich zu machen, und Du hilfst mir, indem ich Deine Sache für meinen Beruf nutze und damit Geld verdiene."

Ich mache nur dann einen Film, wenn ich eine bestimmte Sache auch für unterstützenswert halte. Und in diesem Sinne bin ich auch bei meinen Filmen immer engagiert. Sicherlich, ich verdiene mein Geld damit, aber die „politische Botschaft" – um es ein wenig pathetisch auszudrücken – war mir immer wichtiger.

Das merken die Menschen, mit denen ich bei solchen Filmen zu tun habe, natürlich auch. Und dann ist es gerade den Menschen, die sehr für eine Sache engagiert sind, unverständlich, daß ich ein paar Monate später an der nächsten politischen Aktion ihrer Gruppe nicht mehr so interessiert bin und keinen neuen Film dazu mache. Denn ich bin dann bei einem ganz anderen Thema, interessiere mich für ganz etwas anderes. Es war eben „nur" ein professionelles Interesse. Ein Problem, das man nicht ändern kann, dessen man sich aber bewußt sein sollte, besonders wenn man engagierte politische Filme macht.

Gerade wenn das Vertrauen groß ist und die Menschen sich aufgrund dieser guten Atmosphäre öffnen, muß man sehr verantwortungsvoll mit ihnen und ihren Auskünften umgehen. Natürlich freut sich der Autor, wenn es ihm gelingt, einen ganz besonderen, ganz persönlichen Einblick in seinem Film zu geben. Wenn es gelingt, verborgene Ängste oder Sehnsüchte, Unsicherheiten und Zweifel zu zeigen. Aber man muß dann auch darüber nachdenken, was die Veröffentlichung solcher Einsichten und Bilder bewirkt. Wie geht der Mensch damit um, der Wochen oder Monate später – der Journalist ist lange weg – , damit durch die Ausstrahlung der Sendung (die er vorher nie gesehen hat) konfrontiert wird. Die Dreharbeiten sind eigentlich gar nicht so besonders öffentlich. Man hatte doch nur ein sehr intensives, nahes Gespräch mit dem netten, einfühlsamen Journalisten; in der eigenen Wohnung, auf dem eigenen Sofa. Und da hatte man fast vergessen, daß da noch die Kamera stand. Und nun kommt das alles im Fernsehen! Plötzlich sind auch die fast geflüsterten Worte genau zu hören, ist das Gesicht ganz nah und jeder kann jede Gefühlsregung ablesen. Man sieht sich vielleicht plötzlich sogar weinen, merkt, wie alle Menschen ein wenig hinter die Fassade blicken können. Familie, Freunde, Nachbarn, Arbeitskollegen, denen man das ja eigentlich gar nicht zeigen wollte. Plötzlich ist alles öffentlich. Gerade bei sehr emotionalen und schwierigen Problemen sollte man als Autor über dieses Problem nachdenken. Man hat auch eine Verantwortung für diese Menschen, wenn man ihre ganz persönlichen Probleme in die Öffentlichkeit bringt.

Ein Kuriosum – Interview ohne Worte

Vor ein paar Jahren hat ein guter Freund, der Kollege Hans-Rüdiger Minow, eines der spannendsten Interviews gemacht, die ich je erlebt habe. Das Ungewöhnliche und Spannende daran: der Interviewpartner sagt in dem Interview *nur ein einziges Wort.*

Der Film von Hans-Rüdiger Minow „In der Gnade der späten Geburt" (WDR, 1986) behandelt neonazistische Umtriebe in einer Kleinstadt in Nordrhein-Westfalen. In diesem Zusammenhang machte der Autor ein Interview mit einem FDP-Stadtrat. Bei dem Interview hatte mein Kollege allerdings den Eindruck, daß der FDP-Stadtrat die neonazistischen Umtriebe in seiner Stadt für nicht besonders verwerflich hielt, und er beschloß, weiter zu recherchieren. Im Hauptberuf war dieser Stadtrat Rektor an einer Schule.

Bei seinen Recherchen fand der Autor recht schnell heraus, daß dessen Verhalten durchaus erklärlich war, denn an seiner Schule waren offenbar neonazistische Umtriebe ganz alltäglich. Dort, so hörte er, brüsteten sich bekannte Neonazis damit, daß sie rege Zustimmung bei antisemitischen Äußerungen bekämen. Schüler zeigten offen den Hitlergruß, Sprüche wie „Sieg Heil", „Es lebe die Bewegung" oder „Räder müssen rollen für den Sieg" seien an der Tagesordnung, und im Unterricht würden unwidersprochen die Konzentrationslager als Erfindungen bezeichnet.

Auf der Grundlage seiner neuen Recherchen bat der Autor den FDP-Stadtrat erneut um ein Interview, zum gleichen Thema, aber diesmal in seiner Funktion als Rektor des Gymnasiums. Die Situation im Film: der Schuldirektor B. sitzt an seinem Schreibtisch, die Kamera zeigt die Halbtotale. Der Interviewer ist nicht im Bild zu sehen. Das Interview beginnt mit der Frage des Autors:

„Herr B., Ist Ihnen etwas über rechtsradikale Aktivitäten an Ihrer Schule bekannt?"

„Nein."

Nach einer Pause von ca. vier Sekunden wird klar, daß der Befragte nicht mehr dazu sagen will, und der Autor fragt weiter:

„Ist Ihnen, Herr B. bekannt, daß in Klassenraum 71 seit Monaten ein Hakenkreuz in der Größe eines halben Quadratmeters an die Schulbank gemalt und bis heute nicht entfernt worden ist, obwohl dieses Hakenkreuz unmöglich übersehen werden kann?"

Schuldirektor B. antwortet nicht. Man sieht förmlich, wie er nachdenkt, seine Augen wandern ab und zu nach rechts oder links, aber er sagt nichts.

Nach elf Sekunden Stille fragt der Autor weiter ...

„Herr B, ist ihnen geläufig, daß in Ihrer Bücherei für jeden Schüler und ohne jede Beschränkung zugänglich seit Jahren Naziliteratur ausgeliehen werden kann, beispielsweise folgende Titel: „Hitlerjugend marschiert", „Das neue Hitlerjugendbuch", das „Jahrbuch der Hitlerjugend" oder „Kameraden der Zeit" – gewidmet unserem Führer"?"

Wiederum sagt der Schuldirektor B. nichts. Manchmal zucken seine Mundwinkel so, als ob er anfangen will zu grinsen, ab und zu hat man den Eindruck, daß er doch etwas sagen will, aber er schweigt. Der Kameramann verdichtet das Bild ganz langsam bis auf eine Naheinstellung.

24 Sekunden lang passiert nichts ... Dann fragt der Autor nach:

„Möchten sie dazu nichts sagen, oder?"

Wiederum elf Sekunden langes Schweigen. Dann versucht der Autor nochmals, eine Antwort auf seine Fragen zu bekommen:

„Es ist jetzt schwierig, ihr Schweigen zu verstehen, weil es interpretierbar ist. – Wissen sie davon etwas oder nicht?"

Das Schweigen wird fast unerträglich. Man spürt die große Spannung im Raum. Nach 14 Sekunden, die dem Zuschauer wie Minuten vorkommen, beendet der Autor Hans-Rüdiger Minow das Interview:

„Ich interpretiere das jetzt erst mal für uns, daß sie dazu nichts sagen wollen und gehe davon aus, daß wir dieses Interview abbrechen können. Ist das mit ihrem Einverständnis so?"

Durch ein kurzes zustimmendes Nicken zeigt Schuldirektor B. sein Einverständnis.

„Danke sehr."

Wie gesagt, für mich eines der eindrucksvollsten investigativen Interviews, die ich je gesehen habe. Und ein Beispiel dafür, daß man sich auf vieles überhaupt nicht vorbereiten kann und sehr flexibel auf den Augenblick reagieren muß.

Ein ethisches Problem – Interviewhonorare

Mit dem Auftauchen der kommerziellen Sender hat sich eine Unsitte immer weiter verbreitet: das Zahlen von Interviewhonoraren. Ich denke, daß damit ein grundlegend ethisches Problem verbunden ist. Genauer gesagt sind es drei Probleme: das Verlangen, das Zahlen und schließlich das Anbieten von Interviewhonoraren.

Angefangen haben damit die Printmedien, die sich auf diese Weise Exklusivinterviews oder Geschichten gesichert haben. Nun kann man die Intention der Betroffenen (beziehungsweise derjenigen, die ein Interview geben oder eine Geschichte erzählen sollen) durchaus verstehen. Mit ihrer Geschichte wird Geld verdient und daran wollen sie teilhaben. Ich kann auch in gewisser Weise die Absicht der Medien verstehen, sich damit bei aktuellen Ereignissen exklusive Zugänge zu sichern – und die Konkurrenz ausstechen zu wollen. Denn es geht heute nicht nur um die Frage, wer ist der erste, sondern man will auch der einzige sein. Ich bin der Meinung, daß ein solches Vorgehen ethisch nicht zu verantworten ist. Denn es führt in direkter Linie zum „Scheckbuchjournalismus"; Derjenige, der das meiste Geld hat oder bietet, bekommt den Zuschlag.

Vor allem die kommerziellen Sender (man sollte sie nicht nur „privat" nennen) wollen auf diese Weise Geld verdienen und haben keinen Programmauftrag wie die öffentlich-rechtlichen Fernsehanstalten. Ihr Hauptinteresse gilt naturgemäß nicht dem Journalismus, der Ethik, einem Programmauftrag von Information oder gar Bildung, sondern ganz profan dem Profit. Und dafür ist offenbar fast jedes Mittel recht.

Bei Dokumentationen und Reportagen werde auch ich manchmal nach einem Honorar gefragt. Ich lehne das Zahlen von echten Interviewhonoraren jedoch ab und habe dies nur einmal in sehr kleinem anderem Rahmen gemacht: Die Ausnahme war der Film „Alltag Armut" bei dem ich den Sozialhilfeempfängern jeweils eine kleine Aufwandsentschädigung gezahlt habe. Dafür kamen sie auch alle an einem Tag in ein Studio, damit unser Fotograf seine Aufnahmen machen konnte.

Ich bezahle alle Spesen, Reisekosten oder ähnliches, auch mal eine kleine Aufwandsentschädigung, gebe gerne irgendwo 100 DM für die Kaffeekasse. Vor allem ärgere ich mich demgegenüber aber sehr, wenn das Honorar die Voraussetzung für das Interview sein soll. Aber bisher habe ich – ohne Honorare zu zahlen – jedes Interview bekommen, das ich haben wollte.

Zwei negative Beispiele möchte ich hier noch schildern.

Ein gut verdienender Professor am Institut für Deutsche Sprache und Literatur der Universität Köln verlangte ein Honorar für ein 3-Minuten-Statement. Es handelte sich um einen Film für die „Bundeszentrale für Politische Bildung" zum Thema „Sprache und Gewalt", und er sollte über seine (öffentlich bezahlte) Forschungsarbeit berichten. Ich antwortete ihm, daß wir bei dieser low-budget-Produktion keine Möglichkeit hätten, Honorare zu zahlen, sprach aber an, „daß ich auch nicht verschweigen will, daß ich im Prinzip auch grundsätzlich dagegen bin. Ausnahmen mache ich dann, wenn es sich bei den Interviewpartnern um Personen handelt, die wenig oder gar kein Einkommen haben oder es sich um gemeinnützige Einrichtungen handelt." Er aber bestand weiterhin auf einem Honorar und verweigerte das Interview. Ich schrieb ihm darauf: *„Ich denke, daß ein aus öffentlichen Mitteln (außerordentlich gut) bezahlter Professor durchaus auch ohne Honorar zur Mitarbeit an einem solchen Projekt bereit sein könnte. (Nun kann man sicherlich darüber streiten, ob eine solche Vorstellung seiner Forschungsinhalte zu den „Dienstaufgaben" im engeren Bereich gehört. Aber warum eigentlich nicht?) ... Für mich ist dies ein Beispiel für die „Ab-*

zocker-Mentalität", die sich leider immer weiter verbreitet, vor allem bei denjeni-gen, die es eigentlich – finanziell zumindest – gar nicht nötig haben. "

Ein anderes Beispiel habe ich kürzlich erlebt: Für die Dreharbeiten in sei-ner Praxis und ein kurzes Statement (für einen 3-Minuten-Beitrag) ver-langte ein Anästhesist von uns 10.000 DM. Und das, obwohl er wußte, daß es sich dabei um ein Ausbildungsprojekt ohne jeglichen kommer-ziellen Hintergrund handelte.

Das Recht am eigenen Bild

Zuvor habe ich es bereits erwähnt: wenn jemand sieht, daß er gefilmt wird, wenn er bei einer Straßenumfrage antwortet oder sogar ein Inter-view gibt, gilt dies als Einwilligung. Wenn der Betroffene sieht, daß es sich um eine professionelle Fernsehkamera handelt, muß er auch mit der Veröffentlichung dieser Bilder rechnen.

Aber kann man nach einem Interview seine Einwilligung wieder zurück-ziehen? Das ist ein Problem, das vor allem bei kritischen Interviews in investigativen Reportagen auftritt. Unter besonderen Bedingungen kann der Interviewte die einmal gegebene Einwilligung zurückziehen:

„– Zum einen, wenn er sich den Widerruf ausdrücklich vorbehalten hat, also ein Widerruf vertraglich vorgesehen ist.

– Zum zweiten, wenn er die Einwilligung infolge Irrtums, einer arglistigen Täu-schung oder aufgrund einer Drohung erteilt hat und die Anfechtung derselben er-klärt (§§ 119 ff. BGB) ...

– Außerdem kann sich der Betroffene nachträglich von seiner Einwilligung lösen, wenn sich seine Einstellung dazu geändert hat ... Bei der Entscheidung darüber, ob ein Widerrufsrecht besteht, müssen auch die Interessen des Interviewers einbezo-gen werden. Bei der danach erforderlichen Abwägung der widerstreitenden Inter-essen ist bedeutsam, ob der Betreffende ein Honorar für die Veröffentlichung er-halten hat, wie alt und geschäftserfahren er zum Zeitpunkt der Einwilligung war, wieviel Zeit zwischen Einwilligung und Widerruf verstrichen ist und insbesonde-re welche Auswirkungen die bevorstehende Veröffentlichung auf die persönlichen Umstände des Betroffenen hat. So kommt beispielsweise ein Widerruf wegen ge-wandelter Überzeugung in Betracht, wenn jemand bei einem Fernsehinterview von bestimmten Umständen ausgegangen ist, von denen er zwischenzeitlich erfahren hat, daß sie nicht zutreffen. Die Befürchtung eines Schadens für sein Ansehen reicht

für sich allein gesehen nicht aus. Wer den Widerruf erklärt, hat den Erklärungs-
empfänger gemäß § 42 Urhebergesetz analog angemessen zu entschädigen; also zu-
mindest die Produktionskosten für das Interview zu ersetzen." (Claudia Engler, Gut-
achten im Rahmen des Seminars Medienrecht, Köln, 2000)

Soweit die Juristen. In der Praxis aber spielen auch andere Faktoren eine gewichtige Rolle. Ich erinnere mich an einen Fall, der vor vielen Jahren überall im WDR heftig diskutiert wurde: Eine Kollegin hatte in Düsseldorf ein Interview mit einem Landesminister geführt. Offenbar hatte sie dabei den Minister derartig mit Fragen attackiert, daß dieser
schließlich ausfallend wurde und anfing zu brüllen. Die Kollegin be-
dankte sich für das Interview und ging. Noch bevor sie zurück im Sender in Köln war, war die politische Maschinerie angelaufen. Der Minister beschwerte sich beim Intendanten, der informierte den Chefredakteur, der wiederum den Hauptabteilungsleiter und so weiter. Als die Kollegin zurückkam, lag die klare Anweisung „von ganz oben" auf ihrem
Schreibtisch: das Interview darf nicht gesendet werden. Ich denke, bei
jedem anderen „normalen" Menschen hätte man ein solches Interview
gerne benutzt, als Beleg dafür, daß dem Befragten die Fragen zu unangenehm waren, er wohl ein schlechtes Gewissen hat, auf jeden Fall der
Kritik nichts entgegensetzen konnte und so weiter. Aber bei einem Minister ...

Es ist also auch immer eine Frage, was man sich traut, eine Frage der Zivilcourage und eben politischer Rücksichtnahmen.

In der bereits erwähnten ZDF-Reportage „Bis du am Steuer einschläfst"
merkte die Busunternehmerin erst während des Interviews, worum es
eigentlich ging. Ich hatte sie um ein Interview zur allgemeinen Situation im Omnibusgewerbe und zu Durchführung und Ablauf der Tagesfahrten nach Paris gebeten. Ich hatte ihr nicht gesagt, daß ich zwei Wochen vorher selbst als vermeintlicher Tourist eine der von ihr organi-
sierten Tagesfahrten mitgemacht und dabei die Überschreitung der
Lenk- und Ruhezeiten des Fahrers dokumentiert hatte.

Das Interview im Film hatte folgenden Wortlaut:

Busunternehmerin: *Wir fahren dann 20 Uhr wieder ab in Paris und kommen*
in der Nacht, wenn alles gut klappt, gegen 1 Uhr, 1 Uhr dreißig wieder in Köln in
der Glockengasse an.

Frage: *Sie haben eben gesagt, bei Ihnen ist alles in Ordnung, also Sozialvorschriften und Schicht- und Lenkzeiten, da achten sie drauf?*

Busunternehmerin: *Ja, ganz bestimmt deswegen, weil ich grundsätzlich keine Reise plane, wo auch nicht zumindestens noch eine gewisse Zeit drin enthalten, wo ich sagen könnte, unterwegs Stau, unterwegs Unfall. Sie wissen, heute sind wir vor nichts mehr sicher. Diese Zeiten werden auf weiten Strecken eh eingeplant.*

Frage: *Wie machen Sie das denn, fünf Stunden für 520 km, wo man in Frankreich nur 90 km/h fahren darf?*

Busunternehmerin: *Ja, wir dürfen in Frankreich neunzig fahren. Nur denken Sie bitte dran, diese Fahrzeuge rollen vom Arc de Triomphe direkt auf die Périphérique, direkt auf die Autobahn, wir haben keine große Verzögerung. Und wenn Ihnen im Büro jemand diese Uhrzeit angegeben hat von nur fünf Fahrstunden, dann ist die Dame nicht ganz informiert gewesen. Also wir schaffen es nicht unter fünfeinviertel Stunden, das darf ich Ihnen sagen.*

Frage: *Aber auch fünfeinviertel Stunden für 520 km, den Schnitt schaffe ich ja kaum mit dem Pkw.*

Busunternehmerin: *Doch, der läßt sich fahren. In der Sekunde, wo der Fahrer keinen Stau und keine Probleme hat, läßt es sich rechnerisch mit fünf Lenkstunden fahren. Wir haben bis zu unserem Hotel exakt eine Kilometeranzahl von 510 km, bis zum Hotel.*

Frage: *Ohne die weiteren Fahrten sind das schon knappe elf Stunden? Warum planen Sie die Stunden denn ein, wo das nicht erlaubt ist?*

Busunternehmerin: *Schauen Sie mal, wenn ich jetzt einen zweiten Fahrer einsetze ... Das wäre eine Stunde über die Lenkzeit. Und wenn das der Fall ist und das einmal im Monat ein Fahrer macht – da ja nicht immer derselbe Fahrer diese Tour unternimmt – dann bin ich der Meinung, daß es nicht das allzu große Problem ist, oder haben Sie persönlich eine Unsicherheit des Fahrers festgestellt?*

Film-Kommentar (auf Bilder von der nächtlichen Parisfahrt, Großaufnahme des Busfahrers (durch den Rückspiegel), dem die Augen zufallen;): Nicht nur Unsicherheit, mehr. Auch auf der Rückfahrt hält der Fahrer die vorgeschriebene Pause nicht ein. Trotz Regen und leichtem Nebel fährt er durch – ohne auch nur eine Minute Pause. Seine Tageslenkzeit ist jetzt absolut beendet. Insgesamt wird er an diesem Tag eine

Lenkzeit von über zwölf Stunden haben. Erlaubt sind höchstens zehn Stunden. Er ist müde. Immer wieder fallen ihm die Augen zu.

Busunternehmerin: *Ich kann's nicht glauben. Nämlich, wenn einem die Augen zufallen, dürfte er gar nicht mehr den Wagen überhaupt noch einen Zentimeter geradeaus fahren.*

Film-Kommentar (Großaufnahme Busfahrer, dem die Augen vor Müdigkeit zufallen): Aber es stimmt. Fast drei Sekunden lang sind seine Augen geschlossen: das sind ungefähr 90 Meter, die der Bus fahrerlos über die dunkle und nasse Autobahn braust. Aber auch jetzt macht der Fahrer keine Minute Pause.

Busunternehmerin: *Ja, diese Touren werden eingeplant aus dem einfachen Grunde, weil es sich so ergibt. Ich hatte Ihnen doch versucht eben zu erklären, daß ich den Zweitagesgästen die Reise nicht absagen muß, die ihre Reise gerne fahren und eben, um die Auslastung des Busses an diesem Tag dann doch zu bekommen.*

Frage: *Aber eigentlich müßten sie da einen zweiten Fahrer einplanen?*

Busunternehmerin: *Für diese eine Stunde, könnte ich natürlich einen Fahrer bis nach Aachen mitschicken, das ist richtig, das könnte man machen, ja.*

Frage: *Stellen Sie sich mal vor, nachts um zwölf wäre ein Unfall passiert.*

Busunternehmerin: *Wissen, Sie, ich will Ihnen was sagen, das hatte ich Ihnen vorhin ja schon anfangs gesagt: dieses Dramatisieren, was hier zur Zeit gemacht wird, finde ich weit überzogen, ich wiederhole mich in dem Fall, aber man sollte es nicht schlimmer sehen als es tatsächlich ist.*

Film-Kommentar: Wir wollten auch den Busfahrer, den Juniorchef der Firma, befragen. Als wir zum vereinbarten Interviewtermin kommen, zieht er seine Einwilligung zurück und droht uns mit rechtlichen Schritten.

Ein paar Tage nach dem Interview erhielt ich von der Besitzerin der Firma einen Brief (Einschreiben mit Rückschein).

Darin hieß es u.a.: „*hiermit widersprechen wir der Verwertung und Ausstrahlung der in unseren Betriebsräumen sowie in unserem Fahrzeug (Fahrt Paris) hergestellten Film- und Tonaufnahmen. Soweit Sie aus unserem Verhalten auf eine entsprechende Einwilligung geschlossen haben sollten, wurde diese Ihrerseits erschli-*

chen." Es folgte mit bestechender Logik die Folgerung: *„Während des Interviews wurden Sie darauf hingewiesen, daß bei einem Einschlafen des Fahrers während der Fahrt weder Sie noch unsere anderen Gäste so gut und sicher wieder in Köln angekommen wären."* – Als ob sie noch nie etwas vom „Sekundenschlaf" gehört hätte.[4]

Der Brief und die damit verbundene Ankündigung juristischer Schritte verursachte natürlich einigen Wirbel beim ZDF. Ich mußte zu den Vorwürfen Stellung nehmen und schrieb u.a.:

„Vierzehn Tage nach der Fahrt habe ich offiziell bei der Firma um ein Interview gebeten. Ich habe darauf verwiesen, daß mir die Firma durch die Zeitungsinserate aufgefallen ist und ich gerne ein Interview machen würde zu den Themen: a) Situation im Omnibusgewerbe, b) Durchführung und Ablauf der Tagesfahrten nach Paris. Das Interview wurde am 2.12. im Betriebshof der Firma durchgeführt. Während des Interviews habe ich dann die Busunternehmerin unter anderem mit meinen Erlebnissen auf der Parisfahrt konfrontiert – die Stellen sind ja auch im Film zu sehen. Zur „erschlichenen Einwilligung": selbstverständlich habe ich die konkreten Fragen zu den Gesetzesverstößen erst während des Interviews gestellt. Wie sonst sollen wir solche Leute mit ihren Gesetzesverstößen konfrontieren? Ich habe die Busunternehmerin vorher ausreichend über Zweck und Thema des Interviews informiert. Daß ihr die Fragen im Nachhinein unangenehm sind und daß sie das Interview nun ungeschehen machen möchte, kann ich gut verstehen, aber einen Grund, dies nicht zu senden, sehe ich nicht. Bei der Überschreitung der Lenkzeit handelt es sich nicht um eine kleine Ordnungswidrigkeit. Wie am Beispiel des am Anfang des Films erwähnten Unfalls in Donaueschingen klar wird, erhebt die Staatsanwaltschaft gegen den Unglücksfahrer Anklage wegen vorsätzlicher Verkehrsgefährdung. Jemand, der sich so kriminell verhält wie dieser Fahrer, der auch nicht anhält, als er merkt, wie müde er ist, hat keinerlei Rücksichtnahme verdient. Ich denke, daß in so einem Fall das Recht am eigenen Bild zugunsten des Rechts der Öffentlichkeit, über so einen Fall aufgeklärt zu werden, zurückstehen muß. Wir können seine Gesetzesverstöße durch die Videoaufzeichnungen und Zeugenaussagen klar beweisen. Wo kommen wir hin, wie wollen wir kritischen Journalismus machen, wenn jeder, den wir bei solchen Verstößen „in flagranti" erwischen, sich auf das Recht am eigenen Bild berufen und alle Aufzeichnungen zurückziehen kann? (Ich möchte in diesem Zusammenhang auf die Arbeit der Kollegen von „Monitor" verweisen, die in den letzten Tagen Aufsehen erregten durch einen Fall, in dem die Kollegen Waffenkäufe tätigten und diese durch eine versteckte Kamera do-

---

4 Nach dem Interview wußte sie ja nun, daß ich als Fahrgast mit nach Paris gefahren war.

kumentierten. Sollen Straftäter solche Enthüllungen in Zukunft verhindern kön-
nen? Und dann ist es, denke ich, auch notwendig, „Roß und Reiter" zu zeigen und
beim Namen zu nennen.) Ich bin der Meinung, daß alle im Film verwendeten Tei-
le gesendet werden können und sehe jeder gerichtlichen Auseinandersetzung mit
großer Gelassenheit entgegen. Sollen sie doch klagen! Ich denke aber, daß sich die
Firma letztlich doch hüten wird, sich vor Gericht die Verstöße bescheinigen zu las-
sen und dadurch noch mehr negative Publizität zu bekommen."

Ein paar Tage später saß ich dann im ZDF mit dem zuständigen Redakteur und dem Justitiar zusammen, die sich den Film genau ansahen. Die
Abnahme mit dem Justitiar ist immer so eine Sache. Wenn man Glück
hat, trifft man auf einen couragierten Menschen, aber es kann auch
sein, daß man einen der „Haupt-Bedenkenträger" erwischt, der lieber
auf „Nummer sicher" gehen will. Es gab eine lange Diskussion zu den
einzelnen Fragen und Vorwürfen. Zu jedem Punkt mußte ich detailliert
den Ablauf und die Hintergründe schildern. Nun war der Redakteur voll
auf meiner Seite; die Entscheidung über diese juristischen Fragen hat
dann aber letztlich doch der Justitiar, oder anders gesagt, wenn der Justitiar „Nein" sagt, wird die Redaktion nur selten die Verantwortung auf
sich nehmen und trotzdem senden. Der Justitiar entschied: der Film
kann gesendet werden, die Vorwürfe gegen das Busunternehmen sind
ausreichend belegt. Einzige Änderung war, der Busfahrer mußte anonymisiert werden, damit man ihn nicht erkennen konnte.

Um zu verhindern, daß die Unternehmerin möglicherweise bei einem
Gericht durch eine „einstweilige Anordnung" versucht, die Ausstrahlung der Sendung verbieten zu lassen, wurde bei den Landgerichten in
Köln (Sitz des Unternehmens und Sitz meiner Produktion) und in Mainz
(Sitz des ZDF) eine „Schutzschrift" hinterlegt. Das bedeutet, daß in einem Schriftsatz auf den möglichen Antrag der Busunternehmerin eingegangen und ihren möglichen Argumentationen widersprochen wird.
Wenn eine solche Schutzschrift vorliegt, kann das Gericht nicht entscheiden, ohne daß der Antragsgegner gehört wird (wie es sonst bei einer einstweiligen Anordnung normal ist, weil sie nur beantragt werden
kann, wenn Eile zum Beispiel durch die Verletzung eines Rechtsgutes
bei Ausstrahlung geboten ist).

Vor einigen Jahren hat der WDR-Kollege Gert Monheim gezeigt, was man
machen kann, wenn ein Gericht die Ausstrahlung eines Interviews ver-
bietet. In seinem Film der Reihe „Gesucht wird ..." ging es um ein Arz-

neimittel, das bereits zu einigen Todesfällen geführt hatte. Obwohl das verantwortliche Bundesgesundheitsamt von diesen Vorfällen wußte, hatte es nicht eingegriffen und es anscheinend unterlassen, vor diesem Medikament zu warnen. Gert Monheim führte ein langes Interview mit einem Vertreter des Bundesgesundheitsamtes. Ein paar Stunden vor Ausstrahlung der Sendung jedoch wurde ihm durch ein Gericht die Ausstrahlung des Interviews verboten, wohl in der Hoffnung, daß damit der gesamte Film gestoppt sei. Aber der Film wurde gesendet. Und zwar hatte Gert Monheim die Interviewteile durch Schwarzbild ersetzt und auf die Schwarzbilder sinngemäß folgendes gesprochen: „Selbstverständlich haben wir einem Vertreter des Bundesgesundheitsamtes Gelegenheit gegeben, zu den Vorwürfen Stellung zu nehmen. Das Interview hat auch stattgefunden, dessen Ausstrahlung wurde uns aber kurz vor Beginn der Sendung verboten. Ich werde Ihnen jetzt erzählen, was der feine Herr im Interview gesagt hat und nun nicht mehr gesendet haben will." Eine sehr schöne Lösung, denn keiner kann ihm verbieten zu erzählen, was er persönlich gehört und gesehen hat.

Ein Trost zum Schluß

Es ist nicht nur noch kein Meister vom Himmel gefallen. Und ein richtig gutes investigatives Interview zu machen, ist äußerst schwierig und hängt von vielen Faktoren ab. Etwas anderes ist genauso wichtig: man kann nicht immer gleich gut sein. Auch nicht, wenn man jemanden interviewt. Mag sein, daß man einen schlechten Tag hat oder nicht so konzentriert oder gut vorbereitet ist. Aber das passiert jedem. Wenn ich mir meine Interviews im Nachhinein ansehe, denke ich oft: „Oh je, da hättest du nachhaken und weiterbohren müssen. – Warum hast du nicht dies und das gefragt? Du hast gar nicht auf seine Antwort gehört; du hast nicht gemerkt, daß der gar nicht auf deine Frage geantwortet hat. Das hättest du aufgreifen müssen. Warum läßt du seine Antwort so stehen und fragst nicht nach?" „Kritisch hinterfragen ..." – immer findet man dies oder das, womit man später unzufrieden ist und weswegen man sich Vorwürfe macht. Vor einiger Zeit habe ich in einem Buch mehrere Interviews von prominenten Kolleginnen und Kollegen gelesen. Und es war mir wirklich ein Trost zu merken, daß auch diesen Koryphäen des Journalismus zum Teil gravierende Fehler unterlaufen, daß auch sie einmal schlecht vorbereitet sind, falsch reagieren oder nicht nachfragen und eben alle Fehler machen, die einem so passieren können.

20 Die Kassettenprotokolle

Wir haben abgedreht. Das letzte Bild wurde gemacht, alle sind mehr oder weniger zufrieden, jetzt ist (fast) nichts mehr zu ändern. Die Ausbeute des Drehens: 15, 20, manchmal auch erheblich mehr Kassetten (jede mit 35 Minuten). Jetzt kommt die unangenehme Arbeit: jede Einstellung muß in einem sogenannten „Kassettenprotokoll" festgehalten werden.

Jedes Bild oder jedes sogenannte „frame" (25 Bilder in der Sekunde) ist mit einer Nummer – dem Timecode – versehen, die Stunde, Minute, Sekunde und Bildnummer zeigt. In dem Protokoll kommt es darauf an, jede Szene so aufzuschreiben, daß man, wenn man das Protokoll liest, weiß, was aufgenommen worden ist. Anhand des Timecodes kann man dann Bilder und Szenen während des Schnitts wiederfinden. Wichtig ist auch, daß alle Interviews abgeschrieben werden.

Dies alles ist grundsätzlich Aufgabe des Autors. Ich gebe aber zu, daß ich manchmal gern die Unterstützung von Praktikanten (vor allem bei der Verschriftlichung der Interviews) nutze. Die machen das natürlich nicht besonders gern. Aber, wie sagt man so schön:„Wat mut, dat mut." Jede Einstellung muß auch notiert werden. Das ist natürlich langwierig und oft frustrierend, daher finden sich auch manchmal entsprechende Bemerkungen der Praktikanten bei den Einstellungsprotokollen und Interviewabschriften. Es ist aber wichtig, später die vielen Bilder wiederfinden zu können.

5   **Stadtrundfahrt, Supermarkt, Interview Meyers, La Quebrada**

00'18	Ankunft Bus an Supermarkt
02'45"	Aussteigen aus Bus, Ketten
03'30"	Gang zum Eingang, Tequilla, (Pepsi ist ungesund!)
05'17"	Im Supermarkt
05'45"	Meyers probieren Kleider an
06'30"	Supermarktbilder
07'40"	Meyers mit Sombreros
09'10"	häßliche Skulpturen
09'35"	allg. Bilder
12'29"	Häßliche Frau wahnsinnig begeistert von häßlichem Kleid
13'00"	häßliche Mütze
13'15"	häßliche Frau mit häßlichem Mann mit häßlicher Schildkappe
13'48"	Rabatt-Schild, Schwenk auf T-Shirts
14'17"	allg. Bilder
14'30"	Meyers auf den Fersen durch Markt, bezahlen
16'16"	Bar im Markt
16'30"	Schild
16'35"	Mezcal
17'30"	Schmuckstand

08'29"	Boot fährt zum Fischen
09'00"	Morgenstrandstimmung, Menschen machen Sport, Kinder, Boote etc.
13'50"	Warten auf Sonnenaufgang
15'52"	Fischerboot, Strand mit Menschen etc.
17'27"	Kinder im Wasser
18'04"	Sonnenaufgang – Strand schööööön!
20'15"	Markt, Eisfrau
21'58	Marktbilder allgemein
23'47"	Frau auf Markt mit Kaffee in der Hand
24'00"	Gemüsestand
24'44"	Kartoffelstand
25'30"	Schubkarren fährt Straße entlang
25'45"	Marktstraße mit Autos, Menschen etc.
27'00"	Lkw mit Kartoffeln
27'29"	Stand mit Bananen

09'45"	Blick von Balkon auf Hotelpool und Bucht (eventuell als Titel – steht 30 Sekunden)
10'54"	Mann auf Mini-Boot
11'20"	Besoffene im Pool
11'30"	Mann im Meer auf Boot
11'58"	Mann mit Reifen am Strand
12'05"	Strand von Balkon
12'30"	schon wieder die Besoffenen am Pool – so schön sind die nicht!
12'44"	Paar im Sand – Schwenk in die Ferne
13'05	Kinder im Wasser mit Reifen
13'11	Snackbar
13'24	Flaggen USA, Mexiko

13`40	Frau auf Liege am Strand
13'57	Frau an Snackbar
14'09	dito auf Liege
14'24	Strand, Hochschwenk an Hotelruine
15'10	Taxi vor Hotel
15'35	Salzwasserpool
16'40	Meyers auf Weg zum Pool, im Pool
17'24	schöner Mann
17'35	Ehepaar Meyer
18'30	Menschen am Pool
18'50	Poolbar
19'07	Mutter Meyer im Pool
19'40	Poolbilder, Arriba
22'50"	Gespräch Meyers:

M: Wie gefällt es Ihnen?
Mutter Meyer: Es gefällt uns so ganz gut hier, Essen gut, Hotel super, Wasser
Sonne.
M: Warum Mexiko?
Hatten schon 2x Dominikanische, fanden all-inclusive sehr interessant,
Preis-Leistung stimmt, deshalb wollten wir das in Mexiko versuchen.
M: Was gefällt Ihnen besonders an all-inclusive?
Man hat alles, muß sich um nichts kümmern, Essen , Trinken, Snacks, alles dabei,
ich finde das super
M: Wenn sie das mit der Dominikanischen Republik vergleichen, wie ist der
Unterschied?
Vater Meyer:
Unterschied liegt in Landschaft, Dom. Sehr flach, hier Gefühl, man liegt in den
Bergen und gleichzeitig am Meer. Mexiko sauberer. All-inclusive, das eine war
besser, das andere schlechter, genug hat man überall.
M: Jetzt haben sie sich draußen umgesehen, wie ist es in der Umgebung?
Meyer: Umgebung ist gepflegter als Dominikanischen Republik

27   Diamond Pool, Strand, Macarena Interview, Weg nach Chichen Itza

00´08	Pool, Strand
00´42	Melanie und Roberto am Strand, im Meer
	Micha dreht mit Hi8
	Roberto und Melanie im Pool
02´50	Strandbilder
10´12	Macarena Interview

Wissen nicht, ob wir nach Hause kommen. Wir müssen dort anrufen, weil
Fax kaputt, anscheinend Streik in Dom. Rep. Komisch, es sitzen Leute in Cancun,
kommen nicht weg. Flug: Deckenverkleidung kaputt. Erst Air Amber, ab Puerto
Plata Airo Cancun, aus rechtlichen Gründen darf Airo Cancun nicht in Dt. Landen,
tausend andere Horrorstories, keine deutsche Reisebegleitung.

14´52	Frau Posse am Pool – WAS FIN GERÄT!!!!
15´11	Pool, Hotelanlage
	ICH HAB KEINEN BOCK MEHR !!!

Auszug aus einem Kassettenprotokoll des Films „Traumurlaub – alles inklusive", in dem wir die Familie Meyer bei ihrem Pauschalurlaub in Mexiko begleiteten (ZDF-Reportage). Das Kassettenprotokoll erstellte meine damalige Aufnahmeleiterin Sandra Heise, die es auch mit sehr persönlichen Kommentaren versah.Die unterstrichenen Passagen sind Markierungen von mir, es sind Interviewstellen,die ich eventuell im Film nutzen wollte.

Oft überlegt man beim Schnitt: da hatten wir doch ein Bild, da war dies und das drauf. Und das Protokoll sollte so sein, daß man dieses gesuchte Bild dann auch sofort finden kann. Ich arbeite beim Schnitt immer mit meinem Laptop, auf dem die Kassettenprotokolle gespeichert sind. Mit der Stichwortsuche im Suchprogramm kann ich dann schnell die jeweiligen Einstellungen finden.

Es gibt allerdings Situationen, in denen man unter einem so starken Zeitdruck steht, daß man es nicht schafft, sich so eingehend mit dem Drehmaterial zu beschäftigen (oder es noch nicht einmal ausreichend protokolliert ist), daß man einen vollständigen Überblick über das gesamte Material hat. Dann wird es schwierig.

Ich habe einmal einen Kollegen erlebt, der hatte für seinen 45-Minuten-Film 75 Kassetten Material, und der größte Teil war nicht gesichtet worden. Im wesentlichen handelte es sich um endlos lange Gespräche, und er hatte keine Ahnung mehr, was ihm wer zu welchem Thema gesagt hatte. Als ich ihn am Schnittplatz traf (er war mitten im Schnitt, der Sendetermin drückte), war er verzweifelt dabei, in die Interviews hineinzuhören und verschiedene Stellen zu suchen, von denen er wußte, daß sie „hier irgendwo sein müssen, ich glaube, der war das, der das gesagt hat, oder vielleicht doch nicht?"

Das Kassettenprotokoll arbeite ich immer unmittelbar vor dem Schnitt sorgfältig durch und sehe mir jede Einstellung genau an (wir kopieren das gesamte Material mit eingeblendetem Timecode auf VHS, so daß ich das in Ruhe zu Hause machen kann). Denn es ist absolut wichtig, daß man sein Material – seine Bilder – kennt.

21   Der Schnittplan

Während und nach der Sichtung des Materials erstelle ich meinen ersten Schnittplan. Die Grundlage dafür ist das Exposé. Ein Tip: man sollte zu diesem Zeitpunkt noch einmal genau sein Exposé anschauen und nachlesen, was man eigentlich machen wollte und was man dem Redakteur versprochen hat! Gelegentlich erlebt man, daß sich der Film im Vergleich zu den vorherigen Vorstellungen während der Dreharbeiten doch an einigen Stellen verändert hat. Das kann vorkommen, weil man das, was man erhofft hatte, an einer bestimmten Stelle nicht bekommen hat, weil man andere, schönere, zusätzliche Punkte entdeckt hat und drehen konnte. Dann kann es passieren, daß der Film einen ganz anderen Schwerpunkt bekommt und ein Aspekt, der im Exposé nur nebenbei vorgekommen ist, plötzlich zur Hauptsache wird, während ein anderer Teil – in seiner Bedeutung – zu einem oder wenigen Sätzen im Kommentar zusammengeschrumpft ist.

Dies alles ist möglich. Man muß nur darauf achten, daß man sich nicht allzu weit von dem Exposé entfernt hat. Ich rufe übrigens immer nach Abschluß der Dreharbeiten den Redakteur an und erzähle, wie es gelaufen ist, weil man zu diesem Zeitpunkt bereits manche Veränderungen erkennt und diese zumindest schon einmal ankündigen kann. Man kann erklären, daß man dies und das nicht drehen konnte, dafür aber eine neue schöne Geschichte machen konnte, die im Exposé nicht steht.

Nach dem Abschluß der Dreharbeiten sind aus den einzelnen Punkten im Exposé und im Drehplan ganz konkrete Bilder geworden; ich habe die Situationen erlebt, weiß, welche Bilder und Geschichten wir realisieren konnten. Jetzt muß ich die dramaturgische Reihenfolge festlegen: wie soll der Film ganz konkret aussehen?

Was könnte das Einstiegsbild oder die Einstiegssequenz sein?

Auf welches Bild kommt der Titel?

ZEIT	BILDER / SITUATION	KOMMENTAR-GEDANKEN
1.	1. Benaco	1. Nothilfesituation , z.B. Ruanda: - große Organisation notwendig - Logistik und Professionalität ist gefragt - was ist alles zu tun: Int. Leonore - Aber: Nothilfe verändert ein Land: - Int. Gaby: Preise steigen, etc. man muß sich also gedanken machen - auch darüber, daß diese menschen ja „eigentlich" zurück in ihr Land sollen, nach Ruanda
2.	2. Ruanda	2. Ruanda: Land der tausend Hügel, letztes Jahr April begannen die Massaker, heute neue Regierung. (Evtl. 150 NGO's arbeiten hier) Wir begleiten Peter, der auch im letzten Jahr hier war, er ist beauftragt von zwei deutschen Organisationen, soll Situation vor Ort klären. im Land - 150 NGO's vor Ort - Umschlag von Not- zur Strukturhilfe
3.	3. - Fahrt nach Bushenge	3.
4.	4. Bushenge: Peter kommt an Evaluation	4. Erläuterungen zum Krankenhaus - wer arbeitet hier - Ambulanz - Peter soll Perspektive klären: hatte in Deutschland Geräteanforderungsliste - Gespräch mit Martin - - Problem: angepaßte Hilfe
5.	5. Auswirkungen der NGO's auf das Land: Markt, Stadtbilder	5. Märkte leer, Preise steigen, Gehälterniveau steigt
6.	6. DWH - Hacken / Saatgut DWH-Wagen kommt, Marty steigt aus	6. haben von einem Projekt gehört, das genau dieses Problem zum Ansatzpunkt macht: DWH. Hier werden Hacken produziert: Produktion im Land unterstützt, entstanden aus eine Notsituation. Int. Marty: Kibungo: Hacken werden verteilt
7.	7. GTZ: Selbsthilfegruppen-Ansatz	7. andere Variante: Selbsthilfegruppen werden unterstützt
8.	8. nochmal Bushenge: OP	8. OP / Int. Martin angepaßte Medizin, d.h. keine komplizierten Sachen machen, was nutzt Magen-OP, wenn daneben Menschen sterben
9.	9. Nyamsheke: Centre Sante	9. Beispiel für angepaßte Maßnahmen, z.B. Labor - aber hier Problem: wer macht weiter?
10.	10. MHD-Kiziguro	10. Problem: Perspektive Träger finden und Übergaben vereinbaren
11.	11. Mussasa-Ruli - Peter dto.	11. Nach langem Hin und Her hab HELP und Johanniter einen neuen Träger gefunden: Aber auch hier stellt Peter fest: unangepaßte Medikamentenanforderung, man darf nicht Medikamente einführen, die nachher nicht vorhanden sind Einschätzung bedarf Fachleute, auch Experten, die ins Land kommen und Projekte und Perspektiven beurteilen - denn oft sind unerfahrene Leute „vor Ort"
12.	12. Ulrike / Martin / etc.	12. Nicht nur Versorgung, dazu gehört viel mehr. Machen viel Arbeit, die im Hintergrund nötig ist - Kommentar: dazu gehört auch PR und Betreuung von Journalisten, denn
13.	13. Bad Oeynhausen	13. Gelder werden im wesentlichen aufgebracht durch Spenden oder öffentliche Gelder.

Abbildung 11: Die Struktur des Films „Hilfe ohne Ende? Deutsche Helfer in Ruanda"

Spätestens nach einer kurzen Skizzierung der O-Ton-/Interviewinhalte mache ich mir Gedanken über die zu verwendende Musik, eventuelle „Trenner", das Schlußbild (wo wird der Abspann eingeblendet?) und die gesamte Gestaltung.

Anhand des Kassettenprotokolls suche ich wichtige Interviewstellen heraus, überlege, wie sie inhaltlich und in welcher Reihenfolge der Argumentationsteile zusammenpassen (später muß ich dann noch auf die Abstimmung mit Bild und Ton achten).

Hiermit und mit den ersten Überlegungen zum Kommentar entsteht der erste Argumentationsgang des Films. Noch aber kann sich vieles – manchmal sogar alles – ändern.

22 Probleme mit dem Material

Dann kann beim Sichten des Materials plötzlich eine Schreckensmeldung kommen: das Bandmaterial ist an einer wichtigen Stelle defekt. Es sind zum Beispiel „Drop outs" – „Spratzer", das heißt Streifen und offensichtliche Materialfehler zu sehen. Oder es ist eine Farbe ausgefallen, so daß die Bilder einer ganzen Sequenz total grün oder blau sind. Ein Drama. Auch die Tatsache, daß man (hoffentlich) eine Negativversicherung hat (siehe Kapitel 6: „Wie teuer ist der Film – die Kalkulation"), die in solchen Fällen eintritt, beruhigt oftmals nicht. Denn auch wenn der materielle Schaden vielleicht gedeckt ist, kommt jetzt eine Menge Ärger und Streß auf einen zu. Und oft ist es so, daß Aufnahmen nicht wiederholt werden können, weil das Ereignis vorbei ist.

Als wir 1991 die Reportage „Kriegsmarsch" über die deutschen Minensucher drehten, trat genau dieses Problem auf. Zurück in Köln, stellten wir fest, daß in dem gesamten Interview mit dem Kommandeur des Flottenverbandes die Farbe Rot ausgefallen war. Das Bild war einheitlich total in ein Grünblau getaucht. Wir kannten – oder besser gesagt ahnten – auch den Grund für diesen technischen Fehler. Am Tag zuvor herrschte Windstärke 9, und wir drehten ein paar Bilder von der Brücke des Kriegsschiffes. Als auf einmal eine besonders hohe Welle das Schiff traf, spritzte das Wasser so hoch, daß auch wir zusammen mit der Kamera auf der Brücke naß wurden. Natürlich hatte der Kameramann sofort die Kamera getrocknet und gesäubert, aber wahrscheinlich war doch der ein oder andere Tropfen Seewasser in das Innere der Kamera gelangt und nun verantwortlich für den Farbfehler.

Ein Desaster, denn das Manöver war vorbei und der Kommandeur nicht erreichbar. Das Interview mit ihm brauchte ich unbedingt. Und die Situation war auf keinen Fall zu wiederholen. Was tun?

Eine technische Lösung gab es damals nicht. Ich erfuhr, daß es wohl in Hollywood eine solche Möglichkeit geben könnte, aber die kam aus naheliegenden Kostengründen nicht in Frage. Schließlich fand ich eine Lösung mit der auch der Redakteur einverstanden war: ich verwendete das Interview mit dem Kommandeur in schwarzweiß und setzte es unmittelbar hinter die Bilder von der Sturmfahrt. Im Kommentar wurde das Interview dann so eingeleitet: „daß auch die Kamera etwas abbekommen hat, erkennen wir erst am nächsten Tag beim Interview mit dem Kommandeur".

23 Der Schnitt

Es gibt Kollegen, die ihre Filme am liebsten selbst schneiden. Und ich kann das gut verstehen. Man sitzt ganz allein an seinem Schnittplatz, tüftelt an den Bildern herum, und der Film entsteht, Schritt für Schritt aus eigener Hand. Man muß sich nicht mit einem Cutter zusammenraufen, keine Rücksicht nehmen. Wenn man Lust hat, arbeitet man eben eine ganze Nacht durch; wenn man keine Lust hat, macht man eine längere Pause – die Faszination selbstbestimmter Arbeit. Aber eines fehlt: Teamarbeit, die Zusammenarbeit mit dem Cutter. In dieser gemeinsamen Tätigkeit muß man nämlich seine Vorstellungen erklären und eventuell auch verteidigen, sie gegen die Vorstellungen des anderen durchsetzen: Man hat also ein Korrektiv und Anregungen, auf die man vielleicht allein nicht gekommen wäre.

Und es ist zusätzlich effektiv, wenn sich jeder – unabhängig von der notwendigen engen Zusammenarbeit – auf seinen Teil der Arbeit konzentrieren kann.

Hauptaufgabe des Cutters ist die Montage der Bilder und Töne. Darüber hinaus ist er für den gesamten technischen Ablauf des Schnitts verantwortlich. Aber der Hauptaspekt liegt eindeutig auf dem kreativen und gestalterischen Bereich.

Und das erwarte ich auch von einem Cutter: er muß mir Vorschläge machen für Bilder, für Montagen, muß seine Vorstellungen entwickeln und sich mir gegenüber behaupten können. Er muß eine eigene Idee dazu entwickeln, wie wir aus den 30 Minuten Material (zum Beispiel einer Lkw-Kontrolle) einen Filmteil von drei Minuten herstellen können. Welche Bilder sollen wir nehmen, wie wollen wir die Geschichte visuell „auflösen"? Der Cutter muß Lösungen finden und anbieten, wie die Geschichte „rund" werden könnte. Nur in dieser Form ist eine Zusammenarbeit fruchtbar. Es nützt mir nichts, wenn der Cutter mich bei jedem Bild fragt: „Soll ich das so oder so machen? Soll ich etwas früher oder etwas später hineingehen? Welche Kassette kommt jetzt? Welcher Timecode?" Im Gegenteil, das hält schrecklich auf. Nein, ich erwarte, daß er eine ganz klare Vorstellung hat, genau weiß, wo welche Einstellung beginnt und endet. Wenn ich eine andere Idee habe, müssen wir darüber streiten, welcher Einfall besser ist.

Der Cutter ist eben viel mehr als ein technischer Bediener des Schnittplatzes, ein „Knöpfchendrücker", obwohl das vielfach vermutet wird. Gerade im Zeitalter der Schnittcomputer sind viele Menschen der Meinung, wenn sie die Technik beherrschen, seien sie auch schon Cutter. Weit gefehlt. Das Wichtigste ist das Gefühl für Bilder und Rhythmus, das visuelle Gedächtnis, die Kreativität. Für mich ist der Schnitt von Musik ein guter Prüfstein für die kreativen Fähigkeiten des Cutters. Ich habe Cutter erlebt, die noch nach Jahren keinen Musikschnitt hinbekamen, weil ihnen einfach das grundlegende Gefühl für Rhythmus und visuelle Abläufe gefehlt hat.

Nach meiner Erfahrung ist das Produkt der Teamarbeit immer besser als das einer Einzelarbeit. Nur so hat der Autor auch die Ruhe, sich auf seine Hauptarbeit in diesem Stadium zu konzentrieren: Er muß den gesamten Film im Blick haben, die gesamte Geschichte, den Fortgang der Argumentation und die Dramaturgie des Films.

Eine unabdingbare Grundlage ist, daß der Cutter das Gesamtkonzept des Films versteht. Und das heißt, daß es „unser Film" ist. Eine Cutterin sagte mir einmal nach der Fertigstellung des Rohschnitts, sie verstünde den Film sowieso nicht; ihrer Meinung nach sei es überhaupt ein merkwürdiges Konzept. Ich merkte, daß sie das gesamte Projekt nicht nur nicht verstanden hatte, sondern auch überhaupt nicht hinter dem Film stand. Unabhängig davon, ob es nun ein „merkwürdiges Konzept" war oder nicht, der entscheidende Punkt war für mich, daß sie sich offenbar nur als eine Art „Lohncutterin" betrachtete. Ich habe mir sofort einen anderen Cutter gesucht, weil das keine Basis für eine fruchtbare Zusammenarbeit sein kann. Ich hatte den Eindruck, sie verstand den eigentlichen Sinn ihrer Arbeit nicht richtig.

In den meisten Fällen beginnt die Zusammenarbeit mit dem Cutter, wenn der Film gedreht ist und das Material vorliegt. In den letzten Jahren hatte ich allerdings mehrmals das Glück, daß ich mit meinem Bruder Martin schneiden konnte, der gleichzeitig auch als Kameramann mitgewirkt hatte. Das hatte den entscheidenden Vorteil, daß er das Konzept genau kannte und – da er jede Einstellung selbst gedreht hatte – alle Bilder im Kopf hatte. Das ist normalerweise nicht der Fall.

Der erste Schritt vor dem Schnitt: Man setzt sich zusammen und redet über den Film, über das Konzept, die Absichten und Vorstellungen des Autors. Gleichzeitig sichtet man zusammen das Material, denn das muß jeder kennen.

Bei den heutzutage immer weiter verbreiteten digitalen Schnittplätzen (die häufigsten sind Avid, edit* und Media 100) ist noch ein Schritt vorgeschaltet: das gedrehte Material muß digitalisiert werden (auch „capture" genannt – vom englischen „fangen, einfangen"). Das Drehmaterial ist auf Kassetten aufgenommen und muß jetzt auf der Festplatte des Computers gespeichert werden. Damit es nicht zuviel Platz benötigt, legt man während des Sichtens genau fest, welche Stellen digitalisiert werden sollen. Das geschieht im Verhältnis 1:1, das heißt für eine halbe Stunde Material benötigt man auch eine halbe Stunde Zeit. Der Vorteil: man kann sich in dieser Zeit gemeinsam in Ruhe das Material nochmals ansehen und über das Konzept reden.

Einen guten Cutter erkennt man auch daran, daß er sehr schnell die Bilder im Kopf abrufen kann: „Da gab es doch ein Bild, wo der Mann von links kam und im Hintergrund die Vögel aufflogen" – und dann hilft bei Bedarf nur eines: suchen, suchen, suchen.

Es ist so wie überall, aller Anfang ist schwer und es dauert, bis man ein Gefühl für den Film bekommt, bis Struktur und Rhythmus stimmen. Es gibt natürlich auch immer wieder mal Tage, an denen man „durchhängt" – man kommt nicht weiter, irgend etwas klappt nicht. Weil die Geschichte nicht stimmt, weil die passenden Bilder fehlen, weil O-Töne nicht zusammenpassen, weil man keine oder nicht genügend Zwischenschnitte hat und ... und ... und ... Dann kann es passieren, daß man an einem Tag nur eine oder zwei Minuten fertigstellen kann. Das Beste ist dann: eine Pause oder sogar Feierabend machen und später oder am nächsten Tag neu beginnen.

Wenn Bilder fehlen oder irgend etwas nicht so funktioniert, wie man es sich vorgestellt hat, ist das ärgerlich und frustrierend. Aber es ist auch immer wieder eine Chance für Kreativität, die oft verblüffende Lösungen bringt, welche – wie man später überrascht erkennt – viel besser sind als das, was man geplant hatte.

Während des Schnitts reden Cutter und Autor immer wieder über das Konzept: funktioniert das so, macht das Sinn, was fehlt, was muß herausfallen?

Vor allem die letztere Frage bringt viele Probleme mit sich. An vielen Stellen hängt man mit Herzblut, sie sind einem wichtig geworden, weil es so schöne Bilder waren; dies und das ist doch auch noch ein wichtiger Punkt, der sonst fehlt und so ähnlich. Aber die Zeit ist unerbittlich. Man hat eben nur die vorgesehene Filmlänge zur Verfügung. Aber wie sollen in 28 Minuten und 30 Sekunden alle wichtigen Aspekte des Themas abgehandelt werden? Das genau ist das Problem.

Die wichtigste Frage ist, wie der vorgesehene O-Ton die Geschichte des Films weiterbringt. Und dann habe ich keine Zeit, zwei Geschichten über denselben wichtigen Aspekt zu erzählen, auch wenn sie beide wunderschön sind und man sie so noch nie im Fernsehen gesehen hat. So hart das ist, zweimal die gleiche Geschichte geht nicht. Es sei denn, ich trenne mich von einer ganz anderen (ebenso wunderschönen) Geschichte und verzichte so auf einen wichtigen Punkt im Film – ein unlösbar erscheinendes Problem, das ich aber doch lösen muß. Wenn auch, wie gesagt, das Herz blutet ...

Kleine „Mogeleien" in der Praxis

Es sind viele hervorragende und dicke Bücher über den Schnitt, die Montage und ihre Regeln geschrieben worden. Was man wie machen muß, nicht machen darf und so weiter. Man wird sie im Regelfall auch kennen und befolgen. Und es gilt: man sollte die „Regeln" beherrschen um sie brechen zu können. Darüber hinaus gibt es ein Gesetz beim Schnitt, das über allen anderen Regeln steht: „Eigentlich darf und kann man alles machen, was man will!" In einem Film von Woody Allen, dessen Filme ich sehr liebe, „Harry außer sich", stellt er in der Eingangssequenz alles auf den Kopf, was man jemals über Schnittregeln gehört hat. Ein Taxi kommt an, eine Frau steigt aus. Die Montage springt zeitlich hin und her; sie kommt an, dann ist sie bereits an der Haustür. Schnitt: sie steigt wieder aus, Nahaufnahmen und totale Einstellungen durcheinander. Dann kommt sie noch einmal wieder mit dem Taxi an. Ein großes Durcheinander voller „Schnittfehler", wie man normalerweise sagen würde. Aber das Verblüffende: es funktioniert. Das Durcheinander schafft einen visuellen Eindruck, der in sich stimmig ist.

Aber so kann es vielleicht Woody Allen machen; wir dürfen unsere Dokumentationen und Reportagen natürlich nicht so schneiden. Bei uns muß alles seine Ordnung haben. Und trotzdem erlebt man immer wieder, daß man im Schnitt Lösungen findet, die „eigentlich" nicht möglich sein sollten. Das Auge entscheidet (und läßt sich täuschen), wenn beispielsweise jemand im ersten Bild den linken Arm hebt, es dann beim Umschnitt aber der rechte Arm ist, der auf etwas zeigt. Das Auge verbindet die beiden Bilder zu einer flüssigen Bewegung, die stimmt. Solche kleinen „Mogeleien" sind erlaubt, Hauptsache es funktioniert. Lediglich „Experten", die während der Dreharbeiten anwesend waren oder das Thema des Films so gut kennen, bemerken solche „Fehler".

Vor kurzem drehten wir für den SWR die Reportage „Tante Emma auf Rädern". Sie handelte davon, daß es in der Eifel und im Hunsrück mittlerweile kaum noch Lebensmittelläden gibt. Wer etwas einkaufen möchte, muß mit dem Auto in den Supermarkt der nächsten Stadt fahren. Für Alte und Kranke ist das ein großes Problem. Für sie sind die rollenden Verkaufswagen, die über 1.600 Dörfer und Gehöfte in der Region mit Lebensmitteln beliefern, die einzige Möglichkeit zum Einkaufen. Eine Woche begleiteten wir mehrere Verkaufsfahrer bei ihren Touren. Im Film montierten wir die Bilder zu einem fiktiven Tag und brachten dabei auch Touren zusammen, die in der Realität nicht zusammen gehörten. Die Verkaufsfahrer (und die betroffenen Kunden) wissen im Nachhinein selbstverständlich ganz genau, daß Fahrer X auf seiner Tour niemals das Dorf Y besucht, weil dafür ein ganz anderer Fahrer an einem ganz anderen Tag zuständig ist.

Aber das spielt keine so große Rolle; solche kleinen „Mogeleien" sind erlaubt. Hauptsache – wie immer – der Film wird gut.

24 Das Archivmaterial

In vielen Fällen wird man versuchen, benötigtes Archivmaterial als Beistellung vom Sender zu bekommen – sei es Material aus anderen Filmen
oder historisches Material, zum Beispiel aus Nachrichtensendungen.
Wenn man auf dem freien Markt Material suchen muß, kann das leicht
sehr teuer werden. So kostet, wie erwähnt, eine Minute Material aus der
Deutschen Wochenschau ca. 2.000 DM – und zwar für ein bis drei Aus-
strahlungen im deutschsprachigen Fernsehen. Auslandsrechte oder gar
weltweite und zeitlich unbegrenzte Rechte sind beinahe unbezahlbar,
wenn es überhaupt möglich ist, sie zu erwerben. Denn die Unternehmen, die mit solchen Rechten handeln, geben natürlich nur ungern Material aus der Hand, das dann eventuell weiterverkauft werden kann. In
diesem Gewerbe gibt es auch Leute, die sich sehr preiswert oder sogar
kostenfrei historisches Material beschaffen und dieses dann für viel
Geld weiterverkaufen. Im Gegensatz dazu habe ich in den USA viel Material als „public domain" bekommen, das heißt es ist von jedermann
kostenfrei zu benutzen. Sogar wirkliche Raritäten, wie eine der ersten
Filmaufnahmen, die Thomas Edison, der Erfinder der Glühbirne, 1896
vom Goldrausch am Yukon machte. Diese liegen in den Archiven und jeder kann sie benutzen. In Deutschland hätte wahrscheinlich längst
schon jemand sein Geschäft damit gemacht. Und es gibt auch deutsche
Produzenten, die Archivmaterial aus verschiedenen Ländern, das sie
dort kostenlos bekommen haben, hier für viel Geld weiterverkaufen.

Die Suche nach Archivmaterial ist oft langwierig und mühsam. Man
kann ja das Material zunächst nicht sehen, sondern nur lesen, d. h. man
hat die mehr oder weniger genauen Beschreibungen des Archivbeitrags
vor sich liegen. Sehr hilfreich sind die Kollegen in den Archiven der Sender, und ich habe oft gestaunt, wie gut sie das gesamte Archivmaterial
kennen. Aber es bleibt trotzdem mühsam, denn auf der Suche nach einem Stichwort bekommt man oft so viele Möglichkeiten angeboten, daß
es schwer ist, auf Anhieb das richtige herauszufinden.

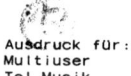
Prod-Nr	Sendedatum	Sendedauer	Progr/Agt		Archivnummer
06467/05335	29.07.1994	003'59	ZDF		1115050602

Sendetitel   : Heute-Journal 29.07.94

Einzeltitel: Ruanda Hilfe mit Hindernissen

Time   : RT 21:46:28 - 21:50:27   OT + IT

Band-Nr   : 1150506-2 BCSP
               1150507 VHS
               1150506-20 BCSP

Inhalt * : Bonn: Die Hilfsbereitschaft für die Flüchtlinge aus Ruanda ist auch
              in Deutschland sehr groß. Die Regierung und Hilfsorganisationen
              stellen Geld bereit, tausende Ärzte haben sich freiwillig für einen
              Einsatz in der Krisenregion bereiterklärt. Unklar dagegen ist die
              praktische Umsetzung der Hilfe vor Ort.
              -
              Zoom von Leichenbergen am Straßenrand; Handgemenge zwischen
              einzelnen Flüchtlingen bei der Nahrungsverteilung; alte Frau am
              Boden; Mann hebt Krümel vom Boden auf; Zoom von Flüchtlingen in
              einem Lager; fahrender Lastwagen mit Wassertanks; Fahraufnahme
              Leichen am Straßenrand; Frau mit Eimer vor Wassertank, weinende
        *   Kleinkinder im Zelt; Flüchtlinge im Zelt.
              PK Bronek SZYNALSKI (Direktor für die Nothilfe beim
        *   Welternährungsprogramm der Vereinten Nationen WFP): Die Flüchtlinge
              aus Ruanda sollten in ihre Heimat zurückkehren, da die Ernte im
              Land eingebracht werden muß. Geschehe dies nicht, sei die
              Versorgung für die Bevölkerung nicht mehr gewährleistet.
        *   Flüchtlinge mit Gepäck auf der Straße; Flüchtlinge laufen im Regen.
              Statement Stefan SCHWARZ (CDU): Es müsse Kontakt zur neuen
              Regierung in Ruanda hergestellt werden; zur konkreten Hilfe für
        *   Ruanda; Ausspruch: "Goma tötet und Ruanda rettet".
              Schwenk von Lastwagen der UNO auf Hilfscontainer mit Emblemen vom
              Roten Kreuz; Sanitätsstation im Inneren eines Containers.
              Statement Gunter DESCH (Inspekteur Sanitätswesen): Man sei für
              einen Einsatz in Ruanda bereit, falls dies das Auswärtige Amt
              wünsche.
              Statement Eugene R. GASAND (Vertreter Patriotische Front): Die
              Bundeswehr sei in Ruanda erwünscht, da sie bereits in Somalia und
              Kambodscha erfolgreich geholfen habe.
              Statement Günter VERHEUGEN (SPD-Bundesgeschäftsführer): Er begrüße
              den Einsatz der Bundeswehr in Ruanda, da es sich um wichtige
              humanitäre Hilfe handle.
              BMAUSW Klaus KINKEL und zwei Journalisten stehen vor Flugzeug mit
              Aufschrift "Luftwaffe".
              Statement Klaus KINKEL: Er halte einen Einsatz der Bundeswehr in
              Ruanda derzeit nicht für erforderlich, da man auf andere Weise Hilfe
              leiste.
              Mann mit Gerte in der Hand vertreibt Kinder von Wasserstelle
              (längere Einstellung als in 1115050509); dicht nebeneinander
        *   stehende Flüchtlinge.
              Zoom von Flüchtlingslager mit Zelten, die mit blauen Plastikplanen
              bedeckt sind (wie in 1115050509).

Bearbeiter : RA/RA

Abbildung 12: „Hilfe ohne Ende? Deutsche Helfer in Ruanda" (Auszug aus Archivmeldung)

Für die Produktion unseres Films „Schneller, höher, weiter – Alptraum Verkehr" (ZDF/ARTE) waren 15 Minuten Archivmaterial vorgesehen. Im ersten Fax an die Redaktion bat ich, uns Material zu folgenden Stichworten herauszusuchen:

- Flughafen Frankfurt – besonders interessieren: Fluglotsen, Menschenmassen am Flughafen, Abfertigung, Gepäckbeförderung, einfach alles, was „backstage"- Flughafen ist.

- Fluglotsenstreik in Frankreich (Ende Juni)

- Stau in Frankreich (vor Mautstellen und allgemein, man sollte aber sehen, daß es in Frankreich ist).

- Trucker an den Grenzen in den Osten (Polen, Tschechien) Zoll- und Grenzabfertigung

- Stau zu Ferienbeginn (Autobahnen und Raststätten)

- Ferienbeginn bei der Bahn – auf Bahnhöfen und in Zügen

- Blick aus einem fahrenden Zug vom Lokführer aus nach vorne

- Güterzüge

- Güterbahnhof: leere und bewachsene Gleise

- Güterumschlag von Lkw auf Bahn

- Lkw-Kontrollen

- Verkehrssicherheits-Aktionen mit Kindern (getötete Kinder im Straßenverkehr)

- „Todesalleen" im Osten (Unfallschwerpunkte)

Zugegeben, eine ganze Menge Themen – und es kam auch eine ganze Menge Material zusammen. Insgesamt bekamen wir über 50 Seiten gefaxt, anhand deren wir nun die Filme/Beiträge heraussuchen mußten, die wir als Kassetten haben wollten.

Nach einer solchen ersten Sichtung werden die Beiträge im Archiv des Senders kopiert, und man kann dann endlich auch das Bildmaterial sehen und entscheiden, welche Bilder eventuell brauchbar wären. Dies ist eine langwierige Arbeit, die eine große Konzentration und Genauigkeit verlangt. Denn nichts ist schlimmer, als zu wissen, daß es in der unübersichtlichen Menge an Material „irgendwo" die Bilder gibt, die man sucht, die man aber nicht notiert hat und deshalb nicht so einfach findet. „Da war doch irgendwo irgendwas ..."

Archivmaterial aus dem Ausland ist jedoch oftmals nur sehr schwer vorab zu kalkulieren, da man die Preise erst vor Ort erfährt. Wenn man dann merkt, daß man viel zu wenig berechnet hat, ist es oftmals zu spät, weil der Produktionsvertrag längst geschlossen ist. Dann hilft nur eines: handeln, handeln und nochmals handeln und versuchen, den Preis zu drücken. Oder es müssen Alternativen gesucht werden.

25 Der Kommentar

Es gibt eine Reihe von hervorragenden Dokumentarfilmen und Reportagen, die völlig ohne jeglichen Kommentar auskommen. Aber das ist nicht die Regel. Normalerweise benötigt man den Kommentar, um dem Zuschauer Informationen zu geben, Hintergründe und Zusammenhänge zu erläutern, die aus den O-Tönen und Interviews nicht deutlich werden.

Vorgeschichten und Begleitumstände sind oftmals durch einen Kommentar viel pointierter darstellbar als das mittels O-Tönen geschieht. Wenn der Protagonist „seine" Geschichte erzählt, dann sind Emotionen und bewertende Erklärungen wichtig. Für die reinen Sachinformationen aber ist der Kommentar genau das richtige Mittel. So spare ich Zeit und kann den Einsatz des Protagonisten auf die spannendsten Stellen konzentrieren.

Und dann gibt es noch die berühmte „Ton-Bild-Schere": Der Kommentar darf nicht einfach das beschreiben, was man sowieso sieht. Aber er darf auch nicht etwas ganz Fremdes behandeln, das mit den gezeigten Bildern nichts zu tun hat. Untersuchungen haben erwiesen, daß in so einem Fall die Zuschauer vom Kommentar nichts mitbekommen. Ein guter Kommentar besteht also in der Gratwanderung zwischen diesen beiden Extremen. Er muß die Bildinformation ergänzen und einordnen, Hintergründe und Zusammenhänge erläutern. Bild und Ton (Kommentar) müssen immer in einer Beziehung zueinander stehen.

Es gibt verschiedene Methoden, den Kommentar zu schreiben. Bei kurzen Beiträgen, zum Beispiel für ein Fernsehmagazin, empfiehlt es sich, zunächst den Text im wesentlichen zu skizzieren, vielleicht sogar vollständig zu formulieren. Dann kann ich den Film entsprechend schneiden und weiß genau, wieviel Zeit ich für die vorgesehenen Textstellen benötige. Bei langen Filmen aber ist das nicht möglich. Ich setze mich dann immer mit dem Laptop an den Schnittplatz, notiere jede Einstel lung und schreibe gleichzeitig in Stichworten auf, welche Informationen an dieser Stelle ungefähr im Kommentar stehen sollen. Wenn der Film fertig geschnitten ist, sehe ich ihn mir an und schreibe dabei den Text. Hilfreich ist es, den geschriebenen Text laut auf die jeweilige Filmstelle zu sprechen. Nicht nur, weil man so sieht, ob die Zeit (zum Beispiel zwischen zwei O-Tönen) ausreicht, sondern auch, um das Gefühl dafür zu bekommen, wie der gesprochene Kommentar auf den Bildern wirkt.

Eine ganz wichtige Sache ist die Titelfindung. Spätestens während man den Kommentar schreibt, sollte man den endgültigen Titel des Films gefunden haben. Man sollte sehr sorgfältig überlegen, welchen Titel man wählt, denn dieser steuert die Aufmerksamkeit des Zuschauers – nicht zuletzt bei der Überlegung, ob er sich den Film ansehen will oder nicht.

Eigentlich sollte man denken, daß der Abspann eines Films kein Problem darstellt. Dort werden eben alle namentlich erwähnt, die an der Herstellung des Films beteiligt waren. Oder? Weit gefehlt, denn so einfach ist das nicht. Zum einen wurde in den letzten Jahren die Geschwindigkeit, mit der der Abspann durch das Bild läuft, bei fast allen Sendern erhöht. Aus dem Grund, weil die Sender der Meinung sind, die Zuschauer würden die ganze Zeit nur darauf warten, daß der Film endlich zu Ende ist und sie nach dem Abspann möglichst schnell umschalten können. Dies soll so verhindert werden. Die Folge ist aber, daß nicht jeder erwähnt wird, der mitgearbeitet hat. Sprecher zum Beispiel dürfen nicht genannt werden. Die Nennung von Musik ist auch problematisch, genauso die Auflistung der Assistenten. Ein Extremfall ist anscheinend der SWR: zum einen wird dort auch bei Auftragsproduktionen die Produktion nicht genannt. Dort ist dann einfach nur SWR zu lesen, als ob es eine Eigenproduktion wäre. Statt dessen aber muß der Hauptabteilungsleiter genannt werden, der nun wirklich nichts mit der Produktion des Films zu tun hatte, ihn nicht gesehen hat, vielleicht noch nicht einmal von seiner Existenz weiß. Noch dazu wird im Moment dort eine neue „Abspannregelung" diskutiert. Nach dieser soll dann auch der Autor (!) nicht mehr genannt werden. Die einzigen, die nach den augenblicklichen Überlegungen des Senders genannt werden sollen, sind – nicht schwer zu erraten – der Produktionsleiter und selbstverständlich der Hauptabteilungsleiter.

26 Ein schwieriges Kapitel – die Musik

Die Musik hat in einem Film einen sehr wichtigen Stellenwert. Sie gibt nicht nur Stimmungen wieder, verstärkt oder ergänzt die Bilder; sie hat auch einen ganz eigenen Signalcharakter und ist eine zusätzliche Kommunikationsebene. Sie signalisiert, wie die Bilder – und auch der gesamte Film – verstanden werden sollen. Ist es eine Komödie, eine Satire, die Stimmung eher heiter oder ernst, gelassen oder hektisch, bedrohlich oder unbeschwert fröhlich. Im Spielfilm kennt das jeder, aber auch bei Dokumentationen und Reportagen sollte man sehr sorgfältig den Einsatz von Musik planen.

Bei der ZDF-Reportage „Zu lang, zu breit, zu hoch" – wir begleiteten einen Super-Schwertransport auf seinem Weg durch Deutschland – haben wir, das heißt mein Bruder Martin als Cutter und ich, ein musikalisches Experiment gewagt.

Der Film beginnt mit einer der schwierigsten Stellen des Transportes, der Durchfahrt unter einer Rohrbrücke, bei der es wirklich auf Zentimeter ankam; und er blendet dann zurück an den Anfang des Transportweges. Dann sieht man drei große Lastwagen mit ihrer gewaltigen Fracht, Teilen für eine Raffinerie. Wir unterlegten die Bilder mit einer Motette von Vivaldi („Nulla in mundo pax cincera", RV 630), eine fast schwebende, unwirkliche, überirdische Musik, die in absolutem Kontrast zu den Bildern steht. Aber genau das machte den Reiz aus. Die gewaltigen Schwerlastwagen und die schwebende Unwirklichkeit.

Leider aber war unser Redakteur nicht mit unserer Musikwahl zufrieden – und zwar aus formalen Gründen. Bei einer Reportage – so argumentierte er sicherlich nicht ganz zu Unrecht – müssen wir schon die Musik nehmen, die auch in Wirklichkeit vor Ort zu finden ist. Schweren Herzens haben wir das akzeptiert. Aber schade finde ich das immer noch, und ich werde diese Musik sicherlich eines Tages noch in einem passenden Film verwenden.

Am besten ist es natürlich, wenn man sich die Musik speziell für den jeweiligen Film machen läßt.

Wir konnten zum Glück bei einigen unserer Filme die Hilfe des Komponisten Klaus Künne in Anspruch nehmen, der immer eine hervorragende Musik liefert. Leider werden die Kosten für extra komponierte Musik in der Regel vom Sender nicht anerkannt, so daß wir meistens auf Archivmaterial zurückgreifen müssen.

Formal ist die Verwendung von Musik ziemlich einfach, jedenfalls wenn es um Musik für eine Sendung in einem öffentlich-rechtlichen Sender geht. Wir können auf jede veröffentlichte Musik zurückgreifen, und es reicht, wenn wir bei Ablieferung des Films ein Formular, eine sogenannte „Musikmeldung", ausfüllen. Die Sender zahlen dann die entsprechende GEMA-Gebühr. Wie die Regelung bei den kommerziellen Sendern ist, entzieht sich meiner Kenntnis.

Erheblich schwieriger ist es, wenn man Musik für einen anderen Film, zum Beispiel für den Imagefilm eines Unternehmens verwenden möchte. Dazu muß man erst die ausdrückliche Genehmigung beim Rechteinhaber (dem Musikverlag o.ä.) einholen, der natürlich genau wissen will, für welchen Zweck die Musik verwendet wird und selbstverständlich dafür eine oftmals ziemlich hohe Gebühr verlangt.

An dieser Stelle möchte ich noch etwas Grundsätzliches zur Tonebene sagen, die wir leider oft unterschätzen. Der Ton wird oft nur als „Anhang" der Bilder gesehen, als etwas, was eben automatisch bei einem Bild dabei ist. Ich habe immer wieder erlebt, wie wichtig die sorgfältige Arbeit mit dem Ton ist, und daß erst mit dem richtigen Ton eine Einstellung „rund" wird. Vor allem bei Übergängen von einer Einstellung zur nächsten bildet die Tonebene oft die Brücke, die beide Situationen miteinander verbindet.

Dazu gehört ebenfalls das nachträgliche Hinzufügen von Tönen, die in Wirklichkeit bei der Originalaufnahme nicht vorhanden waren. Der Schwenk über das idyllische Alpental wird eben erst durch das Muhen einer Kuh (aus dem Archiv oder einer ganz anderen Situation) besonders schön. Mogelei? Nein, kreative Ergänzung der Wirklichkeit!

27 Der erste Zuschauer –
die Rohschnittabnahme

Der große Tag ist da: ich fahre zum Sender zur Rohschnittabnahme. Rohschnitt, das heißt, der Film ist noch nicht ganz fertig. Es ist die erste Fassung, vielleicht auch noch nicht in der exakten Länge; aber er muß so sein, daß sich der Redakteur ein Bild vom fertigen Film machen kann. Wenn die Fassung gut gelungen ist, fehlen dem Film eigentlich nur noch Kommentar, Endmischung, Titel und Abspann. Die Rohfassung des Films spiele ich dem Redakteur vor und lese den Kommentar live dazu.

Der Redakteur ist der erste Zuschauer. Jetzt zeigt sich, ob der Film so geworden ist, daß ihn ein „Außenstehender" begreift. Wenn man Wochen und Monate an einem Film gearbeitet hat, steckt man so im Thema drin, daß man keinen Abstand mehr dazu hat. Man kann wirklich nicht mehr richtig beurteilen, ob der Film gut geworden ist oder nicht. Versteht der Zuschauer den Film? Setze ich wichtige Informationen zu Recht oder Unrecht voraus, habe ich vergessen Zusammenhänge und Hintergründe zu erklären?

Wenn der Redakteur seinen Job versteht, kann die Rohschnittabnahme durch dessen Hinweise und Vorschläge zur Umstellung zum Beispiel noch zu einer entscheidenden Verbesserung des Films führen.

Es kann auch passieren (aber das ist zum Glück nicht der Regelfall), daß der Redakteur noch etwas vermißt, daß ihm das, was ich geliefert habe, nicht ausreicht. Ich habe die Erfahrung gemacht, daß sich das manchmal an Punkten festmacht, bei welchen ich selbst ebenfalls irgendein Unbehagen hatte und genauso meine eigene Unzufriedenheit merkte. Manchmal braucht man auch nur einen Anstoß von außen, um dann selbst den Fehler oder Mangel zu erkennen. Schlimmstenfalls muß dann noch einmal nachgedreht werden, um die fehlenden Bilder im Nachhinein zu bekommen. Ich habe das ein paar Mal erlebt und war hinterher eigentlich immer froh, denn die Filme sind dadurch wirklich besser geworden.

Um der Ehrlichkeit willen muß ich aber auch sagen, daß ich schon Abnahmen erlebt habe, bei denen ich nur den Kopf geschüttelt habe aufgrund der Dummheit und Eitelkeit des Redakteurs. Auch das kommt vor, wenn auch zum Glück selten.

28 Konflikte bei der Abnahme

Immer wieder einmal kommt es im Zusammenhang mit der Produktion eines Films zu Konflikten. In jeder Richtung.

Gelegentlich, wie erwähnt, mit Interviewpartnern, die beispielsweise das Interview zurückziehen wollen (vgl. Kapitel 19 „Interviews oder: ,Der Lottogewinner'").

Auch innerhalb des Teams kann es zu Spannungen, sogar massiven Konflikten, kommen. Vielleicht weil sich jemand schlecht behandelt fühlt, oder weil die unklaren vertraglichen Vereinbarungen zwischen Produzent und Team der Grund für Auseinandersetzungen sind (Arbeitszeit, Honorar, Spesen und so weiter) (vgl. Kapitel 13 „Streit und Frust – vom Umgang mit dem Team").

Auch zwischen Redakteur und Autor kann es zu Konflikten kommen, wenn zum Beispiel bei der Abnahme deutlich wird, daß der Redakteur sich den in Auftrag gegebenen Film ganz anders vorgestellt hat und grundsätzlich mit dem Ergebnis nicht einverstanden ist.

Dann ist es äußerst hilfreich, wenn der Autor ein ausführliches Exposé geschrieben hat, in dem die Intention des Films und seine Umsetzung klar beschrieben ist. Je detaillierter das Exposé ist, desto besser ist man vor solchen Auseinandersetzungen im Nachhinein geschützt.

Aber es kann ebenfalls Streit geben, wenn die politische Aussage des Films zwar im Exposé angedeutet (oder sogar formuliert) wurde, aber der Redakteur nun „kalte Füße bekommt" und das Ganze erheblich relativieren oder sogar verändern will.

Wenn also Redakteur und Autor in eine hitzige politische Auseinandersetzung geraten, sie sich nicht einigen können, der Redakteur den Film in der Form nicht abnehmen will und der Autor ihn nicht verändern möchte. Was tun? Der Redakteur übergibt die Angelegenheit an den

Hauptabteilungsleiter. Schließlich schaltet sich nach weiteren ergebnislosen Diskussionsrunden die Chefredaktion ein.

Für die juristische Beurteilung gilt zunächst grundsätzlich:[5]

„Der Sender kann, soweit nicht vertraglich etwas anderes geregelt ist, bei der Rohschnittabnahme nur dann Änderungen durchsetzen, wenn die Produktion mangelhaft ist und die Mängel durch die Änderungen beseitigt werden. Mangelhaft ist die Produktion vor allem dann, wenn der Produzent von dem von der Anstalt genehmigten Drehbuch erheblich abgewichen ist, oder wenn er das Filmwerk auf andere Weise ... wesentlich verändert hat ...“

Die Produktionsverträge spezifizieren diesen Grundsatz. So können zum Beispiel SWR und WDR ihre Änderungswünsche gegenüber dem Produzenten voll durchsetzen, denn der Produzent hat *„Änderungswünsche des WDR ... zu berücksichtigen“,* und es kann der SWR, *„wenn der Produzent den Änderungswünschen nicht oder nur unzureichend nachkommt, die Fernsehproduktion selbst fertigstellen oder fertigstellen lassen. Dies geschieht unter Verwendung des ... hergestellten Materials und bei entsprechender Minderung der Vergütung.“*

„Das ZDF kann bei der Rohschnittabnahme auf Änderungen bestehen, durch die ein erhebliches Abweichen von den mit dem ZDF getroffenen redaktionellen Absprachen beseitigt wird, oder den Erwerb der Fernsehauswertungsrechte verweigern. Der Produzent ist jedoch nach diesem Vertrag nicht verpflichtet, die Produktion zu ändern, sondern er kann auf seiner Fassung bestehen und dann auf die Durchführung des Vertrages mit dem ZDF verzichten.“

Ein schwacher Trost. Denn das Grundproblem für den Produzenten ist die Tatsache, daß der Sender am längeren, nämlich am ökonomisch stärkeren Hebel sitzt. Wenn der Film nicht abgenommen wird (oder der Produzent „auf die Durchführung des Vertrages mit dem ZDF verzichtet"), verliert der Produzent nicht nur den Rest der Produktionssumme, er muß auch die erste Rate zurückzahlen. Da Dreharbeiten und Schnitt aber bereits abgeschlossen sind, hat er dieses Geld natürlich mittlerweile längst ausgegeben, meistens sogar mehr als er vom Sender als er-

---

5 Die nachfolgenden Ausführungen beruhen auf dem Gutachten von Peter Ebenfeld im Rahmen des Kurses „Medienrecht" beim „Mibeg-Institut" Köln, Dezember 2000. Grundlage sind diverse Produktionsverträge, die ich in den letzten Jahren mit verschiedenen Sendern abgeschlossen habe.

ste Rate bekommen hat. Jeder weitere Tag, den der Konflikt dauert, kostet ihn also Geld und erhöht sein finanzielles Risiko.

Der Produzent kann oft dann nur zwischen „Cholera und Pest" wählen. Entweder er weigert sich, den Film zu verändern (das bedeutet erhebliche finanzielle Probleme, unter Umständen sogar den finanziellen Ruin), oder er stimmt den Änderungen zu (und gesendet wird ein Film, der nicht sein Film ist). Eine letzte Möglichkeit hat er noch; denn er kann bei gravierenden Änderungen verlangen, daß sein Name nicht genannt wird.

Das Grundprinzip aber macht die ökonomische und strukturelle Macht des Senders deutlich: der Sender hat den Film gekauft und darf – wie schon erläutert – laut Produktionsvertrag damit (fast) alles machen, was er will.

In den entsprechenden Passagen in den Standardverträgen heißt es so schön:

Der Sender hat die Befugnis:

„... die Produktion oder Teile hiervon zu bearbeiten, umzugestalten, zu ändern oder zu kürzen sowie ausschnittweise oder in Verbindung mit anderen Werken, oder als Bestandteil desselben zu nutzen" (SWR-Vertrag).

29 Die Sprachaufnahme

Mit der Rohschnittabnahme ist in der Regel auch der Kommentartext genehmigt. Gelegentlich wird er dann noch überarbeitet; aber schließlich liegt der endgültige Kommentar fest. Die Wahl des Sprechers oder der Sprecherin sollte man nicht dem Zufall überlassen, denn da gibt es gravierende Unterschiede. Damit meine ich nicht so sehr die Qualitätsunterschiede (die es selbstverständlich auch gibt), nein, ich meine die Unterschiede in der Stimme, die eben auch zum Film passen muß.

Ein guter Sprecher kann einem Film noch einmal einen ganz besonderen „Kick", eine besondere Atmosphäre, geben. Es ist zum Beispiel sehr bedeutsam, ob der Sprecher zurückhaltend, wie nebenbei erzählend oder stärker modulierend mit großem Nachdruck spricht. Manche Sprecher sind durch ihre Stimme prädestiniert für bestimmte Filme. Es gibt Sprecher, die sofort jeder mit einem bestimmten Genre verbindet. Man erinnere sich nur an bekannte Nachrichtensprecher, an den Sprecher, der die Sendung (wahrscheinlich zwanzig Jahre oder mehr) „Der siebte Sinn" kommentiert hat. Die andere Seite der Medaille ist, daß diese Sprecher so bekannt sind und so stark mit dieser einen Sache identifiziert werden, daß es schwer für sie ist, andere Aufträge zu bekommen. Jeder kennt mittlerweile die Stimme von Christian Brückner, einem der wohl bekanntesten Sprecher. Er ist zum einen als markante Synchronstimme von Robert de Niro bekannt, zum anderen durch seine unterkühlte, aber sehr spannungsgeladene Art des Sprechens bei Reportagen. Leider aber konnte man ihn in den letzten Jahren bei jeder zweiten Reportage auf fast allen Sendern (vor allem bei „Spiegel-TV") hören, und ich muß sagen – ich mag seine Stimme eigentlich sehr –, ich habe mich langsam aber fast satt daran gehört.

Der Text muß genau angelegt und angepaßt werden, so daß die richtigen Worte auf dem richtigen Bild liegen.

Bisweilen hat man natürlich Probleme mit der Anpassung des Textes, weil der zur Verfügung stehende Platz nicht ausreicht für das, was man sagen will. Nun können gute Sprecher „ein wenig länger" oder, wie jetzt verlangt, „schneller" sprechen, ohne daß man das merkt. Aber das hilft nur wenig. Dann heißt es möglicherweise doch: kürzen, kürzen, kürzen ...

Nach der Sprachaufnahme kommt die Endfertigung. In der Regel hat ein Film zwei Tonspuren. Auf der einen ist der sogenannte „IT", das heißt der „Internationale Ton". Das ist der fertig gemischte gesamte Ton des Films *außer* dem Kommentar. Auf der anderen Spur ist der „ST", der „Sendeton", das heißt O-Töne und Kommentar sind fertig gemischt in der endgültigen Sendefassung.

30 Der Film ist fertig – die Endabnahme

In vielen Fällen wird die absolute Endfertigung, also das Einblenden der Untertitel, Inserts (das ist der in das Bild eingeblendete Name und die Funktion des Interviewpartners – die sogenannten „Bauchbinden"), Titel und Abspann im Sender gemacht. Vor allem deshalb, weil viele Sendeformate eigene Schriften und Logos haben und es dann einfacher ist, diese Einblendungen beim Sender zu machen.

Auf jeden Fall kommt irgendwann der entscheidende Moment: der Film ist fertig – definitiv. Es ist nichts mehr zu tun, er ist wirklich fertig. Jetzt gibt es keine Möglichkeit mehr, etwas zu ändern.

Nun muß der Film nur noch zum Sender. Ein nervenaufreibender Moment, denn es gibt nichts Wertvolleres in diesem Augenblick auf der Welt als das *Masterband,* das heißt das Band mit dem fertigen Film.

Wer hat nicht die Geschichten gehört von dem Autor, dem auf dem Weg zum Sender („nur eine kurze Kaffeepause!") das Auto gestohlen wurde, auf dessen Rücksitz das eben fertiggestellte Masterband lag. Oder es kommt zu einem Autounfall, oder es passiert irgendein anderes Mißgeschick; dann ist der Film unwiederbringlich verloren: eine Katastrophe!

Heute ist das nicht mehr so nervenaufreibend wie früher, denn im Zeitalter des digitalen Schnittes kann man jederzeit beliebig viele Masterbänder in exakt der gleichen Qualität herstellen.

Früher aber gab es nur ein Masterband, und jede Kopie war eine Generation schlechter und damit manchmal nur noch bedingt sendefähig. Aber ich gestehe, ich bin immer noch erleichtert, wenn ich das Band dem Produktionsleiter im Sender in die Hand gedrückt habe.

Nicht selten gibt es nach der Endfertigung noch eine Endabnahme durch den Redakteur, weil dieser den fertigen Film nochmals sehen will. Aber oft wird darauf auch verzichtet. Auf jeden Fall gibt es eine *„TA",* das heißt die *„Technische Abnahme"*, bei der die Sendbarkeit des Films geprüft wird. Jetzt geht es nicht um redaktionelle Entscheidungen, sondern um die technische Beschaffenheit. Bild- und Tonqualität, Bandfehler, Spratzer, Bildflackern; alles wird genau beurteilt und im Sendeprotokoll festgehalten. Irgendwelche kleinen Bandfehler zum Beispiel gibt es fast in jedem Film.

Und spätestens an dieser Stelle rächt es sich, wenn die Qualität der Lautsprecher beim Schnitt nicht so gut war; denn die großen Studiolautsprecher in den Abnahmeräumen sind unbestechlich.

Ist die technische Qualität zu schlecht, kann es Probleme geben. Eventuell muß die Redaktion erklären, warum der Film trotz technischer Mängel „aus redaktionellen Gründen" sendbar ist. Aber es gibt auch die Fälle, in denen ein Film durch die „TA" durchfällt und neu bearbeitet werden muß. Im ZDF hörte ich von einem Film, der dreimal durch die technische Abnahme durchgefallen war. Ich weiß zwar nicht aus welchen Gründen, aber sie müssen sehr gravierend gewesen sein. Manche Sender machen noch eine Farbkorrektur, was bedeutet, daß die Farben der unterschiedlichen Filmsequenzen einander angeglichen werden, damit sie zusammenpassen. Ich stehe dieser Farbkorrektur sehr skeptisch gegenüber und glaube, daß sie in den meisten Fällen überflüssig ist.

Die Farbkorrektur im ZDF von unserer Reportage über den Alltag auf einer Bohrinsel („Das schwarze Gold der Nordsee") hat meine Skepsis voll bestätigt. Wir hatten uns beim Drehen sehr bemüht, Bilder in der sogenannten „blauen Stunde" zu machen – das ist bekanntermaßen jeweils morgens und abends eine sehr kurze Zeitspanne von vielleicht einer Viertelstunde, in der das Licht sehr blau ist. Und es entstanden hervorragende Bilder: Bohrinsel und Schiffe im dunkelblauen Meer, orangefarbene Lichter und blauer Himmel. Aber dann mußte ich erleben, daß der Kollege im ZDF bei der Farbkorrektur alle unsere schönen blauen Bilder grau und schwarz machte, weil dies eben – so sein Argument – die „natürlichen" Farben seien. Normalerweise ist das sicherlich richtig, aber wir hatten ganz bewußt diese Bilder gemacht. Zum Glück konnte ich die Veränderungen wieder rückgängig machen. Es ist gut, wenn in der Farbkorrektur Fehler ausgebessert werden können. Aber wenn wir einen fertigen Film abliefern, dann haben wir beim Schnitt die Farben so eingestellt und korrigiert, wie wir meinen, das es richtig ist.

31 Was sein muß, muß sein ... – die Formalia

Jetzt fehlt nur noch die Bürokratie: Für jeden Film muß eine *Schnittliste* erstellt werden, in der jede Einstellung mit Länge und Inhalt kurz beschrieben ist. Auch das benutzte Fremdmaterial (Archivmaterial, Fotos und so weiter) muß gekennzeichnet werden. Der Grund ist einfach: wenn jemand später diesen Film aus dem Archiv holt, weil er (zum Beispiel für einen neuen Film über Tankersicherheit) ganz bestimmtes Material sucht, soll er anhand der Schnittliste schneller fündig werden. Sonst müßte er sich tatsächlich jeden Film zum Thema ansehen. Die Suche von Material ist mit diesen Schnittlisten wesentlich einfacher und schneller zu bewerkstelligen.

Sehr wichtig ist in der Schnittliste der Hinweis darauf, wer die Rechte an dem Material hat und aus welchem Archiv das Material stammt. Eine Frage, die äußerst wichtig werden kann, wenn ich Teile daraus verwenden will. Dann muß nämlich geklärt werden, ob nicht eventuell fremde Rechte berührt sind. Das ist nicht immer einfach; die Abteilung Honorare und Lizenzen muß das in jedem Einzelfall genau prüfen, denn es kann durchaus sein, daß diese Rechte bei einem freien Produzenten, einem Archiv oder einem anderen Sender liegen. Und dann kann es kompliziert werden. Vor allem auch deshalb, weil in der Schnittliste immer nur der letzte Fundort vermerkt ist, das heißt die Stelle, an der ich das Bild entdeckt habe. Nun ist es aber möglich, daß in dem dort angegebenen Film das Material ebenfalls bereits aus dem Archiv genommen wurde. Vor einigen Jahren wollte ich eine kurze Einstellung (vier Sekunden) von einer gewaltigen Welle in einem Film verwenden. Die Welle war Teil eines kurzen Filmausschnitts, den ich aus dem Film eines Kollegen benutzen wollte. Also stellte ich eine Anfrage beim WDR. Die Antwort lautete, daß die Rechte beim NDR lägen. Dort war die Antwort auf meine Anfrage: Nein, die Rechte lägen doch beim WDR, aber mit einer anderen Archiv-Nummer versehen. Die erneute Rückfrage beim WDR führte zu der Antwort: Nein, die Rechte lägen doch beim

Schnittliste
Film/Video/Foto

Sendetitel : **Rückblende: 100 Jahre Goldrausch am Yukon**

Arbeitstitel: **Rückblende: 100 Jahre Goldrausch am Yukon**

Redaktion   **Fritz Breuer**   Produktionsleiter(in)

Auftragsproduzent: **Lighthouse-Film** Prod.-Nr.: **823645** Sendedatum: **18.8.1996** Programm: **WEST 3**

lfd. Nr.	Motiv-/Sequenzbeschreibung	Quelle/Copyright	Farb-verm	Länge
0	Trailer: Rückblende	WDR	F	0'00
1	Thomas Edison: Goldrausch	Archiv Uni Washington: Rechtefrei	sw	0'16
2	1 Foto Goldrausch	Archiv Dawson: Rechtefrei	sw	0'41
3	Thomas Edison: Goldrausch	Archiv Uni Washington: Rechtefrei	sw	0'48
4	4 Fotos: Goldsucher	Archiv Dawson: Rechtefrei	sw	0'57
5	Skagway - Strand	Neudreh	F	1'11
6	Thomas Edison: Goldrausch	Archiv Uni Washington: Rechtefrei	sw	1'25
7	4 Fotos: Goldsucher	Archiv Dawson: Rechtefrei	sw	1'47
8	Filmaufnahmen und -collage: Chilkoot-Paß	G.S. Troller, WDR-Archiv, Prod.Nr.	sw	2'05
9	1 Foto Chilkoot-Paß	Archiv: Dawson: Rechtefrei	sw	2'28
10	Chilkoot-Paß	Neudreh	F	2'35
11	7 Fotos Lake Bennet, Boote	Archiv: Dawson: Rechtefrei	sw	2'56
12	Thomas Edison: Stromschnellen in Whitehorse	Archiv Uni Washington: Rechtefrei	sw	3'32
13	2 Fotos Raddampfer	Archiv Dawson: Rechtefrei	sw	3'44
14	Fahrt auf dem Yukon	Neudreh	F	3'55
15	5 Fotos: Dawson	Archiv Dawson: Rechtefrei	sw	4'22
16	Dawson	Neudreh	F	4'43
17	6 Fotos: Dawson	Archiv Dawson: Rechtefrei	sw	5'29
18	Goldgräber Bernie O-Ton	Neudreh	F	6'01
19	7 Fotos: Goldgräber / Leben in Dawson	Archiv Dawson: Rechtefrei	sw	7'10
20	Dawson	Neudreh	F	7'51
21	9 Fotos: Frauen in Dawson / Dawson daily News	Archiv Dawson: Rechtefrei	sw	8'29
22	Dawson	Neudreh	F	9'05
23	4 Fotos: Dawson Daily News	Archiv Dawson: Rechtefrei	sw	9'15
24	Goldmine am Bonanzacreek	Neudreh	F	9'28
25	Goldwaschen	Neudreh	F	10'16
26	Goldsucher Max: O-Ton	Neudreh	F	10'50
27	Dawson - Stadtansichten	Neudreh	F	13'07
28				
29				
30				
31				
32				
33				
34				
35				
36				
37				
38				
39				
40				
41				
42				
43				
44				
45				
46				
47		Länge: **14'28**		

*)	Alle Fotos und die Filmaufnahmen von Edison sind „public domain",d.h. können jederzeit kopiert und genutzt werden.		
Für die Richtigkeit: Datum: *20.3.96*	Realisator(in): **Michael Schomers**	Cutterin: **Birgit Köster**	

Abbildung 13: Schnittliste für den Film „100 Jahre Goldrausch am Yukon"

NDR. Und so ging es bestimmt drei oder vier Wochen hin und her. Bis ich es schließlich leid wurde und die vier Sekunden einfach verwendet habe, ohne das Problem klären zu können. Bis heute weiß ich nicht, wer nun wirklich die Rechte an dem Material hat. Übrigens kann man sich nicht immer hundertprozentig darauf verlassen, daß Rechte, die man an seinem eigenen Material hat, ordnungsgemäß abgerechnet werden. Vor ein paar Jahren produzierten wir einen „Weltspiegel"-Beitrag über Ruanda, und im Vertrag war ausdrücklich die Ausstrahlung dieses Beitrags mit einigen wenigen Wiederholungen vorgesehen. Einige Wochen später telefonierte ich zufällig mit einem Hamburger Kollegen und der erwähnte nebenbei, daß er gestern abend in einem Film des NDR Auszüge aus dem Beitrag gesehen habe. Als ich beim NDR nachfragte, stellte sich das als richtig heraus. Man hatte einfach ein Interview aus dem „Weltspiegel"-Beitrag verwendet, obwohl dort ausdrücklich hätte vermerkt sein müssen, daß die Rechte bei mir lagen. „Ein Versehen", erklärte die Abteilung Honorare und Lizenzen. Wer weiß, wieviel solcher Versehen passieren! Aber so etwas erfährt man eben nur durch einen außerordentlichen Zufall.

Außerdem muß der Produzent die *Musikmeldung* abgeben. Auf dieser Liste müssen zu jedem verwendeten Musikstück genaue Angaben zum Autor und Interpreten, Verlag und zu der CD- oder Platten-Nummer und Länge des verwendeten Musikstücks gemacht sein.

Noch ein Tip: man sollte die Abrechnung, in der alle Kosten den Einnahmen gegenüberstehen, möglichst bald nach einem Projekt machen, besonders nach großen Projekten. (Das freut auch den Steuerberater!) Bei mir sieht das oft so aus: auf meinem Schreibtisch liegen eine oder mehrere Klarsichthüllen mit Hunderten von Quittungen. Viele sind unleserlich oder in fremden Währungen. Ein paar Wochen nach der Produktion kann ich mich aber fast noch an alle Situationen und Daten erinnern und so auch unklare Belege richtig zuordnen. Nach einiger Zeit aber sind diese Erinnerungen verschwunden, und ein paar Monate später sitzt man nur noch grübelnd vor einzelnen Quittungen und weiß überhaupt nicht mehr, was da los war. Wie detailliert eine solche Projektabrechnung ausfällt, ist individuell verschieden. Viele Jahre habe ich das auch nicht exakt gemacht. Mittlerweile versuche ich, einen Überblick darüber zu bekommen, wie erfolgreich das einzelne Projekt war. Denn – wie jeder Kaufmann weiß: nicht der Umsatz, nur der Gewinn zählt. Und dazu muß man wissen, wie teuer ein Projekt war.

32 Quoten, Quoten, Quoten ... – die Ausstrahlung der Sendung

Ich kann mich noch genau an das erhebende Gefühl erinnern, das erste Mal meinen Namen in einem Filmabspann zu sehen. Nun ist das in den vergangenen 20 Jahren für mich schon alltäglicher geworden, und trotzdem ist es immer noch wichtig – eine gewisse Eitelkeit ist sicherlich auch dabei.

Doch noch einmal kurz zurück. Der fertige Film ist abgeliefert, er hat ohne Beanstandungen die technische Abnahme passiert; die notwendigen Formulare sind ausgefüllt, und der Produzent hat auch bereits eine der Lieblingsbeschäftigungen hinter sich gebracht: die Rechnung ist geschrieben. Nun kann man eigentlich nichts anderes mehr tun, als auf die Ausstrahlung der Sendung zu warten. Und dies ist für mich wirklich das Wichtigste. Ich habe einmal fast ein halbes Jahr nach der Fertigstellung eines Films auf die Ausstrahlung warten müssen. Der Film war nicht aktuell; immer wieder kam etwas dazwischen, so daß er wieder verschoben wurde. Das Geld hatte ich längst bekommen, alles war erledigt, nur eben das Wichtigste fehlte noch. Das Kind war noch nicht geboren. Ein schrecklicher Zustand. Denn erst mit der Ausstrahlung ist der Film „in der Welt"; dann ist er gesendet, jeder konnte ihn sehen (jedenfalls hätte ihn jeder sehen können), und er hat seinen Daseinszweck erfüllt.

Aber der Regelfall sieht glücklicherweise eher anders aus, das heißt der Film wird meistens unmittelbar nach seiner Fertigstellung gesendet. Wenn der Sender vorher auf den Film hinweisen will, muß man eventuell dafür einen *Trailer* machen, das heißt einen Zusammenschnitt, der 30 bis 45 Sekunden lang ist.

Die Pressearbeit für den Film macht der Sender (und er hat das ausschließliche Recht dazu). Aber es kann nicht schaden, wenn man seine Kontakte nutzt, um auf den Film hinzuweisen. Manchmal macht der Sender auch Pressevorführungen, damit bestimmte wichtige Filme Vor-

...Russisch Roulette auf See

Abbildung 14: Postkarte zum Film „Gesucht wird ... Russisch Roulette auf See"

kritiken bekommen. Aber, um es nochmals zu sagen, dazu ist nur der Sender befugt, denn aus juristischen Gründen darf niemand sonst den Film (oder Teile daraus) vor der Ausstrahlung sehen.

Ich habe es mir seit vielen Jahren angewöhnt, für jeden Film eine Postkarte drucken zu lassen, die ich an Freunde und Kollegen, Produktionen und Redaktionen verschicke. Zum einen, damit sich die Adressaten den Film ansehen, aber auch, um auf meine Arbeit hinzuweisen. Damit die Kollegen zumindest wissen, was ich zur Zeit so mache. Wie sagt man so schön: „Klappern gehört zum Handwerk!" Und es freut mich immer wieder, wenn ich manchmal eine dieser Karten mit einem besonders schönen Bild auch Jahre nach der Ausstrahlung des Films in einer Redaktion noch am schwarzen Brett hängen sehe.

Bei wichtigen Filmen laden wir außerdem zu einem kleinen Fest ein, bei dem man etwas ißt und trinkt und sich dann gemeinsam den Film ansieht. Ich halte es für eine außerordentlich schöne Sache, in diesem Rah-

»Hilfe ohne Ende ?«

Abbildung 15: Postkarte zum Film „Hilfe ohne Ende? Deutsche Helfer in Ruanda"

men den Film gemeinsam zu feiern. Das ist gleichzeitig die Möglichkeit, mit den am Film beteiligten Kolleginnen und Kollegen das Ende des Projektes zu feiern.

„Quoten, Quoten, Quoten!" Dieser Schreckensruf hallt mittlerweile auch durch die kleinste Redaktion. Und je höher einzelne Personen in den Sendeanstalten positioniert sind, desto gläubiger schauen sie am Tag nach der Ausstrahlung auf die Zahlen. Ich halte davon nichts, und auch durch die ständige, gebetsmühlenartig wiederholte Erwähnung der großen Bedeutung von Quoten wird die ganze Angelegenheit auch nicht intelligenter. Was sollen diese Zahlen aussagen? Sagt es etwas aus, wenn man feststellt, daß während einer Dokumentation zum Beispiel zur gleichen Zeit auf anderen Kanälen Programme liefen, die mehr Zuschauer angesprochen haben? Mit dieser Logik müßte man nur noch Fußball-Endspiele senden. Können die Quoten sozusagen die Qualität eines Filmes beweisen? Können sie bestimmen, welche Themen gesellschaftspolitisch wichtig sind, welche Themen den Informations- und

Bildungsauftrag der öffentlich-rechtlichen Programme erfüllen? Mit dem Ruf „Quoten, Quoten, Quoten!" werden heutzutage alle inhaltlichen Überlegungen obsolet. Früher (jetzt kommen die Erinnerungen aus der grauen Fernseh-Vorzeit, als es noch keine kommerziellen Sender gab) wurden Reportagen und Dokumentationen auch in der Prime time gesendet (zum Beispiel die ZDF-Reportagen von 19.30 bis 20.15 Uhr). Wir hatten regelmäßig Einschaltquoten von mehr als 20 Prozent, und am Tag nach der Ausstrahlung gab es in fast allen Tageszeitungen Fernsehkritiken. Heute sind die entsprechenden Sendeplätze (wenn es sie überhaupt noch gibt) auf den späteren Abend verschoben worden, und wir freuen uns, wenn wir eine Quote von mehr als 12 Prozent erreichen. Fernsehkritiken gibt es nur noch in seltenen Fällen.

Manche Redakteure rufen am Tag der Ausstrahlung den Autor an und berichten über die Reaktion im Sender, bei Kolleginnen und Kollegen. Ich freue mich darüber immer, denn es ist nicht nur eine kollegiale und freundliche Geste, es zeigt auch das Interesse an Film und Autor.

Und dann? Dann kommt oft das „schwarze Loch", wie ich es immer nenne, oder, um bei dem vorherigen Bild zu bleiben: der Geburt des Films folgt das „postnatale Trauma". Wochen-, nicht selten monatelang hat man intensiv an einem Thema gearbeitet. Tag und Nacht fast nur an den Film gedacht. Und die letzte Phase (Schnitt und Endfertigung) ist oftmals mit großem Streß verbunden. Und dann? Plötzlich ist alles fertig, und man hat nichts mehr zu tun, kann nichts mehr an dem Endprodukt ändern. Und im selben Augenblick weiß man nicht mehr so richtig, was man machen soll. Der Streß fällt ab und ein Gefühl der Leere breitet sich aus. Bei mir laufen dann oft noch einmal alle Phasen der Realisierung vor meinem inneren Auge ab. Ich denke darüber nach, mit welcher Vorstellung ich das Projekt begonnen habe, wie die Idee entstand, sich verändert hat, der Film auch ein Eigenleben entwickelte, welche Höhen und Tiefen es gegeben hat.

Und es ist neben der Freude über ein gelungenes Projekt damit auch ein Stückchen Trauer verbunden. Trauer, daß die Arbeit an einem wichtigen und schönen Film beendet ist. Aber diese Phase dauert oftmals nur kurze Zeit, denn dann hat mich in der Regel die Arbeit für das nächste Projekt eingeholt – und das wichtigste Projekt ist immer das, an dem man gerade arbeitet.

33 Weitere Verwertung, Wiederholungen

Es ist ein immer wieder beklagtes Versäumnis, daß wir freien Produzenten uns viel zu wenig um die Weiterverwertung unserer Filme kümmern. Das hat einmal einen historischen Grund. Viele Jahre lang verkauften wir unsere Filme an die Sender, die Auftragsproduktionen wurden gut bezahlt, und wir gaben damit fast immer alle Rechte ab. Es gab kein Interesse und keine ökonomische Notwendigkeit, sich um die weitere Verwertung des Films zu kümmern. Die Sender beschäftigten sich ebenfalls nicht mit diesem Thema –, und sie kümmern sich auch heute noch kaum um normale Reportagen und Dokumentationen. Sie versuchen – wie bereits beschrieben – einzig und allein die sogenannten „Hochglanzdokumentationen" zu verkaufen.

In Zeiten knapper werdender Etats müssen wir uns aber zunehmend mit der Frage der weiteren Verwertung von Filmen auseinandersetzen und versuchen, durch das Halten von Rechten zusätzliche Verwertungsmöglichkeiten zu schaffen.

Bei meinem Undercover-Projekt „Deutschland ganz rechts" waren wir plötzlich mit der Situation konfrontiert, daß es Probleme mit dem Verkauf an öffentlich-rechtliche Sender gab. Der Grund war, daß wir den Kollegen des neu gegründeten „Stern-TV" zugesagt hatten, sie könnten in ihrer ersten Sendung meine Identität aufdecken. Da die gesamte Redaktion von „Stern-TV" aus dem WDR (von „Zack") gekommen war, gerieten wir in den Streit zwischen kommerziellem und öffentlich-rechtlichem Sender. Wir wurden von Kollegen im WDR unter Druck gesetzt („Wenn Ihr „Stern-TV" den Beitrag gebt, senden wir nichts von Euch!"), standen aber dennoch zu unserem Wort, das heißt der Zusage an „Stern-TV", und sahen uns so plötzlich gezwungen, die Beiträge anderweitig verkaufen zu müssen. Also boten wir verschiedenen ausländischen Sendern einen 10-Minuten-Beitrag über meine Undercover-Aktion bei den Republikanern an. Und siehe da, innerhalb von wenigen Tagen hatten

Abbildung 16: Postkarte zum Film „Alltag Armut – Mein Leben mit 539,- DM Sozialhilfe"

wir Beiträge für über 80.000 DM verkauft. Es zeigte sich, daß man Erfolg hat, wenn man es nur versucht.

Aber wir Produzenten versuchen es immer zu wenig – oder oftmals sogar überhaupt nicht.

Darüber hinaus gibt es auch eine psychologische Erklärung. Wenn ein Projekt abgeschlossen und der Film ausgestrahlt ist, wendet man sich schnell einer neuen Aufgabe zu. Das alte Thema ist dann mehr oder weniger vergessen. Man hat einfach oft nicht die Zeit, sich um die Zweitverwertung eines bereits abgeschlossenen Projektes zu kümmern. Ich freue mich immer darüber, wenn ein Film nicht nach der Ausstrahlung im Archiv landet, sondern damit etwas passiert. Bei mehreren Projekten bin ich anschließend immer wieder auf Veranstaltungen aufgetreten, wo der Film nochmals gezeigt wurde und sich eine Diskussion anschloß. Dies war bei „Giftig, ätzend, explosiv!" der Fall. Diesen Film zeigte ich sogar – mit anschließender Diskussion – wiederholt im Rahmen von Fortbildungsveranstaltungen an der Führungsakademie der Polizei. Meinen Film „Deutschland ganz rechts" zeigte ich auf weit über zweihundert öffentlichen Veranstaltungen für Gewerkschaften, Volkshochschulen, Parteien und Verbände, Städte, Gemeinden, Schulen und Universitäten. Diese Veranstaltungen machen mir sehr viel Spaß, wenn sie auch oft sehr anstrengend sind, weil ich sie neben meiner „normalen Arbeit" mache. Aber sie zeigen mir, daß mit den Filmen, mit den Ergebnissen meiner Arbeit etwas passiert.

Auch zur Zeit bin ich wieder unterwegs und führe viele öffentliche Veranstaltungen zum Thema „Alltag Armut" durch.

Gemeinsam mit einem Lehrer erarbeitete ich eine Broschüre (80 Seiten), in der Hinweise zum Einsatz von Film und Buch im Unterricht, Unterrichtsprojekte und Materialien zu finden sind. Buch, Film und didaktische Broschüre bieten wir als Gesamtpaket an, an dem viele Lehrer sehr interessiert sind. Auch ein Beispiel für die Weiterverwertung eines Themas, und ich denke, wir freien Produzenten sollten in Zukunft mehr Ideen dafür entwickeln.

34 Noch ein Schritt weiter – Reaktionen und Folgen

„An der Reaktion merkst du, ob du richtig gelegen hast", sagt man. Und ich denke, dies kann man auch auf Filme anwenden. Wenn ich, zum Beispiel bei einem Film wie „Russisch Roulette auf See", einen empörten Brief vom Verband Deutscher Reeder bekomme, oder bei „Giftig, ätzend, explosiv" der Bundesverband des Güterfernverkehrs empört aufschreit, merke ich, daß die entsprechenden Leute meine Kritik in dem Film verstanden haben, daß ich den Finger sozusagen genau in die richtigen Wunden gelegt habe.

Ich freue mich immer sehr, wenn mich nach der Ausstrahlung eines Films Briefe von Zuschauern erreichen. Das sind sicherlich manchmal auch empörte Zuschriften und Kritik, oft aber auch Briefe, die von großer Zustimmung und Unterstützung geprägt sind. Oft melden sich auch Menschen, die mir weiteres Material zum Thema anbieten. Da das Thema aber gerade in meinem Film mehr oder weniger umfassend behandelt worden ist, wird sich in diesen Fällen so schnell keine Möglichkeit finden, auf die neuen Informationen einzugehen und sie in einem neuen Film zu verwenden.

Übrigens: die Zuschauer wissen oft nicht, wie wichtig solche Zuschriften auch in den Redaktionen der Sender genommen werden. In meinen Veranstaltungen fordere ich die Menschen immer wieder auf, dem Sender nicht nur zu schreiben, um Kritik zu üben, sondern auch – und gerade dann –, wenn ihnen ein Film gefallen hat, oder wenn sie denken, daß solche Themen mehr im Fernsehen behandelt werden sollten. Damit stärken sie den entsprechenden Autoren und Redakteuren den Rücken, besonders wenn es um die Frage der Streichung von Sendeplätzen geht.

Aus den Reaktionen auf einen Film entstehen nicht selten neue Kontakte, und auch wenn ich die Informationen vielleicht kurzfristig nicht verwenden kann, wandern sie doch in mein Archiv. Denn bei vielen Themen bleibe ich weiterhin „am Ball". So beschäftige ich mich beispielsweise seit vielen Jahren immer wieder mit den Themen Transport und Verkehr, Rechtsradikalismus, Entwicklungspolitik und Schiffahrt. Und so haben sich auch eine langjährige Zusammenarbeit und Vertrauensverhältnisse ergeben, die plötzlich wieder wichtig werden können, wenn ich einen Film zu einem ähnlichen Thema mache.

Mittwoch, 10. Mai   **ZDF – 19/95**

Zündstoff:
Hilfe ohne Ende?   **22.20**
Deutsche Helfer in Ruanda
Film von Michael Schomers

Bürgerkriege, Flüchtlingsströme, Hungerkatastrophen – jeder kennt die Bilder von Not und Elend. Aber mit der Not wächst auch die Notwendigkeit und Bedeutung der Hilfe durch die reichen Länder.
Beispiel Ruanda: Nach dem Krieg und Völkermord im Sommer 1994 setzte ein dramatischer Flüchtlingsstrom in die Nachbarländer ein. Hunderttausende in den Lagern Goma und Bukavu wurden von unzähligen Hilfsorganisationen versorgt. Über 150 internationale Organisationen arbeiten immer noch in Ruanda. Im Zusammenhang mit dem mißlungenen Einsatz von „Care Deutschland" in Goma wurden aber auch Sinn und Effektivität solcher Hilfe diskutiert.
„Zündstoff" hat einen Experten für Nothilfe zu verschiedenen Projekten deutscher Hilfsorganisationen in Ruanda begleitet. Der Film zeigt die Schwierigkeiten und Probleme, die mit dem Einsatz von akuter Nothilfe oder langfristiger Strukturhilfe verbunden sind.
Beispiele: Das DRK-Feldlazarett im Flüchtlingslager Benaco in Tansania, die Saatgut- und Ackergeräteverteilung der „Deutschen Welthungerhilfe", das Buschkrankenhaus der Hilfsorganisation „HELP" in Bushenge, das Waisenhaus des Notärzte-Komitees „Cap Anamur" in N'dera.
Diese Hilfe basiert wesentlich auf Spenden. Die Bereitschaft dazu geht zurück. Der Film beleuchtet daher auch den „Spendenmarkt" in Deutschland. Wird es auch in Zukunft noch Organisationen mit gezielten Aktionen geben, oder sind die EU-Behörde für Humanitäre Hilfe (ECHO) oder vielleicht ein zentrales deutsches „Hilfskorps" die einzige Perspektive?

Abbildung 17: Pressemeldung ZDF „Hilfe ohne Ende? Deutsche Helfer in Ruanda"

35 Nachtrag: Wo bitte geht's zum Fernsehen? – Der Einstieg in die Branche

Jede Woche bekomme ich zahlreiche Anfragen: „Kann ich bei Ihnen eine Ausbildung oder ein Praktikum machen?" – „Ich möchte gerne zum Fernsehen, was muß ich machen?" Der Andrang junger Menschen in den Medienbereich ist gewaltig, und ich kann das natürlich verstehen. Es gibt für mich kaum ein faszinierenderes Arbeitsfeld.

In den letzten Jahren wurden in den Medien verschiedenste Ausbildungsbereiche geschaffen (zum Beispiel die Ausbildung zum Mediengestalter oder Medienkaufmann), und es gibt eine Fülle von Weiterbildungsmöglichkeiten. Informationen und Adressen hierzu bekommt man bei Weiterbildungsberatungen, den Arbeitsämtern und bei Fachverbänden, zum Beispiel dem Produzentenverband VFFV – „Verband der Fernseh-, Film- und Videowirtschaft Nordrhein-Westfalen". Weitere Adressen findet man in den Medienhandbüchern der entsprechenden Region (vgl. Kapitel 37 „Einige wichtige Adressen"). Eine andere Möglichkeit, – gerade für Seiteneinsteiger –, ist der Kurs „Film- und Medienmanagement", den wir seit ein paar Jahren im Auftrag des Mibeg-Institutes Köln und in Kooperation mit der Berliner Fernsehproduktion „Telekult" mit großem Erfolg durchführen. Es handelt sich um einen vom Arbeitsamt geförderten Kurs, der Akademiker aus anderen Bereichen in das Fernsehgeschäft einführt.[6]

Das Fernsehen ist ein Bereich, in dem es schon immer sehr viele „Quereinsteiger" gab und trotz neuer direkter Ausbildungsgänge immer noch gibt.

Die weitaus meisten Mitarbeiter kommen noch immer auf diesem „klassischen" Weg ins Geschäft: durch irgendeinen Zufall rutscht man herein, interessiert sich schon lange für die Branche, fängt vielleicht mit den Printmedien oder dem Hörfunk an und findet schließlich eine Kollegin oder einen Kollegen, die oder der den Anfänger „an die Hand" nimmt. Und irgendwann darf man dann zum allerersten Mal bei einem Film mitarbeiten. Ein großer Augenblick. Da man keine Ahnung und Erfahrung hat, vieles nicht einschätzen kann, macht man natürlich auch Fehler.

Im folgenden noch ein paar Ratschläge an junge Kolleginnen und Kollegen, die das erste Mal mit einem Produzenten oder einem freien Autor zusammenarbeiten wollen.

Vor fast zwanzig Jahren habe ich selbst meine ersten leidvollen Erfahrungen machen müssen, die Erfahrung nämlich, „über den Tisch gezogen" zu werden. Nach meiner Zeit als Wissenschaftlicher Mitarbeiter an einem Institut für Mediendidaktik wollte ich als freier Autor arbeiten. Ich hatte schon diverse Artikel in Zeitschriften und Büchern geschrieben und für den Hörfunk gearbeitet. Als mein ältester Sohn in die Grundschule kam und ich erfuhr, daß erstmals auch ein geistig behinderter Junge in die Regelschule und in seine Klasse kommen würde, schlug ich dieses Thema einer Kollegin vor, von der ich wußte, daß sie ab und zu für das Fernsehen arbeitete. Auch der Redakteurin gefiel das Thema. Voraussetzung für den Auftrag wäre aber, so erfuhren wir direkt, daß wir dies als Autoren für eine freie Produktion machen würden. Nicht für irgendeine, nein, der Auftrag sollte an eine ganz bestimmte Produktion gehen. (Es war selbstverständlich „reiner Zufall", daß die Redakteurin mit der Produzentin eng befreundet war.)

Nicht nur das Thema, die gesamte inhaltliche Recherche, auch wesentliche Anteile an der visuellen Umsetzung, die Verbindung zu Schule und Lehrern und schließlich auch der Kontakt zu einer Institution, die sich als Koproduzent finanziell beteiligte: alles das stammte von mir. Da ich keine Ahnung vom Filmemachen hatte, versuchte diese Produzentin, mich mit einem lächerlichen Autorenhonorar abzuspeisen. Zum Glück öffnete mir ein guter Freund im letzten Augenblick die Augen, und ich bekam wenigstens etwas mehr.

Erst später habe ich erfahren, daß die Produzentin dieselbe Methode immer wieder bei jungen Autoren angewandt hat – es gibt in Köln eine ganze Reihe Geschädigter.

---

6 Wer mehr darüber wissen will, kann sich gerne an das „Mibeg-Institut" wenden oder sich mit mir in Verbindung setzen.

Interessant war in diesem Zusammenhang übrigens auch das Zusammenspiel zwischen Redakteurin und Produzentin.

Daß die beiden eng befreundet waren, merkte ich schnell. Aber entscheidend war, daß hier die eine der anderen offensichtlich lukrative Aufträge zuschob. Natürlich machten sie auch ganz zufällig gemeinsam Ferien im Haus der Produzentin auf den Kanarischen Inseln, und es ist ganz bestimmt nur auf die herausragende Qualität ihrer Arbeit zurückzuführen, daß diese Produzentin regelmäßig Produktionsaufträge von dieser Redakteurin bekam.

Leider hat die Kollegin, mit der ich den Film gemeinsam machte, das üble Spiel mitgemacht und mich nicht gewarnt, obwohl sie davon früher oder später wußte. Dies war mein Lehrgeld als Fernsehautor.

Immer wieder bekomme ich auch Themenvorschläge von jungen Autoren, die bisher noch nichts mit dem Fernsehen zu tun gehabt haben. Manchmal sind es auch erfahrene Hörfunk- oder Printkollegen, Kameraleute o.ä., die, wie viele Beschäftigte in diesem Medium, selbst einen Film machen wollen. Der wichtigste Schritt: die Idee. Aber eine Idee ist erst eine Filmidee, ein Themenvorschlag, wenn sie zu Papier gebracht worden ist.

Angenommen, das Thema ist außergewöhnlich, der Autor hat einen exklusiven Zugang, eine besondere Sicht, die ich spannend finde und von der ich denke, daß ich sie an einen Sender verkaufen könnte. Dann entsteht das Problem: wie soll jemand einen Film machen, der so etwas noch nie gemacht hat? Das bedeutet konkret, daß ich den jungen Kollegen „ans Händchen nehmen" muß; das heißt, wir machen den Film gemeinsam. Im Regelfall bin ich in solchen Fällen als Koautor beteiligt, denn nur so habe ich den entsprechenden Einfluß und kann garantieren, daß der Film auch in gewünschter Qualität realisiert wird. Dies schließt natürlich Streit unter den Autoren nicht aus.

Man muß sich dabei genau überlegen, ob man der Kollegin oder dem Kollegen überhaupt zutraut, aus dem Thema einen Film zu machen. Um das entscheiden zu können, muß man auch über dessen Erfahrung reden und sich vor allem seine Fernsehbeiträge oder Filme ansehen.

Fachkenntnis, zum Beispiel über ein bestimmtes Thema in der Wissenschaft, allein nützt hier nicht viel. Vor vielen Jahren bekam ich den Auftrag, einen Film für eine Wissenschafts-Sendereihe zu realisieren. Ich hatte das Thema vorgeschlagen; der zuständige Redakteur meinte aber, es müsse ein Wissenschaftler als Koautor mit dabei sein. Zunächst zögerte ich, aber dann ließ ich mich darauf ein. Der Koautor war ein Kollege, der im Printbereich einiges zum Thema veröffentlicht hatte und am Anfang auch ganz verträglich war, wenn auch ein bißchen arrogant und von sich allzu sehr überzeugt. Das Ganze endete in einer ziemlichen Katastrophe. Der Kollege hatte soviel Ahnung von Fernsehen wie ich von Quantenphysik: ich weiß, daß es sie gibt. Leider aber war er sich dessen nicht bewußt, sondern im Gegenteil absolut von sich und seiner Genialität überzeugt. Von Anfang an gab es viele Probleme mit der filmischen Umsetzung unseres Themas, und seine Arroganz und sein Verhalten waren so unkollegial, daß sich das Team über ihn beschwerte und sich fast geweigert hätte, mit ihm zusammenzuarbeiten und er keinerlei Kontakt mit den Interviewpartnern herstellen konnte. Dementsprechend waren seine Interviews. Ich hatte einfach nicht genügend auf mein Zögern gehört und wollte die Auftragsproduktion nicht gefährden.

Man sollte bereits sehr früh, das heißt spätestens wenn ein Auftrag „droht", genau darüber reden, wie die Arbeitsteilung und die verschiedenen Rollen aussehen: wer macht was, wer ist für was verantwortlich, wie stellen wir uns die Arbeit vor? Sonst kann es zu einem filmischen Desaster aufgrund zu unterschiedlicher Blickwinkel und Vorgehensweisen kommen, die erst – dann zu spät – während des Drehens deutlich werden. Wichtig ist auch: was steht im Abspann des Films? Sind beide als Autoren aufgeführt oder einer als Autor und der andere als Regisseur? Denn auch das kann zu Unmut und Streit führen.

Es gibt keine allgemeingültige Regelung zu den Honoraren. Die Grundregel aber sollte sein: alles, was mit der Produktion zu tun hat, einschließlich aller vertraglichen und finanziellen Angelegenheiten, wird offengelegt. Wenn man als junger Autor merkt, daß der Produzent irgend etwas vor einem verbergen will, sollte man sofort die Hände davon lassen und sich andere Partner suchen.

Zusammenfassung:

- Sich vorher nach dem Produzenten erkundigen, von ihm produzierte Filme ansehen, nach seinem Selbstverständnis fragen.

- Wenn der Produzent den unerfahrenen Autor den Film nicht allein machen lassen will, was verständlich ist, dann darüber sprechen, wie der Film entstehen soll (Koautoren, Arbeitsteilung und so weiter); das heißt frühzeitig über Produktionsstrukturen und Rollenverteilung (Autor, Regisseur) sprechen.

- Offen und frühzeitig über Honorare reden. Wenn der Produzent zum Beispiel aus der Kalkulationssumme ein Geheimnis macht oder die Kalkulation nicht offenlegen will: Hände weg!

- Auch über die finanziellen Folgen einer eventuellen Weiterverwertung des Films reden.

- Vor allem nicht vor Freude darüber, daß man einen „richtigen Film" machen darf, vergessen, die Bedingungen vorher, das heißt spätestens wenn die Redaktion den Auftrag erteilt hat, zu klären und eindeutig zu regeln!

36 Lohnt sich das alles? –
Was man mit einem Film bewirken kann!

Gerade wenn man seine Arbeit mit dem Anspruch macht, „den Finger auf die Wunden der Gesellschaft zu legen", Mißstände aufzuzeigen und so unsere Gesellschaft vielleicht ein wenig zu verbessern, muß man sich ab und zu fragen, ob man denn wirklich etwas bewirken und verändern kann. Eine schwierige Frage.

Nur selten kann man sie mit einem klaren „Ja" beantworten, wie zum Beispiel im Fall des Kollegen Wilfried Huismann, dessen mit dem „Adolf-Grimme"-Preis gekrönter Film „Das Totenschiff" dazu beigetragen hat, daß ein Reeder und sein Sohn, die wegen des wirtschaftlichen Profits für den Untergang eines Schiffs und den Tod von zwölf Menschen verantwortlich waren, verurteilt worden sind (siehe Abbildung 18). Durch den Film wurde das bereits eingestellte Gerichtsverfahren wieder aufgenommen. Aber man braucht gelegentlich auch einen langen Atem. Der Film von Wilfried Huismann wurde 1994 gesendet, aber erst im Frühjahr des Jahres 2000 kam die Affäre zu einem Ende.

Ich weiß nicht, ob ich mit meiner Arbeit, meinen Büchern und Filmen jemals etwas wirklich „verändert" habe. Sicherlich, wir haben mehrmals rechtsradikale Hintergründe einiger „Saubermänner" bei den „Republikanern" aufgedeckt und veröffentlicht. Einmal kam auch ein Amtsleiter in einige Schwierigkeiten (das öffentliche Gelächter und die darauf folgenden Reaktionen in seinem Amt hatte er mehr seiner eigenen Dummheit zu verdanken). Sachbearbeiter eines Sozialamtes mußten sich u.a. wegen mangelnder Betreuung der Sozialhilfeempfänger rechtfertigen. Es gab zu einigen Themen öffentliche Diskussionen; aber hat sich wirklich etwas verändert? Vielfach muß man leider erleben, daß sich auch nach der Veröffentlichung von Mißständen nichts ändert. Als ich 1986 mit meiner Reportage „Giftig, ätzend, explosiv!" die empörenden Arbeitsbedingungen der Fahrer von Gefahrguttransportern dokumentierte, gab es eine heftige Diskussion darüber. Allerdings

■ Scantrader-Crew starb in der Biskaya

Reeder für Überladen ihres Schiffes verurteilt

Hamburg (taz) – Erstmals in der deutschen Rechtsgeschichte hat das Hamburger Landgericht gestern Reeder für die Sicherheit ihres Schiffes zur Verantwortung gezogen. Es verurteilte die Lübecker Reeder Heinrich und Heiner Beutler sowie deren Geschäftspartner Jerszy Kulakowski zu je acht Monaten Freiheitsstrafe auf Bewährung, weil sie vor zehn Jahren das Überladen ihres Zementfrachters Scantrader angeordnet und damit die Gefährdung der Crew nahmen. Das Schiff war im Februar 1990 in der Biskaya gesunken. Dabei starben alle zwölf Seeleute.

Der Frachter sei 28-mal überladen ausgelaufen, so die Kammer des Landgerichts. Zehn Jahre später habe sich aber nicht mehr eindeutig beweisen lassen, dass jene Reise zur Todesfahrt wurde, weil das Schiff zu viel Zement an Bord hatte. Deshalb verurteilte das Gericht die Angeklagten nur wegen „versuchten Eingriffs in den Schiffsverkehr". Die Angeklagten hatten den Kapitän für die Ladung verantwortlich erklärt. Im Dezember 1997 hatte das Hamburger Amtsgericht Seniorreeder Heinrich Beutler zu einer Bewährungsstrafe von einem Jahr und 20.000 Mark Geldbuße verurteilt. Sein Sohn und ihr Geschäftspartner waren freigesprochen worden, wogegen die Staatsanwaltschaft Berufung einlegte. Eine Anklage wegen Mordes aus Habgier war nicht zugelassen worden.

Elke Spanner

Abbildung 18: TAZ-Artikel vom 28. Januar 2000

mit dem Tenor, daß es sich nur um Einzelfälle handeln würde. An der Veränderung dieser Bedingungen war eben – außer der Gewerkschaft und den Fahrern – keiner wirklich interessiert. Als ich zehn Jahre später wieder als Fernfahrer arbeitete, mußte ich feststellen, daß sich die Bedingungen mittlerweile weiter verschlechtert hatten.

Aber trotz alledem denke ich, daß es eben genau unsere Aufgabe als Journalist ist, die Gesellschaft kritisch zu beleuchten, Fragen zu stellen und Mißstände aufzudecken.

In einem Interview fragte ich einmal Wilfried Huismann, der bestimmt ungefähr ein Jahr an den Recherchen für seinen Film „Das Totenschiff" gearbeitet hatte: „Warum macht man so einen Film?" Er antwortete: „Ich glaube, die Motivation für diese Arbeit ist immer eine sehr persönliche. Bei mir ist es eine Mischung aus Abenteuerlust, aber auch Gerechtigkeitssinn. Man sieht, daß da Menschen mißhandelt werden und sich niemand darum kümmert, die öffentliche Gewalt, die zuständige Justiz, die Polizei nicht. Die Ermittlungen waren sogar eingestellt worden. Das interessiert keinen, die Leute, meistens ausländische, aber auch ein paar deutsche Seeleute, haben keine Lobby, und das hat mich einfach empört. Da denkt man, ja da hat die Presse noch eine Funktion und ist Anwalt von Menschen, die sich nicht selbst helfen können."

Ja, so ungefähr ist es wohl auch bei mir. Auch meine Motivation für diesen Beruf hat viel mit Abenteuerlust zu tun. Es ist einfach phantastisch, so viel Interessantes und Spannendes auf dieser Welt kennenlernen zu können. Und auch wenn sich diese Neugierde nicht immer in einem Film widerspiegeln kann, ist es ungeheuer interessant, hinter Kulissen schauen zu können, Einblicke gewinnen zu können, Bereiche kennenzulernen, die für Außenstehende oft verschlossen sind und vor allem, Menschen kennenzulernen. Alles, was mich auf der Welt interessiert, versuche ich, in Filme umzusetzen. Leider klappt das nicht immer, aber doch zu einem erfreulich hohen Prozentsatz.

Ja, auch eine gewisse Eitelkeit ist sicherlich dabei. Obwohl Fernsehen im journalistischen Bereich sicherlich nicht den Glanz und Glimmer von Hollywood hat und haben sollte.

Für mich handelt es sich auch um eine Form von politischem Engagement, und insofern hat es natürlich etwas mit gesellschaftlichen Veränderungen und dem frommen Wunsch, mitzuhelfen, die Welt zu verbessern, zu tun.

Das Wichtigste für mich aber ist, schöpferisch, kreativ tätig zu sein. Unentwegt entstehen neue Ideen, stoße ich auf irgend etwas Interessantes, das ich kennenlernen will. Angst, daß mir die Ideen ausgehen könnten, habe ich noch niemals gehabt. Im Gegenteil: die berühmte „Schublade" voller Themen, mit Zeitungsausschnitten, Notizen und Papieren wächst unaufhörlich. Die Welt ist so bunt und spannend ...

Aber es ist nichtsdestoweniger ein Beruf, der mit viel Streß und Arbeit verbunden und nicht mit einem Acht-Stunden-Tag und geregelter Freizeit zu vereinbaren ist. Und sicherlich leidet die Familie des öfteren darunter. Zum Beispiel, wenn der Vater wieder einmal zum Geburtstag eines Kindes nicht da ist, sondern sich gerade irgendwo auf einem anderen Kontinent herumtreibt. Oder wieder einmal abends später kommt, wieder in drei Wochen weg ist, der Urlaub („nur ein paar Tage") verschoben werden muß und so weiter. Aber so ist es nun einmal.

Während ich diese Zeilen schreibe, sitze ich in der Nähe von Bordeaux an der Atlantikküste. Wie gesagt, ich schreibe das Buch zu Ende (es sollen „nur drei bis vier Stunden am Tag" werden). Gleichzeitig sind wir in den Vorbereitungen für die Dreharbeiten zu einem neuen Film. Das bedeutet, auf dem Tisch neben mir liegt das Handy, ich führe vier oder fünf Telefongespräche am Tag, renne dann zum Internet-Café, um in meiner Mailbox nach neuer Post zu sehen, mache mir, auch wenn ich mit meiner Familie am Strand liege, nebenbei immer ein paar Notizen und denke über das neue Projekt und die Dreharbeiten in den nächsten vier Wochen nach. Aber, trotz alledem, trotz der oftmals großen Belastungen, trotz mancher Unsicherheiten: für mich ist es der faszinierendste Beruf auf der Welt.

37 Einige wichtige Adressen

IG Medien NRW
Hohenzollernring 85–87
50672 Köln
Tel: 02 21 / 95 14 96-0

Dort ist auch die Informationsbroschüre über die Freiberuflichkeit „Freie Wildbahn" zu bekommen (mit Fragenkatalog, Adressenteil und alphabetischem Glossar)

VFFV
Verband der Fernseh-, Film- und Videowirtschaft Nordrhein-Westfalen
Gottesweg 165
50939 Köln
Tel: 02 21 / 5 77 75-0
E-Mail: info@vffv.de

Informationen zum Weiterbildungskurs „Film- und Medienmanagement" in Köln gibt es beim

Mibeg-Institut für berufliche Weiterbildung
Isabelle Bonnaire oder Thomas Lindinger
Sachsenring 37–39
50677 Köln
Tel: 02 21 / 33 60 40
E-Mail: info@k.mibeg.de

Für den Kurs „Film- und Medienmanagement" in Berlin
Informationen bei:

Telekult Medienproduktion
Heike Kunze oder Kathrin Kramer
Gethsemanestr. 6
10437 Berlin
Tel: 0 30 / 44 67 37-6
E-Mail: telekult@cs.com

Für den Kurs „Film- und Medienmanagement" in Köln
Informationen bei:

Lighthouse Film & Medienproduktion
Michael Schomers
Scheidtweiler Str. 15
50933 Köln
Tel: 02 21 / 5 62 55 30
E-Mail: Lhschomers@aol.com
oder MichaelSchomers@lighthouse-Film.de

38 Dank

Herzlichen Dank an alle Kolleginnen und Kollegen, Redakteure, Kamera- und Tonleute, Cutter und Assistenten, mit denen ich in den vielen Jahren zusammengearbeitet habe und die ich hier schlechterdings nicht alle nennen kann. Besonders danken möchte ich aber dem ZDF-Redakteur Dieter Zimmer, für den ich viele spannende Filme machen konnte – und hoffentlich noch machen werde –, ferner meinem Bruder Martin Schomers, der seit zehn Jahren mein Lieblings-Cutter ist und jetzt auch als Kameramann mit mir zusammenarbeitet, meinem ältesten Sohn Nils Schomers, mit dem es viel Spaß macht, zusammenzuarbeiten, der Kollegin Heike Kunze von der Berliner Fernsehproduktion „Telekult", ohne die der Kurs „Film- und Medienmanagement", der den Anstoß für dieses Buch gab, nicht denkbar ist, verbunden mit der Hoffnung auf weitere gemeinsame Projekte. Außerdem danke ich meiner Frau Ulla, – die es geduldig erträgt, wenn ich (mal wieder) viel zu wenig Zeit für die Familie habe, weil ich einen Film mache oder ein Buch schreibe – und meinem neunjährigen Sohn Jakob, der schon seine ersten Fernseherfahrungen gemacht hat und über dessen Begeisterung für und Interesse an der Sache ich mich sehr freue. Außerdem danke ich Karin Baege vom F.A.Z.-Institut, die den Prozeß der Entstehung des Buches kompetent betreut hat.

Für Fragen, Anregungen, Kritik und so weiter stehe ich gern zur Verfügung. Neben der Produktion von Reportagen und Dokumentationen, Imagefilmen und Bildungsfilmen bieten wir an:

- Vermietung von Fernsehteams und Schnittplatz

- Seminare, zum Beispiel „Die Fernsehreportage – von der Idee zur Ausstrahlung"

- Seminare: „Medienkompetenz"

- Seminare und Vorträge zu den Themen Armut, Rechtsradikalismus, Verkehr, Entwicklungshilfe und Medien, Journalistische Ethik.

Michael Schomers
Lighthouse Film & Medienproduktion
Scheidtweiler Str. 15
50933 Köln
Tel: 02 21/5 62 55 30 – Fax: 02 21/5 62 55 30 oder:
Tel: 0 22 24/97 86 70 – Fax: 0 22 24/97 86 72
Internet: www.lighthouse-Film.de
E-Mail: MichaelSchomers@lighthouse-Film.de

39 Ausgewählte Produktionen

„Deutschland ganz rechts – Sieben Monate als Republikaner in BRD und DDR"
Mit verändertem Aussehen und falschem Namen wurde Michael Schomers sieben Monate Mitglied der rechtsextremistischen „Republikaner", z. T. mit versteckter Kamera, (Kanal 4 bei RTL Plus, 1991, 60 Min.).

„Gesucht wird ... Russisch Roulette auf See"
Dokumentation über eine Fahrt mit einem Riesentanker und die mangelnde Sicherheit auf Öltankern, (ARD/WDR, 1993, 45 Min.).

„Traumziel: Yukon und Alaska"
Auf den Spuren von Jack London und der Goldsucher am Yukon, 100 Jahre Goldrausch, (WDR, „Traumziel" und „Rückblende", 1995, 45 Min.).

„Giftig, ätzend, explosiv – Gefährliche Transporte auf den Straßen"
Über drei Monate arbeitete Michael Schomers als Fahrer von Gefahrgut-Tankzügen und dokumentierte seinen Arbeitsalltag mit einer kleinen versteckten Videokamera, (ZDF, 1986, 45 Min.) – (Eduard-Rhein-Fernsehpreis).

„Konzerne im Kaufrausch"
Über Konzentration im Handel und Billigproduktionen von Textilien in Südostasien, (ZDF-„Zündstoff", 1989, 45 Min.).

„Kriegsmarsch – Deutsche Minensucher im Mittelmeer"
Reportage über die deutschen Minensucher während des Golfkriegs, (WDR, 1991, 30 Min.).

„Bis Du am Steuer einschläfst. Über die Arbeit der Busfahrer"
(ZDF-„Zündstoff", 1992, 45 Min.).

„Fähren – Todesfallen auf See?"
Sicherheitsbedingungen und Unfälle auf Fähren, (WDR, 1993, 30 Min.).

„Hilfe ohne Ende? Deutsche Helfer in Ruanda"
Über die Arbeit der deutschen Entwicklungshelfer in Ruanda und „angepaßte Hilfe", (ZDF-„Zündstoff", 1995, 45 Min.).

„Sprache und Gewalt"
Serie für den Einsatz im Unterricht und politischer Bildung, (Bundeszentrale für Politische Bildung, 1996, 80 Min.).

„Traumurlaub alles inklusive"
Reportage über „all-inclusive"-Urlaub in Mexiko, (ZDF-Reportage, 1996, 30 Min.).

„Journalismus und Medien"
Serie für den Einsatz im Unterricht und politischer Bildung, (Bundeszentrale für Politische Bildung, 1997, 80 Min.).

„Zu lang, zu breit, zu hoch"
Ein Schwertransport quer durch Deutschland, (ZDF-Reportage, 1998, 30 Min.).

„Alltag Armut – Mein Leben mit 539,- DM Sozialhilfe. Ein Experiment"
Zwei Monate lebte Michael Schomers als Sozialhilfeempfänger im Ruhrgebiet, (ARD/WDR, 1999, 45 Min.).

„Tourismus"
Serie für den Einsatz im Unterricht und politischer Bildung, (Bundeszentrale für Politische Bildung, 2000, 30 Min.).

„Tante Emma auf Rädern"
Lebensmittelversorgung in der Eifel, (SWR Treffpunkt-Reportage, 2000, 30 Min.).

„Schneller, weiter, höher – Alptraum Verkehr"
ARTE-Themenabend, (ARTE/ZDF, 2000, 60 Min.).

„Das schwarze Gold der Nordsee"
Alltag auf der Bohrinsel „Gullfaks A", (ZDF-Reportage, 2001, 30 Min.).

„Die wilden Kerle"
ARTE-Themenabend „Auslaufmodell Mann", (ARTE/ZDF, 2001, 45 Min.).

40 Abbildungsverzeichnis

41 Vita

Michael Schomers, geboren 1949, studierte nach seiner Lehre als Groß-
und Außenhandelskaufmann Pädagogik und Psychologie. Das Studium
schloß er als Diplompädagoge ab. Danach übernahm er verschiedene
Tätigkeiten in der Erwachsenenbildung und Medienpädagogik und war
von 1979–1981 Wissenschaftlicher Mitarbeiter am Institut für Mediendidaktik der Erziehungswissenschaftlichen Hochschule Rheinland-Pfalz
in Koblenz. Seit 1982 ist er freier Journalist und Autor für Hörfunk und
Fernsehen und seit 1988 freier Fernsehproduzent. Von 1989–1991 war
er geschäftsführender Gesellschafter der Pickup GmbH. Im Jahr 1992
gründete er die „Lighthouse Film & Medienproduktion" in Köln. Von
1992–1994 war er als freier Produzent in Santa Cruz/Kalifornien tätig.
Im Jahr 1988 erhielt er den Eduard-Rhein-Fernsehpreis. Michael Schomers ist Autor, Regisseur und Produzent zahlreicher Fernsehreportagen
und Dokumentationen und Autor mehrerer Bücher. Zudem ist er Refe-
rent für Medienbildung und -erziehung, Investigativen Journalismus,
Fernsehjournalismus und -produktion.

Abbildung 19: Michael Schomers